国家社会科学基金重大项目：
我国社会诚信制度体系建设研究（批准号为11&ZD030）

本项目得到中国人寿资产管理有限公司资助；
得到中信建设有限责任公司资助；
得到深圳市晟大生物有限公司资助。

"十二五"国家重点图书出版规划 | 主　编　曹义孙
法 学 译 丛 · 法 治 诚 信 系 列 | 副主编　李士林　缪建民

诚信裁判

Judging in Good Faith

[美]史蒂文·J·伯顿（Steven J. Burton）／著

宋晨翔／译

中国人民大学出版社

·北京·

法学译丛·法治诚信系列

编 委 会

诚：实与信（代序）

要回答"诚信是什么"，首先应该了解"诚"这个字的含义。"诚"这个字的意思很丰富，用得也很广泛，然而就其本意而言，却只是"实"，以及由实而生的"信"，用词来表达就是"诚实"与"诚信"。而"诚信"主要有两个方面，即"信仰"与"规范"。

诚是人类探寻的道德实在

翻开任何字典，我们都能发现"诚"这个字的意思就是实在。所谓"实在"，就是真实的存在，是由"实"来形容"在"的偏正结构。从理论上看，所谓"实在"，是指不以人的意志为转移的客观存在。诚之实在，不仅是客观的，而且是本质的。因为在哲人看来，仅仅从主观与客观的区分来判别实在的意义是远远不够的，还需要从现象与本质相区别的角度来理解。现象意义的存在叫做存在者，只有本质或根据意义上的存在才是哲学意义上的存在。因而，真实的存在不是指存在者，而是指存在本身。

在中国古人看来，这种作为存在本身的诚之实在，只有在天、地与圣人那里才得以完全的显现。于是，中国古人认为诚只是天、地与圣人共有的本性。在《中庸》和《孟子》中都说，"诚者，天之道也"。宋明理学家张载说，"性与天道，合一存乎诚"。实际上，诚就是我们哲学所讲的客观实在性。那么，在我们人的世界里，诚之实在与诚之德性、诚之规则以及诚之行为之间是一种什么关系呢？

诚之德性、规则虽然相对于各种具体的诚之行为来说，是抽象的，是理由与依据，但相对诚之实在来说，却是存在者，是派生的。诚之实在不依赖于诚之种类而存在，而诚之种类却依赖诚之实在，诚这种实在是诚之种类的根据和本源。这种思考与我们哲学所说的物质第一性具有相似性。宋明理学家周敦颐在《通书·诚》中说，诚是"五常之本，百行之源"，不仅是诚之行为的根据，也是各种德性与规范的理由，从而非常直接地肯定了诚实的第一性。这种第一性的诚，我们称之为"至诚"，也就是最高的实在。由于诚作为实在不仅是天、地、圣人之本性，而且是万物之根源和规律，所以有人说中国文化中的"诚"是中国人所追求的道德本体，具有西方基督教的"上帝"之意义与地位。至诚作为宇宙之实在、道德之本体，是整体，是"一"，具有不可见、不动无息、永恒与无限的特征。

诚是人类追求的道德信仰

如果说诚实即诚之实在，具有永恒与无限的特征，那么，从生存论看，作为最高存在的诚实，就是道德的信仰。其内容不仅是真，而且是善，是全真完善的存在。所谓诚之真，就是说诚没有虚假，没有被他者所遮蔽，是事物如其本性的存在。天就拥有这种实在，昼夜交替、四季循环就是其表征。作为实在的诚，也是人类所追求的知识层面的绝对真理，是人类解释一切事情存在与变化的知识与智慧。所谓诚之善，就是说诚不仅是万物生存的内在的动力与原因，而且是万物自我成长与完善的目的，当然更是人类自觉追求的道德信仰。

实际上，诚之信仰是人类最大的美德，朱熹说，"凡人所以立身行己，应事接物，莫大于诚敬"。人类对诚实本体应该心怀敬意、敬畏和信仰之心。这就是宗教所提倡的虔诚美德，在基督教中也叫信德。中国古人说，诚者，信也。对人来说，诚实作为美德就是相信。正如宋明理学家张载在《正蒙》中所说："天不言而信，神不怒而威；诚故信，无私故威。"

在诚实本体与人类存在者之间的关系问题上，我们人类要担当宇宙完善的责任，要与至诚相融合。一方面，我们要相信，诚实真实存在，因而视诚实为自己的信仰，同时视诚实为自己的真正本性；另一方面，我们要相信，人类良善定能战胜邪恶，既行大善也不弃小善，这就是我们的诚实美德。因而，诚就是信仰，是人类对至诚的渴望与信守。人类只有以诚信为美德，才能真正成其为人。正如朱熹所说，"道之浩浩，惟立诚才有可居之处"。

诚是人类趋善避恶的道德规范

诚是人类追求的道德实在，是人类的道德信仰，这是诚信的一个方面。诚信的另一个方面，就是要相信他人，即人与人之间要相互信任。人由于自身的弱点不仅无法完全认识与把握诚实这种永恒之本体，而且难于完全认识他人之本性、随时把握他人的全部变化。因而，处理自我与他人的关系时，应该持有一种基本的信任态度。不仅如此，人对自己的认识与把握也不可能是完全的，实际上存在着许多自己都不认识的领域与方面，因而，人对自己也应该持有信任的态度，这就是自信。无论是人与人之间相互的信任关系，还是人对自己的信任关系，都需要有一套道德原则和规范来保障。所以，诚实除信仰性之外，还存在规范性。

从诚实原理来看，趋善避恶的良善原则应该为道德的第一原则，正当应为第二原则，趋利避苦的功利是道德的第三原则。这种原则秩序有着其内在的逻辑联系，不能任意地中断或颠倒。如果顺其秩序而支配人的性情欲望，主宰人的决定，那么诚实就可以显现；反之，自欺与欺人的行为就会发生。

我们要坚持趋善避恶的良善原则的首要地位，无论是道德规则还是道德行为都必须从良善原则出发，正本清源，明确诚实是善，虚伪是恶，以诚实良善为安身立命之所、养性修业之基，努力光大自己原有的趋善避恶的自然倾向，反对以利害和乐苦的功利原则为道德第一原则的人生选择，更反对趋炎附势的小人做法。

以诚实良善原则为基础的道德规则，有五个方面的道德要求：第一，做人要诚实，要表里如一，不要伪善。"诚，谓之诚实也"。"诚者何？不自欺，不妄之谓也。"第二，心意要自信，不欺心。《礼记·大学》中说："所谓诚其意者，毋自欺也。"意思是说，要自己相信自己，不要自己欺骗自己。苏格拉底说，自欺是把骗子留在家里，与自己整天待在一起。因而，自欺是首要的恶；同时，要懂得诚心诚意是修身之本，不仅观察思考要求实存真，而且意志决定要真诚善良。第三，言谈要真诚，不欺人。不撒谎、说实话，这是人与人相互沟通、取得相互信任的重要渠道和重要保障。第四，行为要守诺，讲信用，不要欺诈。《尚书·孔传》说："鬼神不保一人，能诚信者则享其祀。"第五，做错事要坦白，承担责任，接受应该受到的惩罚，这比躲避惩罚要幸福。

综上所述，"诚"具有客观"实在性"及其派生的人生"信仰性"与道德"规范性"，是实在、信仰与规范的统合体。

曹义孙

本书关注的主题是法官运用法律时的道德准则问题。伯顿教授分析了法官在道德上和法律上维护法律（制定法）的依据、内容和能力。他捍卫了两种重要理论。第一种是诚信理论，法官依据这一理论而具有忠实于法律并维护法律的义务。即使当他们拥有自由裁量权的时候，也是如此。法官履行这一义务的方式是：将传统法律所认定的司法裁判依据作为其裁判的唯一理由。诚信理论与传统的观点对立，这种观点认为当法官行使自由裁量权时，其不受法律的约束。第二种理论是可承认的自由裁量权理论。根据这一理论，当依诚信进行裁判时，司法的自由裁量权与司法权的正当性相一致，这种正当性是法治框架下宪政民主的一部分。可承认的自由裁量权理论与另一种观点对立，这种观点认为法官只在法律能够产生确定结果的时候，才有维护法律的义务。

总而言之，这两种理论提供了一种原创的、有力的自由裁量权理论，该理论与保守派理论、左翼批评理论都形成了鲜明的对照。保守派理论认为要严格地限制自由裁量权的范围，左翼批评理论则要把法官从法治中解放出来。

中译本序

中国 2013 年《关于全面深化改革若干重大问题的决定》中，有很大的篇幅强调在中国推进法治。文件承诺在中国建设法治政府、法治国家，确保检察院和法院在法治环境之下的独立地位。该文件并不仅仅承诺政府要讲法治，而且要求政府增强民众的法治观念。同时，该文件还表达了要建立保障人权的司法体系的目标。

这些目标对每一个国家来说，都应该是重要的。法治保障了政治共同体的稳定和统一，促进国内外的贸易和投资，防止政府滥用权力压迫人民。在中国，法治将产生强大的力量。强大并不仅仅是用军队的多寡或经济的贫富来衡量的，还是用人民的生活质量、品德、地位和自尊来衡量的。从我在美国的感受来看，中国正走在日益强大的道路上，实施法治将是其迈出的重要一步。

然而，法治的概念本身是不清楚的。为了避免法治成为一个幌子，需要有强大的理论来应对中国法治的多样性。在西方众多法治观点中，有两种极端的立场。

一种极端的立场是，弗里德里希·冯·哈耶克将法治的美德视为个人自由的捍卫者。关于法治，他说道：

> 政府所有的行为都被明确的、事先公布的规则所束缚——从而使相对确定的预测成为可能，而这种预测与权力机关如何行使其政治统治力有关。[1]

这是最狭义的法治概念，但也是最有力的法治概念。法律、司法裁决以及法律强制执行力的可预测性使得民众可以安排他们的生活，而不必担心意外发生。这种特性使得制造商、贸易商、银行、消费者，以及其他很多经济活动的参与者可以更有效地在更大范围内参与经济活动。稳定的预期使社会关系在和平中进步，形成互利的局面。法律的可预测性使人们从内心遵守法律，因为法

---

[1] F. A. Hayek, The Road to Serfdom 54（1944）.

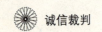

律保障他们的权利。

还有另一种更宽泛的观点。例如，罗纳德·德沃金认为：法治要求依据一种有关人权的公共理念来践行法律规则。[①] 这种观点不太重视确定性，因为一个威权政府也可能是高度可预测的。这种观点假定个人的权利对国家法来说有独立性；这意味着个人权利是一种政治性道德。在德沃金看来，法律应该有一种经由历史发展而塑造成的道德正当性。

《诚信裁判》一书集中关注法治之下的裁判理论。它在预测论和人权论之间采取了中间立场。第一章论述道：法官不能仅仅适用法律来达到确定的结果，而不使用自由裁量权来作出裁判，尽管"自由裁量权"常常被认为是一种不受限制的、与法治相违背的权力。因此，本书的核心关切是：法官如何在法治的框架内狭隘行使自由裁量权？

我主要在第二章和第三章给出回答，我将其称为"诚信理论"。该理论认为法官应该基于法律理由而不是别的理由来裁判案件。这听起来好像很简单、很浅白，但是理论的简单性是骗人的。

关于论证的最基本的法理学命题是：任何人都有其行动的理由。我在这本书中强调的是：司法裁判的正当性理由，不是促使法官决定其行动的心理学上的理由。我们能够想象一个有关理由的理论，其大前提是法律，小前提是案件的事实陈述，结论从中得出。这里没有"机械性"，机械性就导致了第一章讨论的顽固的不确定性。

法律理由应该和我所说的"非法律理由"区分开来。非法律理由是其他不同种类的大前提。因此，道德大前提产生道德理由，政治大前提产生政治理由，个人的偏爱产生个人理由。

我认为捍卫法律的司法义务——法治——从法官的行动理由中排除了所有的非法律理由。因而，法官可能认为适用法律是在道德上有问题的，但是他不能因此拒绝适用（第七章阐述了法官可能被要求在道德上不服从邪恶的法律，但是邪恶的法律还是法律）。法官可能觊觎更高的职位，但是法治禁止他或她裁判某一案件，因为这会使其取悦别人，进而获得高升。如果有这样的事实发生：案件的一方对法官行贿，或者邀请法官共进美味晚餐，或者是法官最好的朋友的婶婶，这些理由都不是法治之下司法裁判的恰当根据。

在我看来，诚信理论与中国 2013 年《关于全面深化改革若干重大问题的

---

① Ronald Dworkin, A Matter of Principle 11–12 (1985).

决定》相契合。该理论禁止基于腐败、个人偏好、友谊、忠诚或党派利益而作出决定。这些都是法治下的司法决定要排除的。

我很感谢宋晨翔同学承担了这一翻译任务，他让我的理论在中国产生了影响力。

史蒂文·J·伯顿
于美国，艾奥瓦州艾奥瓦市

前　言

　　本书关注的是法庭中裁判法律问题时所涉及的道德问题。这一道德的核心是法官坚守法律的义务。这一义务在当下的法理学研究和司法实践中大体上都没有被讨论过。这一义务被视为正当的，但是它的基础、它的特定内容、它的动力通常情况下都被忽略不谈。在我看来，这是一个错误。这种忽略给像美国这样的国家带来了大量对民主问题的误解。不同的有关法官义务的概念支持着不同的司法裁量理念，对于法官义务过于简单的理解会导致对司法正当性的不恰当建构，也会使得法治的理念被错置。与集权主义、威权主义、社会主义、共产主义的政治架构不同，民主宪政坚持政府权力在法律的范围内行使。当法官在法治的架构下行事，宣誓保护个人免于迫害时，法官必须坚守法律。兹事体大，不可不察。

　　我将发展和捍卫一种关于司法义务的诚信理论，这种理论许可一种在民主宪政之下的、有限度的自由裁量权空间。简而言之，我的想法是：讨论自由裁量问题的相关法理学理论分享了一种日常的、没有经过反思的命题，这种命题可以被称为确定性情况（determinacy condition）。这种情况认为只有在法律能够产生唯一结果的时候，法官才能履行他们捍卫法律的义务。但是问题在于，法律还存在不确定情况，宪法、国会立法、行政法、普通法在一定程度上都是不确定的，在一定情况下这些法律将法官置于自由裁量空间内，如由最高上诉法院审理的很多非常重要的案件。接受这种确定性理论意味着这些案件不能在法律的框架下解决（除非将法律的概念扩展至传统认知的概念之外）。因此，某些人将自由裁量权的空间限制为那些法律能够产生确定结果的案件。将司法的概念限缩为一种异常狭小的情形，要比美国近年来产生的实际情形要小得多。另一些人则允许司法作用范围的扩大化，这些人将道德和政治原则都包含在法律的概念之中，进而产生正确的结果，使法官不再受到大多数观察者所认可的传统法律概念的约束。还有一些人认为法官只在法律能够产生确定结果的时候受法律约束，而在其他情况下，就可以超出法律的范围进行裁判，不再受法律的约束。

诚信理论完全抛弃了确定性情况这一命题。这一理论将法律理解为一个理由的提供者，而不是结论的提供者。它认为司法裁判的正当性在于尊重法律提供的理由而不是赞同案件最后的结论。诚信理论认为，法官在运用法律时有义务遵守已有的立法，即使他们享有自由裁量权时，也应当将法律提供的理由作为其司法判决的依据，并依此行事。一个伴随的理论就是可承认的自由裁量权理论（the pennissible discretion thesis），这种理论要求：依照诚信义务履行职责时，司法的自由裁量权与宪政民主框架下的司法权正当性是相适应的。诚信理论和可承认的自由裁量权理论共同为司法权划定了一个有意义的范围，同时也保证法律概念是传统的法律概念，而且法官在被限制的司法管辖权范围内解释和适用法律。

法律学者们正在日益追求将他们的法律工作放在另一个交叉的学术训练中进行，这种追求面临着一种困境。我们中大多数人的言说对象主要是法律学者：法官、律师、立法者以及其他关注正义和法律系统的人员。同时我们想以一种有效的方式运用其他学术训练，一方面以增强法学作品的品质，另一方面赢得其他领域的专业人员的尊重。随着目前法律学者日渐专业化的分工以及对其他学科的关注，这种困境也加深了。获得法律受众的认可常常面临着一种可能性——就是牺牲其他学科思想的精准性，熟练运用其他学科的知识则有可能孤立法律学者，使其获得法律人较少的关注。很多试图沟通两者的努力都失败了，尤其是那些没有付出足够努力去理解另一学科，以他们特定术语表达其内容的人，或者是那些允许其他学科的核心问题直接支持法律中特定主题的人。高度的赞美应该给予那些持分析法理学立场的学者，如德沃金和哈特，他们成功地赢得了法学界和哲学界的受众。

本书试图运用分析的技术和哲学论证来理解法律裁判，主要关注没有哲学背景的法律人的智识兴趣。我的理论有可能以一种技术化的哲学思路进行更加简短的解释和论证。但是，我选择力图关照更大范围的法律群体，包括其他法律学者，教师、法官、诉讼律师以及其他研究司法的人。这种选择的一个结果就是这种理论最后催生了一本书而不是一长篇论文。其他结果则是我放过了一些在特定的法律哲学学者（普通的哲学学者）中存在争议的论点，将笔墨花费在解释一些在特定受众面前无须解释的作品上。全书的章节比较奇特：在法律圈里比较受关注，在哲学圈里则没有引起什么趣味；很多被引用和一些有用的文章包含在脚注之中，主要是为了让那些想确证我的结论的人去进一步证明。

在我看来，对于一个作者来说，能够将他的作品的内核简明扼要地呈现出来，是很重要的一件事情。像很多读者将会读到的那样，我觉得法理学领域的很多混乱是由一种倾向导致的，这种倾向是：将不同种类的学术主张混淆在一起；将关于法律体系的一般性哲学主张和关于特定法律体系的法律或者司法过程的主张混淆在一起；将关于事情如何从过去发展到现在的主张和关于当下的实践是否正当的主张混淆在一起；将概念性、描述性和规范性的主张混合在一起。我们不必以一种假设开始讨论，这种假设是：每一个参与者都真正地同意或者不同意其他参与者的意见。格林可能对实践性理由感兴趣，而布兰克可能对法律的形而上学感兴趣，格雷可能更关心强制的正当性，布朗可能对法律的起源着迷。他们提出的主张听起来像他们完全没有一致意见，有时他们的确如此，但是很多时候，他们只是聚焦于不同的问题而已。他们或许认为只有他或者她的问题才是最重要的，而其他人并不这么认为。只有讨论的话题更少，讨论的内容才会更丰富。我将以一种方式改变这种倾向，即我将表明：与表面的不一致比起来，其实只有很少的真正的不一致。

在我看来，分析法理学包括三个主要的维度。第一维度的分析思路是一般法理学的分析思路，主要研究法律体系的理论、法律权利和义务的性质问题。例如，法律体系的理论集中分析世界上所有法律体系得以存在的情况，以及在这一体系中如何识别法律。哈特的著名理论是从存在于官员实践中的承认规则里识别出法律——这样的社会事实是一个成熟的法律体系得以存在的条件。

与第一种维度不同，特殊法理学集中分析一个特定法律体系中的具体法律问题，或者是一系列相关联的法律体系中的具体法律问题。它有可能关注美国法律体系中承认规则的内容，比如它会考虑：由于美国宪法第八修正案限制酷刑，那么关于酷刑的道德标准是不是该法律制度的一部分。第三维度的分析思路是裁判理论的分析思路，裁判理论的分析维度集中于特定法律体系中具体法律下特定案件的解决问题。法官运用承认规则理论识别法律，但是裁判理论进一步涉及特定案件中法律的解释和运用问题。本书展示和捍卫一种可以在美国法律体系中运用的裁判理论的核心内容。

关于裁判的理论可以具有理论性，也可以具有实践性。关于裁判过程的理论性解释将以科学的精神从实践之外来进行观察，能够说明法官个人的客观行为或者在裁判过程中的客观规则等问题，这种理论性解释也能够形成关于"正在发生什么"的描述性和说明性理论。在奥利弗·温德尔·霍姆斯的学术著作中，提供了对以上理论的原创性理解，同时在寻求抛弃裁判实践中的道德性和规范性因素。我的工作同样从实践之外开始，但是我以坚决的敏感性去观察法律对于实践之中的人们而言是怎样的，它的功能如何。对于法官而言，我将坚决地宣传：法律在各种环境下都表现为一个关于行动理由的体系。只有当司法工作者对于裁决的理由进行深入思考时，关于裁判的理论才是完备的。相应的，我将提到"对裁判过程的实践性理解"这一术语。"实践性"意味着这一理论关照行动者在真实世界环境中的行动立场，以此作为理论的基点。这一理论视角和基于严格的观察者立场而形成的司法行为理论形成了鲜明对比。作为对"裁判"的理解，意味着这一理论必须从个案着手。这一理论视角和抽象的理论形成了鲜明对比，抽象的理论可能在原则上是清晰的，但是在实践中有可能是混乱的。

对裁判过程的实践性理解可能发展成为概念性、描述性或者规范性的。本书同时强调概念性和规范性的因素。它将作出一种描述性主张，即法律在法官面前呈现为一个行动理由的体系，相应的，深思熟虑的法官应该能够从我的描述中识别出一个关于他们如何努力行动的理想画面。但是，我并没有主张法官应该依据我的理论行动，或者以我的方式解释法律（虽然我认为诚信理论可以指导大多数实践）。我的感觉是在美国很多重要的司法判决都出现了问题。这个问题不仅仅是司法过程在作出我不同意的决定。作为例子，我找到了像布伦南法官在 *Patterson v. Mclean Credit Union* 一案中的法律意见，见 3.2 节及以下的讨论。我还找到了斯卡利亚法官在 *Peyote* 案件中的意见，见 4.3 节的讨论。与他们的意见不同，我的意见是：部分美国的法律实践已经远离了"合法"意蕴，这种合法的意蕴源于法治之下的民主政府的基本要求。一些理论家赞赏对于重要司法决定的范围的限制，赞赏完全遵循历史先例，而另外一些理论家则赞赏社会工程学或者文化管理学的大规模入侵。我有一个很好的坚定的确信：有一些东西是绝对合法的，这种东西能够鲜明地指引法官，使他们能够更好地在法律之下践行正义，而不是在正义面前睁一只眼闭一只眼。这种概念性的和规范的努力是以一种司法的精神发展和捍卫一种参与式的、有吸引力的裁判道德。

很多人花费了大量的时间和精力来帮助我完成这本书。我要感谢以下人员对我的手稿的各种各样的评论和批评：前律师 General Edward H. Levi，前法官马克·麦考密克，理查德·A·波斯纳法官，艾瑞克·G·安德森教授，约翰·贝尔教授，罗纳德·德沃金教授，拉克什曼·古鲁斯瓦米，肯·克鲁斯，约瑟夫·拉兹，伯尼尔·斯坦贝克，约翰·斯迪克，辛瑞那·斯蒂尔，以及一些匿名的评论者。我要感谢以下人员在我准备手稿时提供的帮助：道格拉斯·格朗尼和赫伯特斯·特兹。我对约瑟夫·拉兹的作品和 1987 年我在牛津期间他所提供的慷慨帮助，致以特别的谢意。我还对爱德华·H·列维致以特别的谢意，他的鼓励和绅士般的指导是无价的。像往常一样，我将最大的谢意给予我的妻子辛瑞那。我还要感谢参加本书研讨会的人员，那次研讨会在奥尔巴尼市举行，是由纽约州立大学哲学部举办的，我还要感谢那什瓦大学的本杰明·卡多佐法学院，纽约大学法学院，杜克大学法学院，还有爱丁堡大学。

　　我特别幸运地收到了慷慨的基金资助，这些资助使我省去了大量的教学时间和行政任务。1986 年艾奥瓦大学授予我大学教席资格，使我在接下来的四年里面有了相当于三个学期的研究时间，而且有了额外的技术和资金支持。这一时间使我可以在牛津大学渡过一个学期的时光，在牛津，本书的思想开始形成，同时很多坏主意都被放弃掉了。另外，富布赖特奖学金项目通过授予我富布赖特学者，慷慨地资助了我在牛津的研究。牛津大学学院善意地给予我一处教授住所。我因为在艾奥瓦大学的执教被授予学院优秀成就奖，北方伯明顿基金会为我提供了额外的帮助。N·威廉·海宁院长和艾奥瓦大学法学院甚至准备提供其他基金资源，更不用说在我离开时妥善安排了我的课程。

目　录

第一部分　诚信理论

第一章　难以对付的不确定性 ·················· 3
1.1　确定性问题 ·········· 3
1.2　不确定性的分类 ············ 6
1.3　不确定性和裁判 ············ 10
1.4　不确定性和当代法理学 ············ 13

第二章　诚信理论 ·············· 26
2.1　司法义务 ············ 26
2.2　司法的自由裁量权 ············ 28
2.3　衡量理由 ············ 37
2.4　作为背景的正当性 ············ 45

第三章　一个说明性案例和初步的反对意见 ·········· 50
3.1　司法的立场 ·········· 50
3.2　帕特森诉麦克莱恩信用卡联盟案 ·········· 51
3.3　一个可选择的观点 ·········· 58
3.4　起初的反对意见 ·········· 64

第二部分 可承认的自由裁量权理论

第四章 科学与怀疑主义 ················· 77
4.1 可承认的自由裁量权 ················· 77
4.2 认知上的确定性 ················· 78
4.3 理论与实践 ················· 84
4.4 社会科学的角色 ················· 88

第五章 批判性主张 ················· 96
5.1 政治确定性 ················· 96
5.2 法律的内在宣称 ················· 96
5.3 自由主义的内部主张 ················· 99
5.4 限制和特征 ················· 110

第六章 关于法律的哲学观点 ················· 116
6.1 确定性与法律的性质 ················· 116
6.2 规则的定义 ················· 116
6.3 哈特的法律的概念 ················· 125
6.4 正确答案命题 ················· 129
6.5 语义自然法 ················· 134

第三部分 法律、道德与政治

第七章 法律义务和道德义务 ················· 143
7.1 践行正义 ················· 143
7.2 法律和道德的冲突 ················· 144
7.3 维护法律的道德义务 ················· 153
7.4 通盘考量 ················· 155

第八章 诚信的政治治理 ················· 160
8.1 政治动因 ················· 160
8.2 法律与政治 ················· 161

8.3 不当偏见 ……………………………………………………… 166

8.4 诚信理论的前景 ……………………………………………… 178

案例表 ……………………………………………………………… 180

人名表 ……………………………………………………………… 182

术语表 ……………………………………………………………… 187

第一部分
诚信理论

第一章　难以对付的不确定性

1.1　确定性问题

自从小奥利弗·温德尔·霍姆斯提出他的理论以来，法律的不确定问题已经成为法理学争论的核心问题：

> 法律的生命不在于逻辑而在于经验。可感知的时代趋势，盛行的道德和政治理论，有关公共政策的直觉，法官与其同仁分享的明显的或者潜在的意识，甚至是偏见在决定统治人民的规则时，它们起的作用都比逻辑体系要大。法律包含一个国家发展千百年的历史，它们不能被看成一本数学教材，仅仅包含公理和推论。①

霍姆斯讥讽的对象是克里斯托普·哥伦布·兰代尔，苏格拉底式法律辩论教学法的创立者。② 这一理论的核心是兰代尔将法律看作一个体系一致、内容完备的教义学意义上的规则体系。对兰代尔而言，法律是客观的，这种客观性根植于永久的概念之中，每一个概念都有核心的本质。法律是中立的，其与不断变迁的经验和社会环境没有关系，法律给予每个人毫无偏私的机会来维护权

---

① Oliver Wendell Holmes, *The Common Law*, ed. Mark D. Howe (Boston: Little, Brown & Co., 1963), p. 5.

② See [Oliver Wendell Holmes], "Book Notice," *American Law Review*, 14 (1880): 233–5 [reviewing Christopher C. Langdell, *A Selection of Cases on the Law of Contracts*, 2d ed. (Boston: Little, Brown & Co., 1879)].

利或者履行义务。法律是确定的，因为它在任何可能的案件中都指向唯一的结果。为了方便起见，我将这种对法律的理解称为"确定的形式主义"（deter-minate-formalism）③。

兰代尔建立一个确定的形式主义法律科学的努力现在变成了一个无可争议的批判的靶心。④ 霍姆斯的抨击引发了在那个时代被称为"确定性批评"的连续批判浪潮，这一浪潮否认法律会产生确定性的结果，也否认法律是中立的或者客观的。通过强调影响法律和司法判决的多种原因，聚焦于正式法律规则之外的历史和社会的力量，霍姆斯力图在不忽视影响法律因素的复杂性和多样性的情形下，从理论上理解法律。他将法律定义为"关于法院实际上将会如何行为的预言，而不是别的什么东西"⑤。类似的，他也将法律权利和义务看成是法律对法院行为的预测，他力图用科学的坚实理论来代替空洞的词汇。⑥ 20世纪二三十年代的大多数法律现实主义者沿着霍姆斯的道路继续前进，他们将法律重新定义为可以观察到官员整体行为的规则体系。⑦ 他们使用社会科学的方式来描述和说明这种规则体系如何用于增强法律的可预测性，同时他们继续揭露确定的法律形式主义的真相。法律现实主义中的其他人对实证的社会科学和司法权在社会中不恰当的分配并不满意，最近一段时间以来，他们更多地采用

③ See Thomas C. Grey，"Langdell's Orthodoxy，"*University of Pittsburgh Law Review*，45 (1983)：1-53. See also Duncan Kennedy，"The Structure of Blackstone's Commentaries，"*Buffalo Law Review*，28 (1979)：209-382.

④ 那些最近捍卫法律形式主义观点的人并不主张法律必须在所有案件中都产生特定的结果。See Frederick Schauer，"Formalism，"*Yale Law Journal*，97 (1988)：509-48，at 544-8；Ernest J. Weinrib，"Legal Formalism：On the Immanent Rationality of Law，"*Yale Law Journal* 97 (1988)：949-1016，at 953-7，1008-12. See also Roberto M. Unger，*The Critical Legal Studies Movement* (Cambridge：Harvard University Press，1986)，pp. 1-14（批判了广义的法律形式主义概念）。

⑤ Oliver Wendell Holmes，"The Path of the Law，"in *Collected Legal Papers* (New York：Harcourt，Brace and Howe，1920)：pp. 167-202，at 173.

⑥ Oliver Wendell Holmes，"Law in Science and Science in Law，"in ibid.：pp. 210-43，at 229. See also Holmes，"Natural Law，"in ibid.：pp. 310-16，at 313（就法律的目的而言，权利仅仅是一个预言的前提——关于实在的图景支持这一事实，即公共权力将会被用于影响那些违背它的人——就像我们谈论万有引力用于说明空间中物体的运动一样）. Holmes，"The Path of the Law，"at 169（法律义务仅仅是这样一些预测，即一个人如果做了某些事情或者忽略了某些事情，他将以法院裁判的方式受到这种方式或者那种方式的损害）.

⑦ 例如，Karl N. Llewellyn，*The Bramble Bush* (New York：Oceana Publications，1951)，pp. 12-13（**对我而言，官员将对纠纷如何作为，就是法律本身**。因此对我而言，主要的事情是观察官员如何行动，在纠纷中如何行动，或者在其他的事情上如何行动；而且观察在他们行动中的特定规则——规则是这样一些东西，即使预测法官和其他官员明天将做什么成为可能）. Walter W. Cook，"Scientific Method and the Law，"*American Bar Association Journal*，13 (1927)：303-9，at 308（法律的规则和原则描述了过去法官的行为）.

了另一个理论目标，即把法律理解成为一个社会理论、文学理论、历史理论，同时他们试图软化法律来顺应改变，他们还抛弃了预测论的目标。⑧ 自始至终，关于法律不确定的主张持续增加，正如对于法律确定性的批评在加深一样。

在我看来，法律结果的不确定性导致的问题太多太多了。对于确定性的批评很大范围内起源于兰代尔和霍姆斯之间的尖锐冲突，他们都在他们的法律理论中将确定结果定位为法律的核心要求。对确定性批评的当代版本，尤其认为怀疑主义的产生根源于霍姆斯理论目标的失败，霍姆斯的理论目标是提供一个理解法律的确定性理论，同时提供一个确定的标准来保障一个合理的、公正的法律体系。然而，还存在第三条道路，就是不再将结果的确定性作为法律的核心要求，而是关注那些没有基本得到注意的因素。我将这种基于一般法理学的进路称为"作为实践理由的法律"⑨。在作为实践理由的法律之内展开的关于司法裁判的概念性和规范性理论就是诚信理论，这一理论将在第二章和第三章具体展开，并在以后的章节中详细讨论。因为这一理论要从霍姆斯和兰代尔相互交锋的传统——逻辑与经验——中破土而出，所以我要在开始的时候对法律不确定性的核心问题进行分类，同时对一些讨论的前提进行分类。

6

--------·⚜⚜·--------

⑧　例如，Clare Dalton，"An Essay in Deconstruction of Contract Doctrine," *Yale Law Journal*，94（1985）：997-1114；Robert W. Cordon，"Critical Legal Histories," *Stanford Law Review*，36（1984）：57-125；Robert W. Cordon，"Historicism in Legal Scholarship," *Yale Law Journal*，90（1981）：1017-56；David M. Trubeck，"Where the Action Is：Critical Legal Studies and Empiricism," *Stanford Law Review*，36（1984）：575-622，at 577-9. See also Sanford Levinson，*Constitutional Faith*（Princeton：Princeton University Press，1988）。

⑨　Steven J. Burton，"Law as Practical Reason," *Southern California Law Review* 62（1989）：747-93. 关于实践理性的相关意见有很长的讨论历史，从亚里士多德开始在某些时段经历了重要的改变，正如实践理性在圣托马斯·阿奎那的哲学，伊曼纽尔·康德的哲学中的发展，最近在哈特理论中的发展，还有在其他重要牛津学派的哲学家的理论中的发展。实践理性并不像某些时候认为的那样，是一个容纳决定如何做事情的方法的袋子，实践理性是一个内在严谨而且内在有限制的关于行动理由的理论框架。最近关于实践理性的讨论，see John Finnis，*Natural Law and Natural Rights*（Oxford：Clarendon Press，1982）；Neil MacCormick，*Legal Reasoning and Legal Theory*（Oxford：Clarendon Press，1978）；Joseph Raz，*Practical Reason and Norms*（London：Hutchinson，1975）；Katharine T. Bartlett，"Feminist Legal Methods," *Harvard Law Review*，103（1990）：828-88；Daniel A. Farber & Philip P. Frickey，"Practical Reason and the First Amendment," *UCLA Law Review*，34（1987）：1615-56；Anthony T. Kronman，"Alexander Bickel's Philosophy of Prudence," *Yale Law Journal*，94（1985）：1567-616；"The Works of Joseph Raz：A Symposium," *Southern Californian Law Review*，62（1988）：731-1235. 一种别具一格的实践理性进路，see Richard A. Posner，*The Problems of Jurisprudence*（Cambridge：Harvard University Press，1990），pp. 71-8.

1.2　不确定性的分类

对结果确定性的担忧看起来似乎一直都存在，尤其在青年法学学生和受挫的法律人中更是如此。每一代都需要重新学习的一堂课是：法律可以表现为一个客观的、中立的且确定的规则体系，但是实际上法律是顺应社会环境而变化的，法律受到政治标准的影响，法律在一定程度上是不确定的。从一个简要而抽象的视角来说，对确定性的批评是这样展开的：在法庭中裁判法律的第一条原则是法官有义务遵守法律。[10] 他们被要求从法律体系中识别法律，解释那条法律，同时将法律适用于被诉的案件。但是，法律并不是那么清晰、一致和完备，以至于法律不能约束法官在很多案件中都得到一个单一的、合乎法律要求的结果。因此，法律是不确定的，法官有自由裁量权。[11]

为了仔细进行阐述，法律不确定的问题与法律规则不清晰的弱点或者法律决定得以产生的其他标准这类问题并不相同。例如，一条正式颁布的法律规则，有可能从明确表达的角度来看，是含混的或者模糊不清的，还有可能与同类的其他法律规则在形式上产生冲突。孤立地看待这样一条法律规则，如果考虑到一个案件中的结果，那么确实是不确定的。但是，法律规则存在于一个体系之中，体系包括了规则的解释、法律权威的等级结构、关于法律规则的其他

---

[10]　American Bar Association, *Model Code of Judicial Conduct*, Canon 3 (B) (2) (1990)（法官"应该对法律秉承忠诚并以职业的精神参与其中"）；§ 2.1.

[11]　自由裁量权的意义是指在两个或者更多的案件审判结果中进行选择的权力，其中每一个案件的审判结果都被认为是可行的。Henry M. Hart, Jr. & Albert M. Sacks, *The Legal Process: Basic Problems in the Making and Application of Law*, tent. ed. (Cambridge, Mass.: Harvard Law School, 1958), p. 162. 其他关于自由裁量权的通俗说明，例如，Aharon Barak, *Judicial Discretion* (New Haven: Yale University Press, 1989), p. 7; Kenneth C. Davis, *Discretionary Justice* (Baton Rouge La.: Louisiana State University Press, 1969), pp. 4−5; Ronald Dworkin, *Taking Rights Seriously* (Cambridge: Harvard University Press, 1977), pp. 31−9, 68−71; D. Galligan, *Discretionary Powers* (Oxford: Clarendon Press, 1990), pp. 1−107; H. L. A. Hart, *The Concept of Law* (Oxford: Clarendon Press, 1961), pp. 120−32; Neil MacCormick, *Legal Reasoning and Legal Theory*, pp. 246−55; R. Kent Greenawalt, "Discretion and Judicial Decision: The Elusive Quest for the Fetters that Bind Judges," *Columbia Law Review*, 75 (1975): 359−99, at 386; Joseph Raz, "Legal Principles and the Limits of Law," in *Ronald Dworkin and Contemporary Jurisprudence*, ed. Marshall Cohen (Totowa, N. J.: Rowman & Allanheld, 1983): pp. 73−87, at 74; §§ 2.2 and following. 并不是所有的自由裁量权都来自于法律中无心的不确定性。有时，自由裁量权是由法律授予的，例如，只有当滥用自由裁量权时，庭审法官的判决结果中所有证据才是可撤销的。本书中提到的司法自由裁量权适用于以下情况：自由裁量权来源于法律的不确定性，也来源于法律授予的自由裁量权。

规则。关于法律规则的规则可以解决最基本的清晰性问题，例如，当一条制定法包括明晰界定适用范围的条款或者被制定出来时"从属于"另一条制定法。这些问题使得不确定性问题并没有什么危害或者没有什么研究的意义。[12] 但是，正如卢埃林所言[13]，规则的解释和法律权威的等级结构通常都具有含混、模糊不清、与其他规则相冲突等问题。因此，不确定性问题可以是很难处理的，原因就在于当某人将法律分析深入到更深的层次时，不确定性问题本能地抵制问题的解决，无论多少次提升分析的角度或者尝试不同的思考方案，它都会存在。在一个真实和重要的层面，法律就是不确定的。

  法律现实主义者所做的正确的工作就在于强调了正式法律规则明显的不确定性。[14] 只是在他们之中，有很多人认为，因为能够依据潜在的社会政策进行自由裁量，所以不确定性不是一个很大的问题。[15] 法律程序的理论家同样认为，明显的不确定性问题能够依据潜在的原则和目的进行解决。[16] 目前，法律与经济学的理论家提倡用经济学的效率原则或者财富最大化原则部分地作为社会政策来解决法理学的问题。[17] 罗纳德·德沃金则呼吁：存在很多争议时，法律体系作为一个贯彻整全性原则的体系，产生唯一正确的答案。[18] 其他人则关

 ⑫ See Andrew Altman, *Critical Legal Studies: A Liberal Critique* (Princeton: Princeton University Press, 1990), pp. 79-98.

 ⑬ Karl N. Llewellyn, "Remarks on the Theory of Appellate Decision and the Rule or Canons About How Statutes are to be Construed," *Vanderbilt Law Review*, 3(1950): 395-406.

 ⑭ See generally, Edward A. Purcell, *The Crisis of American Democratic Theory* (Lexington, Ky.: University of Kentucky Press, 1973), pp. 74-94.

 ⑮ See generally Robert S. Summers, *Instrumentalism and American legal Theory* (Ithaca, N. Y.: Cornell University Press, 1982).

 ⑯ See Benjamin N. Cardozo, *The Nature of the Judicial Process* (New Haven: Yale University Press, 1921), p. 141: 当法官处于自由的境地时，他将从实在的原则中把握法的精神。Hart & Sacks, *The Legal Process*, p. 165: 自由裁量的决定必须与其他已经建立的规则的应用相一致，而且必须服务于规则所包含的原则和政策。Lon L. Fuller, "Positivism and Fidelity to Law—A Reply to Professor Hart," *Harvard Law Review*, 71 (1958): 630-72, at 661-9: 法官必须依据法律的目的解释法律。Herbert Wechsler, "Toward Neutral Principles of Constitutional Law," *Harvard Law Review*, 73 (1959): 2-35: 宪法的决定应当依据普遍的和中立的原则。

 ⑰ Richard A. Posner, *Economic Analysis of Law*, 3d ed. (Boston: Little, Brown & Co., 1986).

 ⑱ Dworkin, *Taking Rights Seriously*, pp. 81-130; Ronald Dworkin, *A Matter of Principle* (Cambridge: Harvard University Press, 1985), pp. 119-80; Ronald Dworkin, *Law's Empire* (Cambridge: Harvard University Press, Belknap Press, 1986), pp. 266-71. See also Rolf E. Sartorius, *Individual Conduct and Social Norms* (Encino, Calif.: Dickinson Pub. Co., 1975), pp. 181-210; Michael S. Moore, "A Natural Law Theory of Interpretation," *Southern California Law Review*, 58 (1985): 277-398.

注约束法官的潜在的职业惯例。⑲ 批判法学家费尽心思地表明所有的资源可能
10 都有它们独有的不确定性。⑳ 政治、目的、经济分析、原则和职业惯例都不能
算作产生确定性的依据。㉑ 因此，结果可能是：法官必须依据有争议的政治价
值而不是法律来解决不确定性问题。

  难以处理的不确定性是真实的，但不是明显的。当用尽了法律提供的所有
手段还不能得到一个正确答案时，不确定性就成了最有疑问的问题；当法律共
同体的成员都依据诚信使用所有法律人的手段，依旧可能对某一案件的各种裁
判结果达不成一致意见时，不确定性问题就还是困扰人的问题。这些问题的要
点值得强调，因为太多的想要消除不确定性的努力都是易错的。为了去除某些
可能的误解，不仅仅是法律共同体的成员没有准备在一个案件的正确答案上形
成一致，而且当他们认为理所当然时，某些法律人可能会犯错误，或者在没有
专业性的调和时，他们在进行着相互竞争的论证。因为坏的论证并没有证明什

⑲ See Steven J. Burton, *An Introduction to Law and Legal Reasoning* (Boston：Little，Brown &
Co.，1985)，pp. 95－8，136－43，204－8；Melvin A. Eisenberg，*The Nature of the Common Law*
(Cambridge：Harvard University Press，1988)；Owen M. Fiss，"Objectivity and Interpretation，" *Stan-
ford Law Review*，34 (1982)：739－63；Owen M. Fiss，"Conventionalism，" *Southern California Law
Review*，58 (1985)：177－97.

⑳ 与批判理论最相关的著作是 Duncan Kennedy，"Legal Formality，" *Journal of Legal Studies*，
2 (1973)：351－98。See generally Mark G. Kelman，*A Guide to Critical Legal Studies* (Cambridge：
Harvard University Press，1987)；Roberto M. Unger，*Knowledge and Politics* (New York：Free
Press，1975)；Unger，*The Critical Legal Studies Movement*；James Boyle，"The Politics of Reason：
Critical Legal Theory and Local social Thought，" *University of Pennsylvania Law Review*，133 (1985)：
685－780；Peter Gabel & Duncan Kennedy，"Roll Over Beethoven，" *Stanford Law Review*，36 (1984)：
1－55；Allan C. Hutchinson，"Democracy and Determinacy：An Essay on Legal Interpretation，" *Univer-
sity of Miami Law Review*，43 (1989)：541－76；Duncan Kennedy，"Form and Substance in Private
Law Adjudication，" *Harvard Law Review*，89 (1976)：1685－778；Mark G. Kelman，"Trashing，"
Stanford Law Review，36 (1984)：293－348；Mark G. Kelman，"Interpretive Construction in the Sub-
stantive Criminal Law，" *Standford Law Review*，33 (1981)：591－673；Gary Peller，"The Metaphys-
ics of American Law，" *California Law Review*，73 (1985)：1151－290；Joseph W. Singer，"The Player
and the Cards：Nihilism and Legal Theory，" *Yale Law Journal*，94 (1984)：1－70.

㉑ 一些持批判立场的学者倾向于认为法律无论在哪种情况下都不能产生确定的结果。例如：
Mark V. Tushnet，*Red，Write，and Blue：A Critical Analysis of Constitutional Law* (Cambridge：
Harvard University Press，1988)，pp. 191－2 (法律现实主义者显示法律规则和法律推理是如此善变，
以至于它们允许法律人将不同的先例置于我们选择的任意模式之中). Hutchinson，"Democracy and De-
terminacy，" at 543 (法律是完全不确定的，而且完全是政治性的)；Singer，"The Player and the
Cards，" at 10－11 (法律信条 "不完全的操作性")，20 (法律信条 "充分的模糊性或者内在的矛盾来正
当化任何我们能想到的结果")；sources cited in Ken Kress，"Legal Indeterminacy，" *California Law Re-
view*，77 (1989)：283－337，at 302 n. 67. 如果真的如此，法律的不确定性也是顽固的和持久的。See
also Anthony D'Amato，"Can Any Legal Theory Constrain Any Judicial Decision?，" *University of Miami
Law Review*，43 (1989)：513－39.

么，所以法律不是在明确的意义上是不确定的，因为不匹配的结果能够被清除。甚至对律师来说是足够好的可以提起诉讼的论证，对法官来说并不足够好到可以判决一个案件，这一情形对法律的不确定性并没有什么说明作用。相互冲突的法律决定也是如此，一旦它们中的一个被认定是错误的，而且在通常情况下可以从法律人共同体中识别出来，那么不确定性就没有被确立。人们的易错性不是要点。进一步而言，法律的不确定性是和高度可预测的司法行为相匹配的。㉒ 法律可能看上去在一段时间里是确定的，因为没有人提起疑难问题。这种偶然达成的稳定性可能在任何时候都被打破，而且法律共同体可能在那个时候缺乏必要的资源来解决纠纷。在个案中产生不确定性的最典型情况是：对于当下的司法决定来说，法律有相互矛盾的内涵，而且经过正直的、有能力的法律人的周密分析，没有标准或者参考准则可以在任何当下的实践框架中产生一个确定的结果。

　　难以解决的法律不确定性无须被克服。㉓ 在某些情况下，在抽象层面相互冲突的法律规则将会集中起来在一个特定的法律问题上寻求同一个答案，虽然是基于不同的理由。这一情形有可能是这样一些案件，某人在这个时代起诉法院要求判决奴隶制在美国是合法的，或者某人起诉要求保护超速行驶，其理由是现存的禁止超速的交通法规是违背宪法的。在另外一些情况下，法律在正式规则的层面上可能是不确定的，但是由全部不同的政治理论支持的所有相关的解释规则，可能都在某一案件上集中于产生一个结果。同样的，解释规则可能是不确定的，但是由所有相关的政治道德支持的全部相关的政策和原则都集中于一个解决方案。集中的合意在任何分析层面都是可能的，而且可能在某一案件中产生确定的结果。结果确定的案件和简易案件并不相同，在解决方案找到

11

12

　　㉒　Gordon, "Critical Legal Histories," at 125. See also Kelman, *A Guide to Critical Legal Studies*, pp. 13, 258（内在矛盾并没有日常性地引发整体的不可预测的结果）; David Kairys, "Legal Reasoning," in *The Politics of Law*, ed. David Kairys（New York: Pantheon Books, 1982）: 11–17, at 15（案件中的审判结果并不是随机的和整体不可预测的）; Singer, "The Player and the Cards," at 19–25（尽管法律是不确定的，但是我们法律体系的产生结果却常常是可以预测的）.

　　㉓　See Burton, *Law and Legal Reasoning*, pp. 94–8, 125–32（在具体司法判决上的集中意见可以产生简易案件，尽管此时在抽象标准上存在争议）. Kress, "Legal Indeterminacy," at 295–337（法律在最温和的程度上是不确定的）. See also Altman, *Critical Legal Studies*, pp. 90–8; R. Kent Greenawalt, "How Law Can Be Determinate," *UCLA Law Review*, 38（1990）: 1–86; Kenney Hegland, "Goodbye to Deconstruction," *Southern California Law Review*, 58（1985）: 1203–21; Alvin B. Rubin, "Does Law Matter? A Judge's Response to Critical Legal Studies," *Journal of Legal Education*, 37（1987）: 307–14; Frederick Schauer, "Easy Cases," *Southern California Law Review*, 58（1985）: 399–440.

之前，可能要在结果确定的案件上花费大量的努力。㉔ 不能够低估确定性法律问题的数量和标志性，因为它们中大多数关注的问题都是在一般意义上产生，而且不能通过协商解决。

但是，难以处理的不确定性在通常意义上是重要的。在学院之内或者学院之外产生的重大法律争论，都聚焦于不确定性的实践意义和作为结果的司法自由裁量权。考虑一下认真对待这一命题的意义，这一命题是：当法律是不确定的同时法官有自由裁量权，法官并没有遵守制定法。大家公认的那些具有里程碑意义的案例，比如布朗诉教育委员会案㉕，雷诺兹诉辛氏案㉖，还有那些有争议的案件比如罗伊诉韦德案㉗，这些案例成为法理学推理研究中经常回顾的案例。在日常审判中，对儿童的监护权和合同的实质性违反所作出的有分歧的决定也同样是值得推敲的。将以上这些案例完全普遍化可能意味着法律在那么多的案件中都是不确定的，以至于只有从根上限制司法权力才能避免内含自由裁量的司法决定。或者换一种方案，也许自由裁量是如此不可避免，授权的第三方纠纷解决方案非常重要，因此传统的法治价值应该被放弃，而且权力应该相应的扩张。

1.3　不确定性和裁判

在法律中不确定性之所以难以处理，原因在于：对于法律的不同意见表现在分析层面中将是政治性的和法学性的。不确定性问题反复发生的情况是这样的：人们试图引用法律规则来解决相互竞争的类比逻辑，试图引用更加抽象的原则和政策来解决规则冲突或者规则解释相冲突的问题，试图引用更加抽象的道德和政治理论来解决原则和政策的竞争问题。表面看来，如果没有解决好政治道德的基础性问题，那么解决实际生活中法律推理过程中遇到的不一致问题时，也有可能无法找到解决方案。假如正是表面看起来的那样，那么就很难理解法律论证能够解决法律问题这样的现象：法官可能秉持一个已经历经数个世纪争论的政治立场，而且也没有什么迹象表明能够在短期内找到满意的解决争议的方案。将法官所有的裁判都看成是法官个人意识形态和党派忠诚形成的政治立场的产物，这种观点是有一点犬儒主义的。除非发展出另外一种基于法治

㉔　See Duncan Kennedy, "Freedom and Constraint in Adjudication: A Critical Phenomenology," *Journal of Legal Education*, 36（1987）: 518–62.

㉕　347 U. S. 483（1954）(持隔离但是平等立场的公立学校违反了宪法有关法律保护平等权的规定).

㉖　337 U. S. 533（1964）（一人一票）.

㉗　410 U. S. 438（1973）(宪法保护妇女在怀孕的早期阶段享有选择堕胎的权利).

的理解方式，否则正在运行中的法律将缺乏持确定性立场的形式主义者所要求的客观性和中立性。

例如，考虑一下合同法中的常规问题。消费者签署了一项合同，要求以 3 年分期付款的方式每月支付 525 美元购进一套瓷器。在合同文本中，合同表明瓷器的送达，以三年后全额付款为条件。利率从合同签订之日起计算，为 22%。买家在见律师之前，已经支付了 15 个月。一方面，可以说合同是没有认真考虑的而且是无法执行的[28]，因为卖家将买家作为合同 3 年期的债权人，而且即使在正常的消费者信用交易中，买家的钱在一段时间内对卖家并没有使用价值，卖家给作为债权人的买家设定了利率；另一方面，也可以说人们有义务在签约之前认真阅读合同，还有义务在不理解受约束的合同条款时进行咨询。[29] 看起来好像是这样的，在没有回溯到法学和政治学的思考之前，无法提出确定的法律标准来判断两方面的说法。当我们进行到那个层面时，两方面的论证中的一个，暗示了一个法理学问题要求法官提升正义的考量，使其高于合同中的合意条款；另一个则要求法官仅仅执行合同双方的合意。这两方面的要求也意味着两种不同的政治观点：一个是保护那些没有得到保护的人们，另一个仅仅是维护市场的竞争。我们似乎不太乐意完全遵从这两种法学和政治哲学的任意一方，从而完全排除另一方，我们也不能在一个确定的范围内找到一个调适彼此的法律标准。在这个没有太多争议的案件中，对于法官来说，找到一个可以选择这种方案或者另一种方案的理论基础，使他选择他所秉持的政治和法律的界限，可能是一件个人化的事情。[30]

法律通过不确定性向政治的滑落正在困扰着实践理性聚焦裁判的过程（虽然它也干扰着法律应用的所有方面）。只有迟钝的司法角色概念欢迎法官作为哲学王，即将基础性地解决相互竞争的政治问题作为自由裁量权的一部分，将他们的观点施加于案件的双方。[31] 宪政民主的一个基本信条要求，无论何种公

14

15

---

[28] U. C. C. § 2-302.

[29] See Wilson v. World Omni Leasing, Inc., 540 So. 2d 7B (Ala. 1989)（卡车租赁协议不是默示的，尽管在格式合同中对承租人而言，有令人吃惊的义务，因为承租人有公平的机会来保护自己）.

[30] See generally Kennedy, "Form and Substance"; Kelman, *A Guide to Critical Legal Studies*, pp. 15-63.

[31] 这不是一个在法官中间存在争议或者更广泛地说，是可变的有争议的问题。See speech by William J. Brennan, Georgetown University (Oct. 12, 1985)（法官并不是柏拉图式的引导者，即被任命来依据个人道德观念使用自己的权威。）; Robert H. Bork, "The Constitution, Original Intent, and Economic Rights," *San Diego Law Review*, 23 (1986): 823-72, at 825（对于这一任务而言，不仅道德哲学是不充分的，更根本的是我没有在这里看到合法的理由使我们应该受法官道德观的统治）.

共权力都应该在它被正当化的特定目的上使用。相关联的法治价值特别地要求法官只有在适用法律时才使用他们的权力（来陈述若干要求中的一种）。但是，当法律是不确定的而且结果是可以自由裁量的，则很难理解法官适用法律的过程。自由裁量的司法决定权可以看成是在其他更加明显的统治类型中，原则上难以辨识的一种类型。

目前的智识性争论倾向于遵循政治路线。某些保守派学者不赞同当法律标准不确定时自由的决策，但是相信问题并没有深刻而且严重到法治的价值受到威胁的地步。㉜ 突出的自由派学者主张法官没有任何意义上的自由裁量权，因为法律在原则上为几乎所有的案件提供了一个单一、正确的答案，只是它要求超人的技巧去发现答案。㉝ 中间派承认广泛的自由裁量权，但是似乎没有受到其意义的困扰，这一意义存在于像美国这样的宪政民主国家的司法实践之中。㉞ 一些激进的左派批评家主张法律的不确定性是如此深远，以至于法律的传统应该被抛弃，作出无等级区分的甚至非理性的改变。㉟ 对话到这里，似乎成了一个死结。需要用一个基本关注点的调整来打开纠结着的而且不再具有启迪性的思维方式，这种思维方式放大点来说，也不幸地政治化了整个讨论。

16　　一个关键的和各方承认的预设前提可以重塑整个事件。这个前提是只有当法律在诉讼中只产生一个正确结论时，法官才会依据法律进行裁决。㊱ 这个预设前提可以被称为"确定性情况"，因为这一预设前提一般被认为是法官履行其维护制定法义务的必要情况，由此在一个宪政民主政体下，裁判才具有正当

㉜　For example, Robert H. Bork, *The Tempting of American* (New York: Free Press, 1990); Robert H. Bork, "Neutral Principles and Some First Amendment Problems," *Indiana Law Journal*, 47 (1971): 1–35; Edwin Meese, "The Supreme Court of the United States: Bulwark of a Limited Constitution," *Southern Texas Law Review*, 27 (1986): 455–66; Antonin Scalia, "The Rule of Law as a Law of Rules," *University of Chicago Law Review*, 56 (1989): 1175–88.

㉝　See sources cited, note 18 above.

㉞　For example, Cardozo, *The Nature of the Legal Process*, pp. 113–15; Hart, *The Concept of Law*, pp. 138–44; Hart, "Introduction," in *Essays in jurisprudence and Philosophy*, ed. H. L. A. Hart (Oxford: Clarendon Press, 1983): 1–18, at 6–8; Greenawalt, "Discretion and Judicial Decision."

㉟　See sources cited, note 20 above.

㊱　例如，与之前的论述相对应，德沃金热烈主张，无论在简单案件还是疑难案件中，法官都受德沃金式的原则的束缚，有义务达成唯一正确的答案。Dworkin, *A Matter of Principle*, pp. 119–46. 哈特坚持认为法官有自由裁量权，当法律不明确或者不能指示结果时，法官有自由裁量权，而且必须在无规则的基础上进行判决。H. L. A. Hart, *Essays on Bentham* (Oxford: Clarendon Press, 1982), p. 161. 批判法学的学者主张法律通常并不指示结果，认为法官能够遵守法律的观点是迷惑性的和欺骗性的。Sources cited, note 20 above. 波斯纳主张一种极端形式的法律怀疑主义，因为很多法律问题以司法推理的形式来看，都是不确定的。Richard A. Posner, *The Problem of Jurisprudence*; Richard A. Posner, "The Jurisprudence of Skepticism," *Michigan Law Review*, 86 (1988): 827–91: §§4.2 及以下。

性。确定性的情况仅仅允许两种情况下的可替代选择：一种是沿着兰代尔的道路，采纳确定形式主义；或者在霍姆斯的理论目标失败之后，产生一种有吸引力的替代选择，采纳法律怀疑主义。在一般情况下，确定性的情况占据了明显的有利位置，这个位置成为衡量法律和裁判结果的主要准则。当法律共同体中的成员一般性地接受了确定性情况时，它几乎确保了任何看似正确的法律论证将通过分析被证明是不充分的。某人可能经常询问为什么，而且思考某些情况下的有些野蛮的相反论证。当关于法律的理念是如此贫瘠时，法律共同体中的政治分歧几乎会在任何情况下都产生偏执的不一致意见。一个对确定形式主义或者其他相等价值的优先性要求会产生虚无主义的法律理论，导致温和的回应者在确定形式主义和法律怀疑主义之外寻求第三种可替代选择。

本书在第二部分和第三部分讨论的诚信理论提供了一种温和的可替代选择。它拒绝了确定形式主义，看起来像一个关于法律和裁判的理论，更重要的是可以作为一个合法性标准来衡量类似的理论。具体而言，诚信理论提出以诚信的要求取代确定性情况，将诚信理论作为维护法律的法官义务的一部分，以一种独特的方式排除自由裁量权的滥用。一个伴随的理论主张，法律的不确定性和司法自由裁量权与宪政民主下裁判的正当性是相一致的。[37] 与确定性的情况相反，法律可以在无须决定单一结果时，限制法官和其他法律参与者。当法律的目的仅仅是平衡地协调行动时，或者当法律寻求鼓励信赖而且某人信赖一种相关的方式时，相关的确定性只不过是某类法律值得拥有的特色，尤其在政府的管理中，法律的可预测性是特别重要的而且是值得获得的。确定性并不是适用于所有法律的法学标准，或者不是适用于美国所有法律的法学标准，或者不是适用于法律之下所有裁判结果的法学标准。

1.4　不确定性和当代法理学

不确定性从法律向政治的滑落同样还有对法学学术理论的意义，这一滑落也能发展为对立政治派别中的政治争斗。持有尖锐不同观点的美国法律学者正在发展新的法理学——经济分析法学、新实用主义法学、修辞的或者自由的法

---

⑰　纯粹的诚信理论难以充分建立正当性。它要求在政治哲学上有一个复杂的论证，这种论证超越了本书的讨论范围。我关于这一普遍问题的早期思想参见 Burton, *Law and Legal Reasoning*, pp.165–236；Steven J. Burton, "Law, Obligation and a Good Faith Claim of Justice," *California Law Review* 73 (1985): 1956–83。

18 学、批判法律理论、女性主义法理学和批判种族理论。这些法学理论的鼓吹者并不质疑这一命题：美国存在一个主要由宪法、联邦和州立法，由法律授权制定的行政规则，还有普通法构成的传统法律体系。更确切地说，他们主张传统法律体系的不确定性是普遍的和难以处理的，不确定性使得法律远离其原意。因此，某些人对这一问题产生了兴趣，也许是一种痴迷的兴趣，这个问题是法律对不同人呈现出不同样态的方式。例如对很多保守的人来说，传统的法律体系是一个从传统发展而来的、正式合理的规则体系。另外一些保守的人则主张潜藏在传统法律体系背后的是经济学原理，有更加确定的内容。对很多自由主义者来说，法律似乎最好翻译成一个道德原则体系。左派学术批评者认为，法律是一个正当性统治下产生的意识形态的包装物，正当性的统治是指由少数精英对没有权力的大众的统治。另外，一些人坚持认为传统的法律体系看起来是一个由有特权的白人男性进行推理和良好判断的工具，只是有时会有些错误。法律看起来更像一个可靠的工具，由男性对女性行使政治霸权，或者仅仅就是所谓的"人们"对居住在偏远地区的贫穷的人们的政治霸权。

1.4.1 政治统治的优先性

在强调传统法律体系多元的外表时，暗藏着一个法理学的主张，如果这一主张是正确的，将把学术性的法律理论转变成政治争论的竞技场。这一转变的情况是：难以处理的和广泛的不确定性意味着，除了法律的不同形式，法律就没有其他特征。为了更加清楚地表述，正如路德维希·维特根斯坦所描述的那样，传统法律体系可以被设想成为一个正在发生的行为方式的集合体。[38] 比如，这有可能表明宪政主义的最初意义仅仅是沿续美国宪法传统的一种方式。依赖于传统的宪政主义来发展宪法与依赖变化了的共同体标准和宪法传统的其他标准来发展宪法，这两种思路也许要相伴共同发展。[39] 难以处理的不确定性有可能被认为是意味着在传统中，没有哪种标准在任何可靠的理智层面上，比

19 另一种标准更好。就像经济分析方法或者文化进化方法一样，没有哪种方法比另一种更好，当下没有什么具有"合法性"的方法。因此，有可能作出这样的结论，法律没有什么特征能够正当地服务于一种或者少数几种法律论证方法。

---

[38] Ludwig Wittgenstein, *Philosophical Investigations*, trans. G. E. M. Anscombe （Oxford: B. Blackwell, 1958）, § 151. 我不接受对维特根斯坦的怀疑性阅读，这种阅读削弱了他思想的说服力。

[39] See generally Philip Bobbitt, *Constitutional Fate: A Theory of the Constitution* (New York: Oxford University Press, 1982); Laurence H. Tribe, *American Constitutional Law*, 2d ed. (Mineola, N. Y.: Foundation Press, 1988); Tushnet, *Red, White and Blue*.

到目前为止讨论的新兴法理学理论，就它们关于这一问题的讨论来看，排除了证成（justification）（不同于自我表达、说明、描述、预测或者分析）在法律讨论中的存在价值。证成的宣称表明这一种或者那一种论证方式应该胜过其他论证方式。这种巧妙论证的可能性恰恰是被那些新兴的法理学理论在某些时候拒绝了的。[40]

忽略证成的核心地位的结果将会是悲剧性的。在美国传统之内的传统性理解强调：一个关于法律的原则性观点是控制权力的滥用。法官的裁量在重要意义上是帮助确认官方的强制性权力是在法律的正当性层面上使用的，因此限制或者避免那些恰巧拥有公共权力的人的统治。[41] 再者，对法官有效率的限制来源于对司法行为在法律框架之内论证时所采纳的理由；法律不是一个物理的或者情感的约束装置。对于法律的批评一直围绕证明一个法律判决胜于另一个判决的道德和政治理由而展开。没有证成的地位将难以产生新的论点来参与学术性讨论，或者产生新的法则来对各种学术进行实质批评。换言之，在这里将没有司法**义务**概念的存在空间。

通过排除证成的位置，新兴的法理学理论似乎将政治权力的优先性放了思想之上。位于所有法理学探讨核心的，关于法律是什么的争论，似乎没有打开讨论的空间，而是集中于那些拥有政治性和修辞性权力的人。这些人因为他们感知到政治对其偏好群体的不良影响，所以提倡法理学的研究。法律因此可能会变得脆弱，变成那种可以毕其功于一役的革命的产物。带有这种情绪的作者可能反对这一观点，即普通法和议会立法，那种在传统的法律课本和司法意见中起核心作用的法律，是足够有意义的法律。这一方式就是开始将法律的传统理解方式替换为一种由政治借口和片面化修辞构成的理解方式。[42] 例如，某人可能希望将其转化为经济学的效率原则或者财富最大化原则。其他人可能希望将其转化为分配正义项下的自由原则。可能还有其他人希望将其变成反从属原则，意在于要求所有法律案件都依据历史的或者当下的附属团体的意见进行裁决。如果一种类似的观点将要占据优势，或者如果每一个个体都要保

---

[40]　一般性观点主要清晰地出现在 J. M. Balkin, "Deconstructive Practice and Legal Theory," *Yale Law Journal*, 96 (1987): 743-86. See also "Symposium: The Critique of Normativity," *University of Pennsylvania Law Review*, 139 (1991): 801-1075.

[41]　统治不应该被理解成一个人对另一人使用权力，而是应该理解成不正当地使用权力。美国并没有通过赢得二战而统治德国人，法官也没有通过把某人送进监狱而统治一个有罪且被确认犯罪的人。

[42]　See Steven L. Winter, "Indeterminacy and Incommensurability in Constitutional Law," *California Law Review*, 78 (1990): 1441-541, at 1446（毕竟全部想法是去降低施加在当前实践上的直接影响，而且一起去侵蚀或者取代它们）.

持自己独特的或者狭隘的法学观点，那么在法律体系实际运行过程中的每一个
21 支流都可能是革命性的。长期以来被尊为象牙塔中的学术玩物，对法理学的兴
趣已经部分发芽生长了，因为它现在可能将现实世界的意义转变成简单的、一
扫而光的法律革命。

然而，扔掉证成概念的最后一群人应该是那些鼓励对法律增加变化的智识
批评，而无论他们持有哪种正义观。在他们更加具有怀疑性的态度中，新兴法
理学中的某些派别是自我边缘化的。他们的批评性主张——没有哪种当下的生
活方式比另一种更好——是把双刃剑，这种双刃剑能够被用来反对他们自己建
构的理论和他们用以获得自己领地的修辞性努力：最坏的修辞是将所有的事物
都称为修辞。㊸ 再者，排除证成的一部分主张中包含了一种排斥，排斥的对象
是那些并不拥有政治确信的人，他们也能够有一些很好的理由来论证那些不在
他们狭隘的自我兴趣范围内的课题。那些以自己的政治偏好作为出发点的人
们，反而没有很好的理由来支持他们的论点。然而，当认真讨论时，新兴法理
学的鼓吹者常常拒绝承认，即使司法义务的内容可能是有争议的，法官也要履
行法律义务和道德义务。事实是，义务使得批评者可以清楚地去主张决定是错
误的、不公正的或者存在误解的。㊹ 一旦义务得到承认，进而证成的概念得
到承认，接下来的讨论才能进入可以理解的范围。智识上的考量进而必须比
政治利益和意识形态占有更重要的优先性，而且，这些理由本身超过其
价值。

22 法律确实对境遇不同的人呈现出不同的样态。重要的问题可能在这一层面
上有很重要的意义：什么是异议？某人可能是错误的，这是可以理解的异议
吗？或者仅仅是权力政治披上了智识的外衣吗？我将论证从诚信裁判的立场来
看，从任何一个政治信仰、性别、种族或者宗教来看，智识上的分歧并不是那
么深刻，以至于法律仅仅只是它的表象。我相信有一个交流的空间，存在于司
法义务的特定概念之中，在这一概念中法律证成的考量在决定的作出过程中扮
演了核心角色，而决定是由法官、其他法律参与者和他们的批评者作出。这个
替代性的交流空间拒绝权力政治的优先性。有两个基础性的前提构成了对于诚

㊸ 毕竟，以下事实不是明显矛盾的吗？持一种观点，同时持另一种观点认为，没有哪种观点是更
正确的或者更正当的。Hilary Putnam, *Reason, Truth, and History* (Cambridge: Cambridge Universi-
ty Press, 1981), p. 119.

㊹ 法官通常在一个案件中有绝对的权力来判决任意一方胜诉。她因为小错误而改判的情况是很少
的，而且几乎不会因为犯了小错误而被取消法官资格；但是这种绝对权力是和其司法义务相匹配的，
这一义务要求法官判决主张更正当的一方胜诉。

信义务参与者的道德要求。我将其称为"可理解性的优先性"（the priority of the intellectual）和"理由的优先性"（the primacy of reasons）。

1.4.2　可理解性（理性）的优先性

比较一下保守者和激进者的不同，保守者将法律视作一个限制性规则的体系，激进者将法律视为一个掩盖统治正当性的事物。这两种观点其实并不是不相容的。正如激进者看到的那样，政治统治可以通过限制性规则体系来实施，而这正是保守者所持的观点。关于种族隔离的新近法律呈现了一个很好的例子。不能够把任何一种观点都理解为武断的主张：法律仅仅是一个规则体系或者仅仅是一个正当性的掩饰。的确这里有一些有意义的分歧，这种分歧究竟是什么？

一种可能性是分歧仅仅是一种特定层面上的政治性。依据这种观点，法律是政治的另一种表现形式，正如政治是战争的另一种表现形式一样。那些人之所以捍卫现存法律是因为现存法律对他们偏爱的群体有利，他们将法律视为一种限制性规则体系；那些想激进地改变法律来有利于其他群体的人就会把法律视为一种伪装的统治。每一方都要去争夺在法律上的话语权，这种话语权可能重塑法律在文化中的形象，就像一个眩晕的医生为了他或者她的候选人，想把政治事件放在一个有利的聚光灯下一样。[45] 这种政治解释方式以及类似的方式并没有为这里涉及的异议问题提供令人满意的答案。他们观察那些对法律持不同意见的人们，并认为他们具有拙劣的目的。政治性的解释切断了理解人们说什么的可能性，人们说什么可能是值得别人赞同的。为了一些目的，我们可能想要了解那些谈论法理学的人们。他们可能恰恰被封闭在权力的斗争中，机会主义地将法理学仅仅作为一种达到他们目标的工具。我们可能以这种事实来回应那种政治性的观点，因为一个可理解的回应将会与论点有关。进一步说，在某些情况下，政治性意向可能引导我们去工具性地接受那些可能增加我们共识的主张。当我们屈服的时候，我们可能犯了错。尽管当下流行用政治解释一切，但是将政治的优先性放在可理解性之上并不是唯一的一种理解法理学分歧的方案。

简单的政治的修辞解释并没有说明任何**与法律有关**的东西，因此它说明的只是竞争性的法理学不同意什么。谈论"约束性规则的体系"和"正当性统治

---

[45]　一个清楚的说明，see David Luban, "Difference Made Legal: The Court and Dr. King," *Michigan Law Review*, 87 (1989): 2152-224, at 2153-6。

的掩饰"应该说明法律的特征，从而使我们可以从中学到一些东西。毕竟，这才是我们学习法理学的原因（或者是我们应该学习法理学的原因）。我们可能形成一种关于法律的观点，或者更好地说，形成一系列观点，可以在不同的背景之下进行恰当的运用。相应的，某人可能说法律是一个限制性规则体系，为了呼吁对法律某些特征的关注，而没有证明那些规则可以作为权利或者作为善，或者拒绝承认法律还有其他特征。通过这种描述使得这些特征被凸显，从24 而这些特征在某些对话中值得被关注，例如对于那些潜在的像没有被控制的导弹一样的判决。相似的，某人可能说法律是一个统治正当性的掩饰，从而可以夸张地说明某些规则的不正义性。法律的这一特征可能在讨论关于法律改革或者公民的不服从问题时，值得被关注。再者，法理学主张仅仅需要被理解成去说明，法律仅仅是这个或者仅仅是那个，以一种方式总结分歧或者终结讨论。⑯ 我们不需要为了说，我们可以从某些陈述中学习法律，而立志于追求教条主义，即使在任何时候，还更多地需要言说和学习。

可理解的正当性包含了一个偏爱，为了保持对理念的关注——在法理学讨论中**言说的是什么**——包含了政治性的理念。言说的是什么可能与这三个方面形成鲜明的不同：言说某一事物的动机，言说之时所采用的修辞方式，言说的结果。可以确认，这些方面与实践中的其他方面相伴共生。我们从实践中进行25 学习，然而通过不断转化而单独研究一个方面或者其他方面。我们不能一次性有意义地思考或者说明所有事情，我们也不能将这些事情的所有方面压缩为一个方面。

先考察第一种不同，为了揭露官方的法律结构和铺平激进变革的道路，某人可能有意识地或者无意识地被驱使去主张法律是广泛而不确定的，或者某人可能为了捍卫一个案例被驱使去主张法律是一个限制性规则体系，在此案例中

---

⑯ 我担心有很多这样的误解被传播开来。这种趋势传播的方式是一些学者阅读另一些学者过于绝对化的论述，他们绝对化的表述与以下的方式类似：它们意味着什么，它们通常被理解成什么，（在所有案件或者在某些案件中）是如何定量的，（所有人平等对待，一种特色是……类似这种语言）是如何定性的，这些都是容易犯错的说法。以下关于 Allan Hutchinson 的评论就代表了时下批判性理论的流行趋势：作为一个白人男性、父亲、丈夫、工人、财产所有者等身份，我的生活充斥着有关组织的不同法律理念。把它们当作神话遗忘掉，是错误的。虽然法律通过仅仅调整法律关系来致力于降低深入我的生活的程度，但它还是在塑造我的个人形象，在改造我的一致性行为模式方面扮演了一个重要角色。Hutchinson, "Democracy and Determinacy," at 553（增加强调的部分）. 我不认为当法律将一个人分类为一个父亲时，它就因此主张他仅仅是一个父亲，或者是法律将他分类以后贴上标签，或者父亲的身份仅仅意味着一系列法律权利和义务关系。法律并不会放弃使用亲属关系、宗教信仰、传统、教育程度、道德善恶或者流行文化的忠诚度等框架来进行理解，但是所有的这些内容只是为了提供一个多元化的、最完备的手段来理解个人和他人。

他享有很高的地位。驱使人们去行动的可能是一个人的社会地位、种族、性别和其他个人品格中的一部分。但是，并没有哪个案例中的动机或者理由支持这一命题——法律是广泛而不确定的或者是一个有意义的指引体系。言说者是一个有权势的白人男性可能将他或者将我们作为指引可能性的标准而进行类比推理。但是关于法律的主张的真相完全依赖于可理解的考虑而不是作出主张的那个人的性格或者动机。某人可能说了一些正确的话，但是他基于错误的动机相信了这一事实。没有捷径可以明了言说者的明显特征，或者流行心理学可以说明事实的真相。

对于第二种不同，想一下一个有用的带有性别歧视的语言："每一个人，当他在驾车时，都应该很谨慎。"这里使用的是男性代词"他"，对某些女性有负面的影响，她们可能感到被歧视、被排斥、被打击，或者因为这种表述感到被冒犯。这种影响来自于修辞的方式：我们如何言说，而不是我们言说的是什么。它应该是清晰的，因为一个可以继承的语言交流方式和可替换理解的荒谬性，言说者正在说每一个人都应该谨慎，当他或者她在驾车时。当有一些时刻恰当地聚焦在修辞上时，可能反映了应该被改变的背景性文化态度。但是，如果我们仅仅聚焦在我们如何言说同时忽略了言说了什么时，某些重要的东西就被遗漏了。比如，在大多数情况下，对于一个驾驶者，应该更加注意谨慎和驾驶之间的关系，胜过于注意在提出警告时对性别的用词。 26

第三种不同反映了一个简单的事实：一个真实的命题可能对陈述人自己或者陈述人认同的人有不幸的后果。被提名人道格拉斯·金斯伯格被排除于最高法院之外，是因为有报道称他在担任哈佛大学法律教授期间，和学生们吸食大麻。拒绝那些报告中的事实可能对他是有利的，因为那些事实有不幸的后果。法律人有时做一些事情时，就像他在扮演一个鼓吹者。在法律理论中，狭隘的工具主义法理学具有类似的倾向。但是法律理论家应该抵制这种倾向，无关他们的法律训练。在日常的非文学化和非对抗性环境中，我们不应该说某些事情"是这样"，除非至少有好的和充足的背景使我们相信的确是这样。聚焦于言说的是什么会导致对言说环境的考虑，在这一环境之下言说的内容可能是真实的，也有可能需要确认。一项陈述的后果往往和他们的背景截然不同。

可理解的优先性并不拒绝政治理念的重要性。一些政治性的考虑本身就是一种可理解性的考虑。从柏拉图到罗尔斯，政治理论已经是高度可理解性的。这些理念不应该被排除在这些关于立法的政策、法律的正义性、法律在社会中对权力关系的影响、法律产生遵守义务的能力等其他事情的讨论之外。在依据法律进行裁决时,法律在某种意义上依旧是政治性的,这种意义是法律产生的实践性意义,是潜在政治理念的一部分。当局限在法律理论或者裁量层面上时,政治在个人的优势或者党派的忠诚层面上是客观的。一个诉讼律师坚持事先说明法律研究的材料,以这种方式保护客户的利益,这与被提倡的道德是一致的。但是,一个法律学者(或者法官)不应该提前四处搜索研究材料,仅仅在一点点上服务于先在的政治义务。[47] 诱惑是现实存在的,隐秘的动机在任何时候都能够不引人注意地影响目的。可理解的优先性并不拒绝这些关于学术实践的事实。而是,当我们将眼睛从焦点移开或者发现它们毫无目的的游荡时,可理解的优先性居于批评自我或者他人的理论基础地位。

1.4.3 理由的优先性

对于新兴法理学而言,尤其对于霍姆斯和法律现实主义者而言,一个最好的攻击点就是确定形式主义常常(错误的[48])提及的对于法律传统[49]的重要意义。依照这种观点,一个规则只有适用于一种类型的案件,而且规则必须是一案一规则。那就是说,一个法官需要在特定情况下,仅仅发现一种或者很少的几种简单的可以识别而且意义明确的事实,以此来使规则得以适用。法官的义务是找到事实本身而且逻辑地适用规则。[50] 将这种确定形式主义的法律模式击得粉碎,是一件很容易的事情,而且从来不缺乏将粉碎的事业进行得更加彻底的努力。确实,这种法律模式对新兴的法理学中的某些理论而言,是如此不朽的一个诅咒,以至于它的任何一部分都不能忍受。因此,最近的作品包含了整齐划一的拒绝,拒绝的对象是对规则和类型的抽象,甚至抛弃了像禁止自相矛

---

[47] 一个更为深入的不同视角, see Kennedy, "Freedom and Constraint in Adjudication," discussed in §§ 5. 4 and following.

[48] See Burton, *Law and Legal Reasoning*, pp. 187-214; Dworkin, *Law's Empire*, pp. 274-5; William Ewald, "Unger's Philosophy: A Critical Study," *Yale Law Journal*, 97 (1988): 665-756; Kress, "Legal Indeterminacy"; John Stick, "Can Nihilism Be Pragmatic ?," *Harvard Law Review*, 100 (1986): 332-401; § 5. 3.

[49] For example, Kelman, *A Guide to Critical Legal Studies*; Hutchinson, " Democracy and Determinacy," at 542-3; Kennedy, "Legal Formality," at 366-77.

[50] Kennedy, "Legal Formality," at 355. 富勒将普通法中的印章的例子用来展示形式化的理念,在对印章本身没有进行深入探究之前,盖有印章的合同就是具有执行效力的。See Lon L. Fuller, "Consideration and Form," *Columbia Law Review*, 41 (1941): 799-824, at 802.

盾这样的基本的逻辑原则。[51]

这里有一些"好东西"不应该和确定形式主义一样被清除。确定形式主义   28
的问题不是它对抽象规则和逻辑的使用，而是它成为一种伪装，借此，法律规
则逻辑地被适用以后，在所有案件中都能指向法治的结果。就像其他法律标准
一样，抽象的规则可以被理解成一个理由的模式而不是必要结果的模式。正如
我们将在第二章中看到的一样，在相关联的层面上，一个理由是规则或者其他
抽象描述的结合体，例如，当某些具有类似性的事实可以组成一个结构时，而
且一个核心的事实牵涉其中时，必须采取某些行动。它拥有一个逻辑性的结
构。例如，一个完整的理由可能是这样表述的：所有的驾驶员在遇到红色交通
灯时，都应该停下来；驾驶员迈克尔遇到了红色交通灯，因此驾驶员迈克尔应
该停下来。[52]简明的事实——迈克尔遇到了红色的交通灯是无意义的。当它和
一个预先描述好的行为标准结合在一起时，它才是有意义的，它是一个行动的
理由。这样描述行为的标准有很多种，包括法律规则、道德原则、承诺、相关
的义务、一个人的欲求（并不是说它们都可以在简单的案例中直接和相关事实
结合在一起）。因此，我们可以说有很多种类的理由，相应地包括法律理由、
道德理由、承诺的理由、相关联的理由，以及个人理由。将"专注于特殊情
况"或者"裁判的情况"与抽象的理由对立起来是错误的。一个行动理由是由
简明事实和抽象标准结合在一起组成的。[53]

在确定形式主义法理学看来，法治可能被认为是对法官的一种束缚，束缚   29
是指：在任何可能案件中为司法决定提供一种仅仅相关的理由，这一理由有绝
对的力量。邓肯·肯尼迪对形式主义早先的批评表明了类似的观点："形式主
义的一部分内容包括规则的定义：规则在其范围内是绝对的：如果法官发现了
这样的规则并且这样的规则可以适用于案件，他通过如此操作，适用（或者遵

---

⑤ See Stanley E. Fish, *Doing What Comes Naturally* (Durham, N.C.: Duke University Press,
1989); Anthony D'Amato, "Aspects of Deconstruction: Refuting Indeterminacy with One Bold
Thought," *Northwestern University Law Review*, 85 (1990): 113-18; Ann C. Scales "The Emergence
of Feminist Jurisprudence," *Yale Law Journal*, 95 (1986): 1373-403; Steven L. Winter, *"Bull Dur-
ham* and the Uses of Theory," *Stanford Law Review*, 42 (1990): 639-93.

⑤ See Joseph Raz, *The Authority of Law* (Oxford: Clarendon Press, 1979), pp. 15-35; Raz,
Practical Reason and Norms, pp. 16-20; Joseph Raz, "Introduction," in *Practical Reasoning*, e-
d. Joseph Raz (Oxford: Oxford University Press, 1978) 1: 1-17, at 5.

⑤ Compare Martha Minow, "Foreword: Justice Engendered," *Harvard Law Review*, 101
(1987): 10-95 （反对抽象推理，鼓吹具体问题中的具象）, with Martha Minow & Elizabeth
V. Spelman, "In Context," *Southern California Law Review*, 63 (1990): 1597-652 （承认进行抽象推
理的需要）. See § 8.3.2.

循）规则，或者认为规则不再有效力了。"[54] 但是，某一阶段的反映将指示我们能够支配绝对权力的观念，而且有适当的确定的结果，没有抛弃规则，而且有理由支持特定情况下裁判的推理。在我们日常生活中，我们经常通过识别和考虑很多支持决定的理由进行推理，某些理由来自于规则，包括法律规则。每一个理由，我们认为可能有一些但是并不充分，这其实就是，形成了一个和其他相互竞争的理由进行彼此衡量的行动理由。驾驶员迈克尔有一个理由支持其在红灯前停车，但是某人可能想象一种情形，在其中迈克尔不应该停车，因为那个理由被其他相关理由否决了（比如，一个病重的乘客需要紧急的医疗照顾）。一个规则不需要做太多的事情，只不过是以一种类似于日常生活经验的方式，提供一个司法决定的理由即可。[55] 相应的，法律规则和其他标准能够被保留在一个关于裁判的法理学中，这个法理学强调法律推理包括了一个对行为的法律理由的不同重量进行衡量的标准。

对这种主张的传统回应是发表一种即刻的怀疑主义：衡量理由的观念在哪
30 种意义上是有启迪性的？一个对诚信理论能否成功的公平测试是它是否能超越这种质疑。然而，对某些新兴法理学鼓吹者的回应预计将会是去指控：一个推理的过程预设了一个白种男人的理性传统，排除了失去权利者的声音。[56] 最近有一种声音值得听取，即认真听取女性和少数民族的声音。[57] 这些人确实被排除在分享权力的法律、政治和社会讨论之外很长时间了，剥夺了他们的影响，剥夺了他们在讨论中的观点。他们的生活经验常常和白种男人的生活经验不同，这将会引导他们说出一些和白种男人不同的事情，而且是白种男人可能因为微妙的或者没有那么微妙的偏见而专横地忽略了的事情。基于其他立足点的叙述能够以一种令人惊讶的和充满信息量的方式启示我们法律呈现给其他人的形象。正如其论述的，专心听取意见似乎是明智的。但是当前遇到一个障碍：我们应该在听取那些拥有不同背景和不同兴趣的人的意见，采纳他们的建议之后，才能采取行动吗？

有三方面的回应是有意义的。一个回应是就像在读完一本好小说之后，消化（或者打乱）内容用以增进对生活经验的理解，然后再达到兼听则明的地步。这看起来似乎排除了法律、道德和政治上的讨论，而这些讨论本身最终将

---

[54] Kennedy, "Legal Formality," at 355 n. 10.

[55] See §§ 6.2 and following. 这并不是说规则仅仅就是理由。质言之，在大多数情境下可以发现我的分析进路：在基于实践行动的三段论中，一个规则或者其他的法律标准是大前提，理由由大前提和小前提共同构成。

[56] For further discussion, see § 8.3.2.

[57] See, for example, Minow, "Justice Engendered."

蕴含人们应该如何做的含义。⑱ 在这里，推动行动的理由可以被说成是另一种白种男人的价值观，揭示了我的偏见和个人的偏激。也许是这样。在另一方面，我对此是怀疑的，我邀请读者来分析我的怀疑，邀请读者进行对话，对话的对象是某人说明中可能被忽略的任何事情，这些事情作为某人不能磨灭的性格或者成长的产物，以我们的力量一起平等地进行推导。甚至当偶然的联系是强有力的时候，我们也应该回忆起"基因上的谬论"是一种思考上的错误，这种错误是引起某人说明什么决定着所说明的内容的声音。一个观点产生的环境可以给我们理由去怀疑其存在偏见，引发更深入的观察，但是不能把人们的言谈看成是环境本身。甚至当那些环境和我们的环境非常不同时，也没有证明命题是错误的或者没有根据的。进一步的问题应该聚焦在命题成真或者成为正当的所依赖的环境条件上，从而值得别人采纳建议。对那些环境条件保持关注允许一定程度上的异议，这种异议允许相异矛盾——例如，条件满足或者不满足，或者已经满足的条件支持或者不支持命题本身。当每一个参与者都描述法律在他或者她面前的景象，而且认识到法律对不同的人呈现出不同的样态时，这里并没有在对话中产生行动的意义。就像理查德·罗蒂所说的，只要你的主张对先前的主题不产生任何利益时，"改变主体"是容易的。⑲

第二种回应是遵从历史上那些被压制的声音，授予它某种权威来压过某人独立的最佳判断。例如，有可能是这样论证的：影响力与社会信念应该在拥有不同声音的群体之间平均分配。在历史上，那样的影响力被不公平地分配给了那些白人男性。因此，遵从历史上那些被压制的声音可以把事件扭转过来。⑳然而，在一个人人平等的民主社会，以类比政治权力的方式来处理智识上的权力，这似乎是错误的。在某些理由缺席的情况下，认为这些被压制的声音有权利参与管理或对真相与正义有真知灼见，这似乎完全是不道德地屈从了某些人自己所谓最好的判断。每一个人都要对自己的行为负责。与法律的观点不同，政治的、道德的或者其他观点只是引入了一种新的有点奇特的辅助性论据，只要这种论据不是非理性的，就可以用于说明行动的正当性。

31

32

---

⑱　将法律视为一个行动体系的理由在§ 4.3 中有一个总结。See also Burton, "Law as Practical Reason," at 784–90.

⑲　Richard Rorty, *Consequences of Pragmatism* (Minneapolis, Minn.: University of Minnesota Press, 1982), p. xiv.

⑳　我举的这个例子和以下著作中以不同形式表达的观点相类似。Mari J. Matsuda, "Pragmatism Modified and the False Consciousness Problem," *Southern California Law Review*, 63 (1990): 1763–82, at 1764–8. 作为一个回应, see Scott Brewer, "Pragmatism, Oppression, and the Flight to Substance," *Southern California Law Review*, 63 (1990): 1753–62。See also Catharine MacKinnon, *Toward a Feminist Theory of the State* (Cambridge: Harvard University Press, 1989), pp. 215–37.

第三种回应是，在倾听完被压制的声音以后，将这种不熟悉的声音当作一个关于个人行动理由的备选答案。以这种方式，专心听取意见以及依据某人的意见和另外一些有传统智识的人进行商谈，将会扩大理由搜寻的范围。传统研究有可能不正当地界定了它，因此一个宽广的研究是必需的。某人有一个意见、信念或者感觉这是事实本身，是没有什么意义的。它对别人没有什么约束力，因为它本身不是一个可以使别人的行动服从他的理由。当其他人的意见、信念和感觉与一个行动标准或者个人欲求结合起来时，可以成为理由。例如，可能发现我们关心我们忽略的某些事物的感受，从而形成新的理由来修改法律以缓解这种感受。关心其他人的感受可以形成一个行动理由，它并没有被理由的优先性排除在外。倾听意见可以教会我们：我们的理由事实上并不是我们所认为的那样。我们可能通过交谈扩充理由的种类，但不是仅仅因为我们有意识地学到了一些我们还不知道的东西。我们可能因为行动理由的不同而采取了不同的行动。

理由的优先性有一个道德和政治上的动机，虽然不是一个诉诸特定实质观点的动机。第一，它假定关于当下的事物秩序没有任何神圣性；的确它将证明法律和司法决定正当性的需要之门保持开放状态，而且当现存秩序存在不足时就作出改变。第二，它包含了一个视角，这个视角是如何使人们在一个有差异性的社区，能够在保持他们的不同意见的同时还尊重其他人。罗纳德·德沃金正确地将异议这一事实放置于法理学讨论的核心位置。[61] 但是，很容易将法律是一个"竞争性概念"这一观念和难以处理的不确定性二者都看成是难以处理的异议的反映，仿佛没有一些人对统治或者嗜好的屈服，无论任何问题都不能一致地得到解决。我们可能因为一些温和的原因而存在异议。我们可能仅仅因为源于混乱的行为事实、缺陷的证据或者我们的易错性而存在异议。我们可能因为相似理由的应用标准而存在异议。更要明确一点，我们也可能因为行动的理由不是普世的而存在异议；个人的承诺或者异议意味着，在某些特定的环境下，一些人有理由而另一些人没有理由。[62] 在得出以下结论时，我们应该保持

33

---

[61] Dworkin, *Law's Empire*, pp. 3–15.

[62] 最明显的例子是那些作出承诺的人或者公务人员，他们不能像他们没有作出承诺或者没有承担公共机关的义务那样采取应然的行动。See §§ 7.2 and following. 我们每一个人都有各种关于道德承诺的经历，或者对我们自己而言，或者对其他人而言，这种承诺改变了我们作为个体的行动理由，即使当我们在相同的情境（在抽象的相同层面）下，也是如此。例如，律师面对作伪证客户这一经典的难题。可能还是要和组织内部的伦理规则保持一致，站在客户的一边，允许伪证的存在，但是拒绝将其进行质证。另外一个处在相同情境下的律师，他已经花了大半生的精力用其职业性的正直来增强职业性伦理，致力于践行类似于很多律师事务所所作出的追求类似目标的承诺。那么此时，他可能适当地拒绝站在客户利益的一边。

一点犹豫的态度：作为政治分歧产物的异议是如此深刻，以至于它威胁到了对话的继续，进而招致一种离开原本对话平台的离心力。在普遍意义上聚焦于法律理由远远不同于传统视角对确定结果的关注。让我们期盼，当我们生活在一个政治共同体时，从这个对话平台，能够在不同意见者中获得更多的尊重。

　　理由的优先性相应地使讨论的重点远离了确认或者否认法律是一个确定的规则体系，或者是能够指示结果的其他标准。法律不再是兰代尔式的，这种观点也不再是重要的了。理由的优先性也将重点远离霍姆斯式的理论努力：在描述司法规律时扩大法官行为的影响力，对那些规则给出非正式的解释，以及对法院应该怎么做给出预测。寻求确定性的失败，使得一些人对新法理学产生了怀疑。然而，就像我将在第二章具体介绍的那样，确定性本身在一个健全的法理学体系中也是无法达到的。

　　理由的优先性原则把关注重点集中在将法律作为行为的原因提供者上，而不是必要的结果提供者。通过对比确定性的规范准则与霍姆斯式的理论目标，理由优先性原则引发了不同声音的讨论，而这些讨论能够为一些强制力提供其存在的理由，使其能够适度地适用于他人。它不取决于规则、理由以及论证，因为这些看起来似乎对一个合法的对话来说更为重要，并能够使其避免陷入唯我论和权力专断的冲突中。当我们承认可理解的优先性，我们最不认可的正是法律为那些以诚信维护法律的法官、其他法律工作者提供或者应该提供怎样的理由。这是我们最重要的争议点，它们是实质的而且不包括基本论证框架中的冲突，这些争议点是有关法律的内容和与事实相关的东西。这本书剩余的部分将会把焦点集中在论证的框架上，而该框架中最有争议的问题将会被那些思考并奉行诚信原则的人们巧妙地解决。

第二章 诚信理论

2.1 司法义务

对裁判过程的实践性理解，可能关注在一般意义上法官能够怎样或者应该怎样裁判案件。由此更进一步，并没有任何描述性的主张认为法官是以一种特殊的方式裁判案件。人们关注的重点是法官的司法义务——法官能如何且应该如何审判案件。法官作为司法系统中的成员就法定地负有捍卫法律的义务，这是不言自明的。法律制度在其组织内部，自身包括动力分割或权力分立。尤其是在一个多样化与多元化的社会，如果法官（或者其他司法官员）只根据个人的评价准则来选择适用法律，那么权力的分立很快就会瓦解。法律制度的核心思想要求法律在适用上达到高度的一致性，这样才能使法律在具体操作中达到统一。因此，如果法官只执行他们所认可的那部分法律执行，那么就无法履行他们的司法义务。然而应该明确的是，这一司法义务并没有使法官从来不能在法律体系中违背法律。一个法律体系中的法律并没有为法官在法律体系中行动提供足够的道德理由。理解一个法官的司法义务与道德义务需要仔细分析其维护法律的基础、内容和力量。

36　　我们首先从概念上来讨论法官的司法义务在抽象层面要求什么，即一个司法决定在法律制定意义上的特性。接下来我们会探讨一个法官如何把"应该考虑的事情"都考虑到，或者如何在个案中考虑道德义务的问题。以这种方式来区分法官的司法义务与道德义务是非常重要的，尽管道德义务更为重要。我们将在第七章详细地探究这种区别，不过现在介绍可以让我们提前知道之后的两个主要观点。法律（传统性的理解①）在个案中可能实现或无法实现正义，即使法律在个案中无法达到正义，法官的司法义务仍然会起到核心作用。一个法官可能有道德义务来遵循法律。法治的道德价值——可预测性、保障合作、权力分立、公平、平等对待等——可能要求法官遵循尽管内在不正义的法律。因此，一个对法官司法义务分离式的理解需要有目的地去识别法律以其特有形式要求的是什么，这一要求可以从制衡的道德理由中被分离出来，遵循法律反对依据道德理由采取某些行动。

诚信理论关注法官的捍卫法律的义务。在我们转向第七章的道德问题之前，这一理论将在接下来的 6 章进行解释和捍卫。简要而言，诚信理论坚信捍卫法律的司法义务要求裁判的依据是法律提供的理由，而不是由法律标准或者司法义务排除的理由。一般的意见是，在履行公职后，法官在履行他们的司法义务时，放弃了依据某些理由采取行动的机会——大多数针对人身攻击的理由，还有由法律的权威性准则排除的理由，没有被法律证明是裁判正当依据的道德的政治理由。接下来将会论证即使当法律是不确定的，而且法官有自由裁量权时，法官也不能依据被排除在外的理由进行行动。反而是，他们在此时被合法地限制于衡量法律理由，而且仅仅是法律理由。② 相应的，使用自由裁量权去采纳法律范围

① 在这里不必为了接受主要由宪法、联邦和州制定法、授权制定的行政法规以及普通法构成的美国法律体系而展示和捍卫一种全面的法律理论。在关于传统法律的问题上，我既不采纳德沃金对传统主义的建构，也不排除所有暗含在明确法律体系中的法律原则。See Steven J. Burton, *An Introduction to Law and Legal Reasoning* (Boston: Little, Brown & Co., 1985), p. 142 n. 120; Ronald Dworkin, *Law's Empire* (Cambridge: Harvard University Press, Belknap Press, 1986), pp. 114 - 50; John Stick, "Literary Imperialism: Assessing the Results of Dworkin's Interpretive Turn in Law's Empire," *UCLA Law Review*, 34 (1986): 371-429, at 410. 另一个传统性解释，see Owen M. Fiss, "Objectivity and Interpretation," *Stanford Law Review*, 34 (1982): 739-63 (作为规训体系的传统); Gerald J. Postema, "Coordination and Convention at the Foundations of Law," *Journal of Legal Studies*, 11 (1982): 165-203 (传统上作为解决协作问题的手段). See also notes 38, 55 below; Chap. 3, note 26; Chap. 8, note 4, 以及相关内容。

② 对衡量问题的阐述，See §§ 2.3 and following 6.4, 7.1, 7.2. 我不能确信每一个法律规则都有充分的和未曾明确的例外来避免真实的冲突。Michael S. Moore, "Authority, Law, and Razian Reasons," *Southern California Law Review*, 62 (1989): 827-96, at 846-7 (支持这样一种对道德的理解)，或者这里有一种第一优先性的规则 (像效用原则) 可以解决所有冲突。比较 Jeremy Waldron, "Rights in Conflict," *Ethics*, 99 (1989): 503-19, at 507-9 (批评在政治理论中的这种理解)。

补充说明，我在这里假定：法律权力推翻普通法先例的情况，涉及一种法律允许立法，但是处在维护法律的司法义务之外的情况。立法和法律适用之间的区分在 §§ 3.4.4, 5.3 及其之后的内容中进行深入讨论。确实，法官在维护法律之外还做很多事情。法庭也有类似于保持记录的行政功能，制定法庭规则的立法功能，审查起诉的令状并进行分类的政策性功能。法官也承担着民事权利的管理功能，以及大量的诉讼几乎很难被看成是诉讼。See Judith Resnick, "Managerial Judges," *Harvard Law Review*, 96 (1982): 374-448.

以外的理由就是一种恶信（bad faith），而且是对司法义务的破坏。

2.2　司法的自由裁量权

自由裁量权关注的问题是：当法律以一种难以处理的方式被证明是不确定时，法官如何裁量案件？此时自由裁量权就是一个问题，因为有两个或者更多的结果都是合法的。法律共同体的成员在依诚信使用所有的法律技能时，对一个已经实体化的案件进行全面考虑以后，可以不同意其中的一个结果。因此，很容易没有进行任何深入的思考，就得到结论认为：就像确定性情况假设的那样，司法自由裁量权的运行是不受法律限制的。这一结论在核心部分主要依赖于一个命题，即当法官有自由裁量权时，他们拥有的究竟是什么？当法律以行动理由的方式被理解时，与自由裁量权相关的理念可以被澄清了。

2.2.1　法律理由的约束力

我们应该从法律的实践考量与法律理由的约束力二者之间的关系开始讨论。对一些读者而言，下面的部分可能是过度说明，但是对另一些读者来说，将会是接下来展开的论证的关键性背景知识。对于诚信理论的基础性背景假设仅仅是，人们在不同的环境中依照不同的理由采取行动。③ 不论何种必然性因果关系，人们都被认为是世界的代理人，有能力去考虑采取什么行动，以及怎样理性地行动。深思熟虑之后的最终结果或者成果是一个行动，包括了实际行动或者有效的语言等。④ 当作出一个审判或者命令时，一个法官在必不可少的情况下行动。深思熟虑包括识别和考虑与行动相关的理由——赞成的和反对的——无论是有意识的还是无意识的。行动的环境是特定情况下的经验性事实，在这一情况下行动得以被考虑，经验性事实包括直接的现实环境，更广阔的社会和历史背景，行动者或者其他人的感觉和信念，还有参与者扮演的社会角色。正如在 1.4.3 部分说明的那样，环境中的事实是作为理由的备选对象，

---

③ 某些哲学家可能会部分地质疑这一模型是否能够在任何模式中都适用。例如，顽固的确定主义者可能质疑自由意志的命题。冗长的哲学争论应该被放在一边，在法理学内部，排除那些对特定的法理学问题有确定性含义的可以替换的一般性哲学理论。

④ See J. L. Austin, *How to Do Things With Words*, 2d ed., ed. J. O. Urmson & Marina Sbisà (Cambridge：Harvard University Press, 1975)；John R. Searle, *Speech Acts* (Cambridge：Cambridge University Press, 1969).

当它们和可以适用的规范性标准结合起来时，就成为了理由。⑤ 一个理由具有两面性：一面涉及价值，另一面涉及简明事实。

通过加入某些类型的行动理由，法律被理解成适合进行实践性思考。这里的情况是高度复杂的。从现在开始，让我们将基本的法律理由定义为如下基本事实：法律理由是依据法律标准，经过法律上的考量，符合法律目的的行动理由。⑥ 例如，法律说驾驶员应当红灯停，绿灯行。为了理解"理由"的含义，你想象当你遇到交通信号灯时，你自己处于驾驶员的位置，而不是在一旁观察交通信号变化和交通状况之间的关系。现在交通灯的颜色和相关的法律规则一起构成了你按照指示行进或者停止的理由。

法律理由可以不依靠任何实质上与法律有关的方式而与道德和其他类型的理由区别开来。一个法律理由仅仅包含由法律标准所确立的简明事实。相关命题可以这样表达："法律规定如何"或者类似的情形。一个道德理由涉及由道德标准确立的事实。其他类型的理由涉及由行动者的欲望或者利益确立的相关事实。在道路上通行的情况下，你可能有道德上的义务来安全驾驶，你也可能有欲望要迅速到达某个地点而想避开信号灯。法律理由可能加重或者抛弃你所考虑的某些理由或者全部理由，从而影响你的行为。交通法通过改变人们的行动理由来寻求协调公共道路上的驾驶者的行为。它们引导行为、协调关系从而使人们能够无须顾及冲突的欲望与潜在的纠纷和伤害，而在同一个环境下共同生活。 *40*

我们可以将以上的讨论总结为：法律的标准在广义上是规范性的，无论将法律的标准理解为命令、规则、原则、政策，类似的例子，或者以上的所有。⑦ "规范性"这一词汇有时会引起不必要的误解，法律的规范性与社会科学（研究）的规范毫无关系，社会规范指的是一个群体中的普遍性或者典型性行为。在纽约，人们普遍使用可卡因这一现象在社会科学层面可能是一种"规范"。但是这并不意味着在那里使用可卡因是合法的或者合道德的。进一步讲，法律的规范性与人们对适当行为的感觉和信念有明显区别。琼斯对史密斯为 CIA* 从事

---

⑤　因而这一模式假定所有的行动都是与一定时间和地点相适应的，一个抽象的和普适的行动规范可以允许或者要求在不同的环境中有不同的结果。因此，一个普适的规则可能被所有人尊重。吃人的身体在我们的文化中是绝对被禁止的。然而，在某些文化中，吃被击败的敌人的身体是一种被要求的尊重仪式。

⑥　See Burton, *Law and Legal Reasoning*, pp. 83, 94–8, 102–7.

⑦　我在此将某些关于法官有义务维护法律本质的复杂和广为人知的问题放在一边了。See chap. 3, note 26.

＊　CIA 是美国中央情报局（Central Intelligence Agency）的简称，其从事情报收集、暗杀、颠覆敌对政权等活动。——译者注

分析工作而感到愤怒，并且认为他应该辞职；这一情感不是史密斯应该辞职的规范性理由。如果琼斯在这一工作是不合道德的或者不合法的这一点上是正确的话，她就应该这样做。琼斯的感觉或者信念此时是多余的，因为无论琼斯对史密斯应该辞职是否感到愤怒或者是否确信他应该如此，史密斯都应该辞职。

　　法律标准的规范性仅仅意味着标准通过表明某人在某种环境下应该做什么这一事实来引导人们的行为。它并不意味着法律的道德稳固性或者有效性，从而引发某种不恰当的与"天空中的普遍沉思"（brooding omnipresence in the sky)⑧ 的关联，或者与"自我正义的恐慌"⑨ 发生关系。种族隔离法是邪恶的也是有规范性的，因为它宣称去表明：南非的人民应该如何去做。我们可以有力地批评它提供了坏的引导，因为它在广义上是规范性的。当规范性被限制在那些道德上稳固或者有效的规范上时，它是在狭义上被使用的。对法律理由和道德理由的区分是区分这两种广义和狭义层次的方法，同时还允许法律受到道德标准的评判。

　　一种进行阐释的方法是说，法律有规范性内容但是仅有不完全的规范性强制力。这种区分在一个一般性的法律命题的抽象形式中可以被展现出来，为了分析之便表述如下：

　　法律规定：当【一个真实情况发生时】，【应该采取一个特定的行动】。

　　这里的具体内容被非斜体的短语符号化了，该内容代表着相关法律体系的某些法律，这里的内容没有提供任何其他东西而仅仅提供了信息，它仅仅识别了一系列的情境，以及与此情境相联系的指示行动的理念。法律的权威，如果有的话，来自于斜体字部分。当标准由该行动的情境引发时，它要求当事人采取事实上的指示行动。一个法律命题（与关于它的陈述不同）主张它有权威将呆板的像红绿灯这样的事实变成行动的理由。当采取行动的环境中要求的事实发生时，法律声称它有规范力来使人们思考自己的行动——仅仅因为它是法律。虽然人们会质疑说法律是否在事实上有权管辖所有人，但是相当明确的是，法律对法官有这样的事实约束力。⑩

　　值得注意的是，有不同种类的规范性约束力。一个行动的理由可以有排他性的强制力，因为它要求一个特定的行为而不顾及其他考虑。但是，如确定形式主义所归纳的那样：所有有效力的法律标准都必须具有排他性的强制力，忽

---

⑧　Southern Pac. Co. v. Jensen, 244 U. S. 205, 218 (1917) (Holmes, J., dissenting).

⑨　See Charles E. Clark & David M. Trubeck, "The Creative Role of the Judge: Restraint and Freedom in the Common Law Tradition," *Yale Law Journal*, 71 (1961): 255—76, at 270.

⑩　See § 7. 3.

略了其他类型的规范性强制力，从而导致在美国法律理论中出现一种过度的结 42
果导向性追求。在日常所进行的实践性衡量中，一个理由可以被看作是一个可
以考虑的因素而纳入考虑范围，并与其他相关因素共同进行衡量。进而，某一
项标准可以将某些行动理由从一个人的行动所依据的理由中排除出去，正如学
术自由原则禁止政治性考量以及类似的情况。⑪增加一系列其他类型的理由，
一个有某些强制力的理由至少将会在一个封闭的案件中微调正反两方面的意
见，平衡结果。一个有强制力的标准也能够通过排除某类理由来平衡结果。正
如一个交通法规使红灯变成了驾驶者停车的一个理由，同时排除了那些驾驶者
关于欲望的考虑一样（这些欲望包括尽快到达某地的欲望和驾驶者对安全的自
我感觉），如果法律能够既提供行动的法律理由，又排除大多数或者所有其他
类型的理由，那时法律将是最强有力的。⑫法律和其他规范性标准能够通过改
变行动的相关理由来引导行为，但并没有决定一个特定的结果。

　　现在通过将法律视为一个法律理由的提供者和排除者，而这一理由并不需
要有支配性的力量，我们重新考虑一下有关司法自由裁量权和法律不确定性的
理念。难以处理的不确定性仅仅不承认法律能在一个案件中产生唯一的结果，
而之前的论述证明：法律的规范性功能并不要求这样的结果确定性。法律不确
定性的论证并不否认这一点：法律能够在司法裁量权的使用过程中承认和排除
那些被识别为行动理由的因素。法律能够以界定一系列相关理由的方式，控制
司法决定应该考虑的因素，从而在无须指示唯一结果的情况下为法官提供指
引。相应的，一个法官在这种情形下有自由裁量权，即法律理由支持一个不完 43
备的结果，而且没有进一步的法律理由支持唯一的结果。

2.2.2　义务和自由裁量

　　当法官有自由裁量权时，法官的司法义务要求什么？当法官被法律限制，
在案件中产生唯一结果时，这个问题是没有意义的。当确定性的情况已经无可
置疑时，司法义务和自由裁量权是不能共存的。担负司法义务的法官是没有自
由裁量权的，因为只有一个结论是合法的；反之，自由裁量权仅仅存在于有多

---

　　⑪　See Joseph Raz, *Practical Reason and Norms* (London：Hutchinson，1975)，pp. 25-8，35-45；note 22 below.

　　⑫　See Joseph Raz, *The Authority of Law* (Oxford：Clarendon Press，1979)，p. 18，21-3（解释了作为排他性理由的权威是行动的理由，同时排除了其他很多类型的理由）；Joseph Raz, *The Morality of Freedom* (Oxford：Clarendon Press，1986)，pp. 38-69（发展了同样的观点）. See also H. L. A. Hart, *Essays on Bentham* (Oxford：Clarendon Press，1982)，pp. 243-68.

个理由是合法的情况下。然而，司法义务和自由裁量权仅仅共存于这样的情况下，即法律被理解成一个承认和排除行动理由的体系，这一体系并不必然决定结果。拥有自由裁量权的法官可能依旧负担司法义务，比如，如果可能的话，根据法律理由作出决定，而且仅仅根据法律理由作出决定。法官的司法义务将服务于在司法裁判过程中组织法律推理——在一个案件中法律理由的识别和衡量。然而在仔细检查这种可能性之前，应当认真考虑两种更加常见的对司法裁量权的替代性理解——一种是"任何事情都会发生"，另一种是"外在法律标准"。这些可能性将会被评估，评估的依据是：它们是否和我们的命题相匹配，即它们是赞扬还是批评通过司法行为捍卫制定法的司法义务。

第一个替代性理解假设：当法官有自由裁量权时，任何事情都会发生。其假设似乎是这样的：在法律现实主义的传统里，它们主张：当法律不清晰时（而且它常常是或者总是不清晰的），法律决定可以被做成它们想要的任何样子。很多相似的主张都流行于当下社会。在新实用主义者的传统中，它们可能主张：法官应该尽其所能来裁判案件，考虑所有相关因素来裁判案件。[13] 确定的规则可能与那些根据"可考虑因素的整全性"而作出的决定相冲突，仿佛这里没有第三种替代性方案。[14] 一个决定的作出者可能被认为拥有自由裁量权，如果"他仅仅没有被有问题的权威所设立的标准束缚"[15]。法律的不确定性被认识是因为：法官有可能依据个人或政治的偏好、利益、政党中的认同感进行裁判。这种当下流行的可能性显示了对法律之下的司法裁判的正当性的最大挑战，当法官判决没有法律上的正当性时，法律被大多数的理由给侵蚀掉了。幸运的是，这种可能性是智力程度最低的被捍卫的替代性方案。在若干理由中，有两个充足的理由可以提出来抵制这一方案。[16]

任何事情都会发生的替代性方案轻视了法律的规范性和正当化司法行为的需要。规范性仅仅意味着法律宣称来引导行为，而不是法官被道德要求来做法律宣称的行为，也许这种道德要求是不恰当的要求。当这一理论主张，有自由

44

---

⑬　Richard A. Posner, *The Problems of Jurisprudence* (Cambridge：Harvard University Press, 1990), p. 232.

⑭　Antonin Scalia, "The Rule of Law as a Law of Rules," *University of Chicago Law Review*, 56 (1989): 1175-88.

⑮　Ronald Dworkin, *Taking Rights Seriously* (Cambridge：Harvard University Press, 1977), p. 32.

⑯　See also Richard A. Wasserstrom, *The Judicial Decision* (Stanford, Calif.：Stanford University Press, 1961), pp. 23-36（讨论了"非理性主义者的谬误"，即从逻辑的限制中推论出所有不能被形式逻辑化的问题都不能以任何理性的方式得到解决，也从证成中区分了发现的过程）.

裁量权的法官依据个人或政治的偏好、利益、政党中的认同感进行裁量时，对这一主张的最好解释是：一个关于某些案件中裁判的心理过程的因果性研究或者描述。然而，认为任何事情都会发生这是一个错误，因为法律并没有因此而引导法官去做符合法律要求的事情。[17] 因果性的理由关注的是那些来自于外在观察者视角的因素，这些因素被有根据地认为是或者应该是某些事件发生的先决条件。法律现实主义者的口号作为对某些或者很多决定的原因的解释有可能是真实的，而且可以作为一个预测的基准；同时作为正当性而言，有可能是虚假的。甚至主流的法律现实主义者可能也不会论证说：有自由裁量权的法官应该以这些因素为标准进行裁判。考虑一下法官的这些说法："因为我是一个政治保守派，我才这样做"或者"我有权力，算你倒霉"。我认为我们都会让这样一个法官从位子上滚下来，因为那些不是正确的理由。[18] 45

再言之，这一命题有可能是有疑问的，即司法义务允许法官依据个人或政治的偏好、利益、政党中的认同感进行裁量。如果法律的运行脱离了指引范围——在一个案件中无法否认两个或者更多的判决结果，可能允许法官这样行动。但是我们通常关于司法义务的命题不认可法官可以依据那样的理由而行动。[19] 我们已经看到了法律有从实践性考量中排除理由的力量，正如驾驶者在遇到红灯时，其想要快速到达某地的欲望从考量中被排除出去一样。捍卫法律的司法义务尤其有这样的力量将某些类型的理由从司法考量中排除出去。这是真实的，如果至少有一类理由原则上从司法决定的正当理由中被排除出去。考虑一下这三类理由：第一类是上面所定义的法律理由[20]，即作为理由的简明事实，与法律标准之下的司法行为相符。第二类是道德和政治理由，由于相应的道德和政治标准而变得重要的事实。第三类是个人或者个人偏好的理由，这种理由来源于个人的、朋友的或者个人认同的组织的利益。统而观之，基于个人偏好的理由的行动是对司法义务原则的违背：法官 46

---

[17] 某些因果推理与正当性并没有关系。我们可能基于某些敌对环境、情感冲动或者外在威胁等原因放弃了客观中立的立场。这些原因有时是做不正当事情的借口，但是它们不能形成一个行为正确或者错误的理由。其他一些因果推理与正当性有关。例如，理性的人根据他们的信念行为，包括他们关于什么是正确的事情的信念。然而，信念如果是错误的，就不能构成行动的正当性基础。申言之，情感和信念经过复杂的区分可以构成正当性理由的一部分。关于这些因素的地位，见§§ 5.4及以下。

[18] 法官可能给予一个决定一个合理的正当化理由，虽然他心里想着以不正当的理由来得到结果。这样是很有意义的：如果能够给出法律上的正当理由，结果也是合法的，即使动机不恰当。法官基于错误的理由行动时，可能遭到个人批评，即使其决定被理由所支持。

[19] 在日常情况下，个人仅仅能够依据他认为他应该如何行动的观点而采取行动。

[20] See § 2.2.1.

有义务贯彻中立的行动准则，"对个人没有偏私"㉑。因此，捍卫制定法的司法义务排除了某类理由。㉒ 自由裁量权并不是无拘无束的自由选择，它是能够为法律共同体成员赢得声誉的事情。

　　排除个人偏好并不是意味着法官可以或者应该剥离掉他们所有先前的经验，以达到像新生婴儿那样裁判每一个案件的目的。在没有将其毕生积累的经验与其对文化和人性的理解运用到案件中之前，很多法官都无法很好地理解法律或者案件的相关事实。因为，每一个法官都带着自己的个人经验来行事，申言之，每一个法官都可能从不同的侧重点来理解相同的案子；对法官以及法律共同体中的其他成员来说，重要的是参与争论、分享看法、矫正盲区，以促进理解。尽管如此，还是有一个关键的区别存在于构成理解背景的必要知识和个人偏好的行动理由之间。我们认为，法官应该分享看法、矫正盲区的命题表明：他们的行动理由原则上在任何案件中都是相同的。排除个人偏好对达成这一点来说是必要的。这一命题表明：司法义务的概念，并不意味着当法官有自由裁量权时，"任何事情都有可能发生"。法官行使令人敬畏的强制性权力，是社会规范结构中的重要部分。他们赋予其使用的权力以法律正当性说明的必要性是美国社会经久不衰的要求。当他们有自由裁量权时，如此行为的这一义务并没有消失。

　　第二种与自由裁量权相关的可能性标准是外在法律标准的替代性方案。这一方案认为，有自由裁量权的法官应该以相关的非法律标准为依据，来达成最佳的决定，比如那些所谓的政治标准、道德标准或者社会政策。㉓ 与任何事情都会发生的替代性方案相反，这一方案将裁量时可以选择的理由限制为那些能够正当化决定、预先没有偏私的理由。和诚信理论

㉑　28 U. S. C. § 453（1982）（联邦法官的宣誓承诺："践行正义而不对个人偏私"）. See also A-merican Bar Association *Model Rules of Judicial Conduct*，Canon 3（1990）. 这里使用"不偏私"意味着依据正当理由而不是个人利益理由采取行动。这与中立的或者客观的理由有明显区别。See § § 8.3 及以下。

㉒　这是法律标准作为一种权威的意义的关键部分。See generally Raz，*Practical Reason and Norms*，pp. 35-48；Raz，*Authority of Law*，pp. 3-27；Raz，*Morality of Freedom*，pp. 23-69；Joseph Raz，"Authority，Law，and Morality，" *The Monist*，68（1985）：295-322. 对于这种有关权威进路的批评，可见 Moore，"Authority，Law and Razian Reasons"；Stephen R. Perry，"Second-Order Reason，Uncertainty and Legal Theory，" *Southern California Law Review*，62（1989）：913-94；E. Philip Soper，"Legal Theory and the Claim of Authority，" *Philosophy and Public Affairs*，18（1989）：209-37. 一个进一步的辩护意见，see Raz，"Facing Up：A Reply，" *Southern California Law Review*，62（1989）：1153-235.

㉓　这是哈特和拉兹的简要命题，See Chap. 6，note 25. 也是德沃金的主要攻击对象。See Dworkin，*Law's Empire*，pp. 108-14.

相反，这一方案没有那些被法律禁止的恰当理由，而是将它们作为裁判的依据。

　　然而外在法律标准的替代方案是成问题的，因为即使法律是不确定的，它也在很多案件中排除了道德和政治理由。考虑这样三个例子。第一，当它面临一个法官对美好生活的个人理解时，这一命题的外部效应是明显的。一个虔诚的基督徒不应该利用美国联邦宪法第一修正案宗教条款的漏洞来试图建立一个基督教国家。第二，当交通法对无过失的交通行为也施加处罚时，我们通常认为这样对行为一致性和个人责任的要求，与非司法的法律制定权威实现了平衡（non-judical lawmaking authorities）。无论这一法律在实践中的运用是否清晰，不能允许援引该法条的法官重新考虑这一平衡，然后再施加一个内含过失的处罚原则，即使这样做是一个好主意，也不能这样做。经过权衡以后的立法结果是有权威性的：它禁止司法衡量那些有可能在上述情况下，正当化另一些法律的理由。第三，考虑一下在法律中模棱两可的案件情况。模棱两可并不是法官可以摆脱法律权威的借口，不能借此获得一个许可进行道德化或者政治化。相反，模棱两可的含义中的每一种含义都有可能不完备地引导实践行为，就像若干不连续的相互竞争的法律标准中的每一个一样，也有一些存在冲突的民事法律，而法官必须在它们之间作出选择。这些作出选择的理由是那些在立法中可以首次正当化特定法律的理由。法官的理由因此可能包括政策或者原则的衡量，这些政策或者原则构成那些特定的法律标准在其法律文本中得到理解的深远的正当化理由。这些理由在立法阶段就反对某一个规则，因此原则上在法律的适用阶段也被排除出去了。㉔

　　排除某些道德和政策性理由意味着法官的义务是按照传统法律授权的理由进行裁判，并将其作为司法决定的根据。某些法律标准通过将日常事实和行动理由配合起来，直接提供法律理由：在有关交通法的法律体系中，红灯是驾驶者停车的理由，因此也是法官对没有停车的驾驶者施以处罚的理由。其他法律标准有可能授权那些依据外国法律、合同、意愿、国际法、社会政策、传统的或者批判性的道德而产生的理由。例如，美国联邦宪法第八修正案对残酷和不正常惩罚的禁止使得关于残酷的道德标准成为法律之下的宪法裁判的理由。当法律授权法官依据它们而行动时，这种理由是合法的。相应的，法律理由的概

㉔　进一步的阐释看2.4节。

念同时包括了由法律创造的理由，以及法律授权作为司法依据的独立理由。㉕

第三种有关司法裁量权的替代性方案，通过适当控制进入渠道来引导个案中的司法裁量。当把法律理解成一个行为的指引——承认与排除司法行为的理由，一种可能性就出现了：司法义务要求法官依据法律提供的理由而不是别的理由采取行动，甚至当行使自由裁量权时也是如此。法官将处于衡量相互竞争的法律理由的义务之下，而不能依据法律没有授权为裁量基础的理由，甚至测定衡量标准本身时也是如此。并没有明显的证据表明法官可能会这样做。如果真是这样，这种对司法裁量权的理解将很好地适用我们的命题，进而展开批评或者赞扬。当法律对于可以尊重的结果来说是不确定时，依然需要对法律的忠诚。即使当他们运用自由裁量权时，法官也可能因为以下原因而受到批评：个人或政治的偏好、个人或政治的利益、政党中的认同感或者法律没有授权为裁判基础的道德或者政治考量。使任何事情都会发生的替代性方案和外在法律标准都超出了传统规范性的要求。如果法官可以像第三种替代性方案要求的那样采取行动，进而有可能轻易看到：即使法官在行使自由裁量权时，他也可以承担捍卫法律的义务。甚至当他们没有被法律指引时，他们的决定也将和法律充分保持一致。这将对我们理解裁判的概念有很大的促进作用。

诚信理论依赖于对法官司法义务的第三种理解。当然，为了明晰和强化它的说服力，需要进一步阐发，特别是对核心问题——衡量法律理由不必诉诸其他理由。衡量看起来是一种抵制分类的隐喻。确实，它可以被理解成一种对不确定性的隐喻，那么分析又绕回了它的起点。然而，我们可以尝试着比上面理

㉕　文本中的这一命题不应该混同于一般法理学中的那些最重要的争论。例如，拉兹提出的"渊源理论"，即从立法行为中产生的各类法律，依据法律体系中的承认规则得以识别。See Raz, "Authority, Law and Morality," at 311–15. 其他的论述，比如科尔曼提出的"包容理论"，这一理论认为法律可能从渊源中分化出来，也可能从包容于由承认规则确定的法律中的道德和政治标准中分化出来。See Jules L. Coleman, "Negative and Positive Positivism," *Journal of Legal Studies*, 11 (1982)：139–64；David Lyons, "Principles, Positivism, and Legal Theory," *Yale Law Journal*, 87 (1977)：415–35；E. Philip Soper, "Legal Theory and the Obligation of a Judge：The Hart/Dworkin Dispute," *Michigan Law Review*, 75 (1977)：473–519. 对于普遍法理学的目的而言，法被理解为一个由承认规则或者它的对应物所塑造的普遍命题体系，但是问题出现在普遍命题的正当性背景出现冲突的时候。

对于服务于一种裁判目的的理论而言，争议就是琐碎的。例如，拉兹认为法官应该依据同样的非合作性支持理由作出判决。他仅仅坚持在未决状态下，它们都是不合法的。我想拉兹可能不会拒绝一个得到授权的命题可以是实证法的一部分，或者一个独立于授权性命题的实质性行动理由可能是司法判决的可允许理由。渊源命题仅仅寻求将所有包含道德的授权性命题排除出承认规则之外。从法官的实践性角度来看，一个理由是否得到授权性命题的承认是不重要的，或者授权性命题是否是承认规则，一条规则是否被承认规则认可为法律，也不重要。关键问题在于，法官行动的理由依据一个授权性命题，而不在于这个命题是否是法律的一部分。

解的做得更好一些。

2.3　衡量理由

我们认为，司法自由裁量权仅仅在法律标准没有绝对的约束力，而且提供不完备的行动理由时才存在。正在此时，司法裁量权的问题被分类了。然而，对这一问题进行区分并没有说明法律理由是怎么联合起来的，特别是，这些法律理由在没有依据排他性理由的情况下是怎样被衡量的。这一分类有助于思考衡量作为一个计量标准来检测可能进入司法裁判过程中的相关理由的规范性力量的问题。可以采取两个进一步的措施来增进这一理解。第一个措施关注法官衡量的内容——抽象的法律标准或者行动的实质理由。第二个措施关注衡量的基础：在哪种条件下，有分量的主张应该在表面上被接受或者作为得到理由很好支持的主张被接受。

51

2.3.1　哪些因素得到衡量？

不妨考虑一个熟悉的案件——里格斯诉帕尔默案。㉖ 纽约上诉法院判决认为：遗嘱的受益人谋杀了遗嘱人，以防止遗嘱人改变遗嘱，因此他不能获得遗嘱中的财产，即使制定法规定个人的财产应该被移交给一个有效遗嘱的受益人。有相互竞争的法律论据来左右法庭的判决。为了阐明法官可能衡量的相关因素，相互竞争的法律论据能够在三个抽象的层面上进行类型化处理（虽然对这些层面在实践中并不是严格进行区分的）。

这三个层面反映了简明事实、行动的实质理由、像原则那样的抽象法律标准之间的不同之处。在简明事实层面，竞争性因素是特殊的：孙子*被认定为遗嘱继承人，但是谋杀了遗嘱人。在行动理由层面，一般的法律标准，包括规则、原则和政策与简明事实结合起来产生了实质理由。因此，与法院的判决相反的意见认为：被适用的制定法要求法院承认有效的遗嘱继承人的权利，孙子是有效的遗嘱继承人，因此法院应该认可孙子有权继承遗产。支持法院的意见认为：不应该允许个人从其错误的行为中获利，而且如果认可孙子作为他谋杀对象的继承人，会导致他们都这样做，因此不应该把孙子认定为遗嘱继承人。

㉖　106N. Y. 506 (1889).

*　本案中的遗嘱人与继承人系祖孙关系。——译者注

52 在一般法律标准的层面，在里格斯案件中相互竞争的因素似乎是很抽象的，而且和事实没有关联。制定法优先使用的原则与人们不能从错误行为中获利的原则相互竞争。

法院不能衡量简明事实，因为事实是不可更改的，离开了行动标准，它们不能对行动的意义起到正当化作用。价值包含在标准之中——它作为背景的证成因素——在不同的环境中给予简明事实不同程度的规范性力量。只有在这种情况下，可以谈论衡量或者平衡的问题。律师和法官常常以一种简短的方式进行表达——将简明事实作为理由——这种表达方式模糊了标准的地位。暗含的标准在法律传统中被接受下来，在日常的法律活动中发挥着作用，即使在衡量的问题与传统法律标准的正义问题存在分歧时，也是如此。这些传统使得以下事实是可能的和可欲的：一个法律商谈过程假定，传统确定的标准可以作为裁判的正当根基，直到某些人阻止这样做而且要求进行阐明时为止。㉗ 通常询问的内容是：使暗含的标准可以展开论证，同时可以进行批评。

当法官在司法裁判中有自由裁量权时，他们在日常情况下不衡量抽象的法律标准，而且也不应该这样做。这意味着他们不能决定一个原则优先于另一个，无论在它们存在竞争的**任何时候**。㉘ 如果标准在这样一个司法实践过程中，被提高到进行衡量的层面，那么我们应该期待一个稳定的和全面的抽象标准体系，以便于法官或者陪审团将其视为一个整体。但是感受到标准的规范性力量的时刻是——它们实际上在引导行为——当行动的时机在事实上（也有可53 能是在想象中）表现出来时。法官或者法庭表现出过分的对某些抽象标准超过其他标准持续性的关注，尽管从此案到彼案已经有了很大的不同，法官在此时仍被批评为意识形态化、形式主义或者不公正的。一般而言，当法官有自由裁量权时，稳定的和全面的抽象标准体系是值得赞赏的，虽然像制定法优位这样的原则在民主体系中有很大的力量。例如，在宪法性的刑事程序案件中，隐私原则和公平审理原则通常与公共秩序原则和听从法律执行的专家意见的原则相互竞争。然而，很少有情况会鼓励一个法庭总是判决一方获胜，然后作成判决，而不顾相关的事实。以下事实同样是不可能的，即警察总是逾越界限或者从不逾

㉗ See Burton, *Law and Legal Reasoning*, pp. 204-14.
㉘ 法官可能在若干高位阶的抽象原则之间权衡，进而产生一个中位阶的规则，由此中位阶规则构成行动的实质理由。抽象原则在这种情况下可能具有一定分量。然而，具体来看，这种分量其实构成一种百分比，在真实案件的一定程度上起决定作用。相应地，一个中位阶规则也可以试图在特定案件中改变原则的百分比，使某些原则比另一些原则更重要。即使法官可能抽象地创造了一个中位阶的法律规则，此时分量也仅仅占据实质理由的一个百分比。

越界限。裁判是关于依据法律裁判案件的事情，不是唱高调的事情。[29] 因此，原则的重量应该根据特定争议的相关事实来确定。

再言之，关于裁判的实践性理解应该说明：与裁判的核心案例相比，区别是什么？法院仅仅在案件中进行裁判是一个关键的区别性特征。将普遍的原则从一个案件的环境中分离出来，将会把裁判过程变成一种最好的立法情形或者最坏的哲学的或者意识形态的情形。虽然裁判过程能够从这种外在的视角进行理解，但是从司法职业本身来看，司法义务承载着更多实质性的品格。一个初审法庭的义务通常是决定是否授予一项特殊的由法律顾问制作的动议，而且在案卷中，这一动议已经被法律顾问发展成了一种争点。甚至当使用他们有限的立法权力时，上诉法院首先要决定的是，初审法院在动议的决定上是否犯了错误。除了很少的例外情况，法院没有权力创设决定，而且它们必须对律师自己在案卷上（好或者坏）发展出的问题作出回应。因此，当标准对于法庭遇到的案件事实而言是抽象原则时，不同的裁判性质有可能是模糊的，

法官在案件中衡量实质的行动理由，在中位阶的抽象层面，结合事实和标准，而不是或者结合事实，或者结合标准。同样，法官可能以一种简短的方式进行表达，或者在抽象标准的层面或者在简明事实的层面进行表达，而不是表达在理由的层面，在该层面表达有可能是很冗长的。然而，认识到衡量具有作为行动理由的性质，其优点胜过其缺点。理由提供的具体实质部分将司法活动从立法活动、意识形态战争或者道德哲学中区分出来。标准部分地提供的规范性力量在第一次选择时，对衡量的可理解性是决定性的。相应的，最好的理解是法官在每一个案件的环境中进行衡量时所采用的理由。

2.3.2　衡量的基础

现在可以开始考虑关于衡量的核心问题了：衡量一个法律理由的基础是什么？某些学者建议，衡量是受法律标准所蕴含的"制度性支持"的程度影响的函数。[30] 他们建议，这意味着法律标准在案件和制定法中出现的频率产生了它的分量，同时也作为衡量制定法作为裁判依据的基础。然而，对一个法律标准

54

---

[29]　不同观点，see Owen M. Fiss, "Foreword: The Forms of Justice," *Harvard Law Review*, 93 (1979): 1-58, at 28-44。

[30]　例如，Ronald Dworkin, *Taking Rights Seriously* (Cambridge: Harvard University Press, 1977), p. 40; Rolf E. Sartorius, *Individual Conduct and Social Norms* (Encino, Calif.: Dickinson Pub. Co., 1975), p. 193; Soper, "Legal Theory and the Obligation of a Judge," at 503. See also Melvin A. Eisenberg, *The Nature of the Common Law* (Cambridge: Harvard University Press, 1988)。

提起上诉的频率过多地依赖于由偶然事件所引发的偶然案件的数量，因此是一个表面的分配分量的标准。如同我们将要看到的，更加重要的是：衡量的基础和法律的基础是不同的，他们都不是外在的法律标准，例如，个人的、政治的、道德的、政策的考虑，而这些考虑并没有被传统法律授权为司法裁判的基础。描述衡量基础的最好方式是说，它们是"内在于案件中的理由的聚集体"㉛。需要用一些解释来达成这一有意义的观念。

以上的论证拒绝将抽象原则作为一个被衡量的整体，它用了很长的论证来证明：衡量法律理由的基础必须不同于法律的基础。行为的标准是法律标准凭借的基础，这种基础独立于任何特定案件中的事实，无论这种基础是不是恰当的或者正当的㉜，是不是包含于承认规则中的标准㉝，或者其他的什么。相应的，法律标准能够以一种抽象的形式进行识别和表达，正如当我们说法律要求居民就其非现金收入缴税，或者法律上的种族歧视是非法的时候，我们面对的是很多实质化的案件，还有那些相互竞争的理由。一个抽象的标准在遇到具体案件之前，仅仅有初始性的规范性力量而且没有分量。在遇到具体案件之后，抽象的标准可以在一个要求行动从实践性考量中承认或者排除理由的具体语境中，抓住某些事实。相应的，看起来似乎是这样的：案件中的事实在某种意义上，是位于衡量法律理由的基础的计量器之中的。

事实在衡量法律理由的基础中的地位是可以被澄清的。在一开始，识别和考虑法律理由应该基于分析的目的被分离出来。所有在案件中相关的理由都必须在被分派分量之前识别出来。这是因为即使选用的法律不变，法律理由也会随着理由内在因素的变化，而发生变化。为了进行说明，可以假设一辆小汽车偏离了道路，并撞上了路边的商店。㉞ 在一个侵权行为中，驾驶者的癫痫病恰恰在此时发作，方向失去了控制。一个理由被发现出来了：驾驶者并不是有过失的。当查明驾驶者那天没有服用抑制癫痫病的药物时，癫痫发作作为一个阻

㉛ 这不是意味着要采纳法律可以作为一种"沉默无声的纪律"或者一种"自我约束的体制"的观点，因为由法律授权的理由可能依赖于严密的内在纪律性的探究。对于这种观点的批评，见 Richard A. Posner, "The Decline of Law as an Autonomous Discipline: 1962－87," *Harvard Law Review*, 100 (1987): 761－80。

㉜ See Dworkin, *Law's Empire*, pp. 176－90.

㉝ See generally H. L. A Hart, *The Concept of Law* (Oxford: Clarendon Press, 1961), pp. 92－3, 94－6, 97－107; Joseph Raz, *The Concept of Legal System*, 2d ed. (Oxford: Clarendon Press, 1980), pp. 197－200; Raz, *The Authority of Law*, pp. 90－8.

㉞ See Hammontree v. Jenner, 20 Cal. App. 3d 528 (1971).

却违法的理由，似乎分量更轻了。如果驾驶者有癫痫病史，而且医生嘱咐他有规律地服用药物，相应的，没有服药这一事实就成为关键性的事实。然而，如果驾驶者的癫痫病已经很多年没有发作过，没有服药的理由就在一定程度上缩水了。在一个类似的语境中，癫痫病患者正在驾车这一简单事实可能是意义很小的，但是如果驾驶者罹患癫痫病多年，甚至存在正在接受治疗这一病史，可能就使得这一事实取得显著地位。

进一步而言，法律通过识别法律理由和排除其他理由而得到运转。所有的法律考量都被纳入其中而进入到识别的步骤。[35] 理由可能是相关的或者不相关的。一旦所有相关理由被识别出来，就不会有新的理由能够再进入到分量衡量基础中。不相关的理由也是不相关的。因此，法律理由的分量必须和其他相关法律理由一起发挥作用。

衡量的基础以一种能够被形塑的方式进入到每个案件之中。[36] 假设一个法官有一个"理由阀门"，阀门由规范的强制力组成，当规范的强制力的数目足够时，就将他或她移动到恰当的位置。因为两个主要理由，这一假设是貌似成立的。第一，合理裁判纠纷的司法义务约束法官在一个案件中给法律理由分配一些最小数目的分量。如果所有法律理由的分量加起来也是无足轻重的，那么法官将肆意妄为。第二，非激情地行动的司法义务要求法官分配的分量不能超过最小数目；在一个案件中，对法律理由分配过多的分量将是不符合司法原则的。[37] 因此，谨慎的、非激情的行为暗示着一定数量的规范的强制力，不能过多也不能过少。

相应的，每个法律理由的分量将在行动阀门中分享一定数目的规范的强制力。在司法裁量中，法官可能从分配每一个法律理由平等的份额开始进行裁量。在开始识别的时候，因为它们各自有依据的制定法，所以每一个法律理由都有平等的分量。但是，仅仅数一下理由的数目，让占多数的获胜，这样的想法是愚蠢的。在衡量法律理由的过程中，分量可能从起点开始发生变化，因为涉及具体情境的法律的正当性背景可以发挥作用。然而，这种背景的正当性并不是简单地产生一种改变理由基础的力量。反而是，每一个法律理由都能够在

57

----

⑤ See Aleksander Peczenik, *On Law and Reason* (Boston: Kluwer Academic Publishers, 1989), pp. 82-4.

⑥ 以下是一种理解实践性考量的方式，并不是一个心理学理论。它假定"案件"是由相关的法律理由集合而成的，案件都被理解成作为一个在特定环境中的事实与以原则或政策作为其正当性的法律标准的相互结合。

⑦ 在这里不是意味着一个纳入考虑的决定仅仅根据逻辑推理得出，而是意味着纳入考虑的决定由一切理由的类型而得出。

聚集体中改变彼此分量之后，还能得到正当化，仅仅通过在其中加入或者减去一个额外的分量。一个理由的分量最终依赖于涉及具体情境的其他理由的正当性。

赋予一个理由更少的分量可能是因为赋予另一个理由更多分量，反之亦然。秉持诚信原则的法官力图在一个由捍卫法律的司法义务优先确定的框架中，赋予每一个相关的法律理由一个适当的份额。㊳ 目标是在行动的阀门中找到一个衡量之后的分量比例。通过测量每一个法律理由的分量同时站在由其他相关理由提供的基础上，裁量不断向前进，正如一个人可能通过一块又一块船板的更换来重建整个船，同时他还漂浮在海上㊴——这一过程并不是那种似乎具有最终功能的逻辑推理的产物。因为理由的聚集体以每一个理由的分量为基础，所以分量的基础内在于案件本身。在这一层面上，通过不断地调整，衡量不断进行，直到所有的规范的强制力在行动阀门中得到分配，裁量恰当地停止了，司法的决定得到确认。此时决定将不会是武断的，因为它得到了法律理由的支持，甚至一个不同的结果也能够得到支持。

从这种角度进行理解，分配分量的行动更像是创作一幅具象派*的油画，而不是像计算出一个算术题。衡量的问题是定性的，而且是一个在相关的法律理由中寻求合理的分量比例。一个经典的静物写生画家可以选择任意尺寸的画布，可以决定在画框中描绘多少静物。然而，一旦作出这些决定，画家就被限制在一个小范围的尺寸中描绘一个橘子，而不能描绘一个梨子，从而使创作变成一个稀奇古怪的东西。一个相关的图像是考尔德的动态雕塑**，他能够在任何尺寸或者任何数量的悬挂平面上保持平衡，而且在一个形式比例被限制的环境中也是如此。在画家的创造中保持平衡的概念涉及法院裁判的艺术。然而，

㊳ 这一框架也是由实践的商谈背景确定的。一个行业内部，含义丰富得犹如网状的情境是一个法律和裁量的实践性功能既定的存在情境。这样的商谈由法律共同体成员关于结果的预设和实践所构成。Burton, *Law and Legal Reasoning*，pp. 95–6. 作为法律既定存在的情境，细究起来，它们不是法官有义务捍卫的法律的一部分；尽管如此，法官捍卫法律的义务仍包括尊重其存在情境的义务。当看到上面癫痫病驾驶者的例子时，作为法律共同体成员的读者的预设指引他或她接受或者拒绝我的建议，这一建议是关于在不同的情境中各种因素的相关分量。See note 1 above; note 55 below.

㊴ 这个著名的图像来自于 Neurath，"Protocol Sentences," in *Logical Positivism*，ed. Alfred J. Ayer (Glencoe, Ill. : Free Press)；pp. 199–201.

* 具象派就是画面里可以看出具体的东西，不管物体表现得多怪异都可以叫具象，与抽象派相对，抽象派反对描绘视觉形象、视觉经验。绘画中的线、色、形不用来反映具象，只用来造成视觉上的愉悦感。也就是体现一种抽象的形式美。——译者注

** 亚历山大·考尔德是美国最受欢迎、在国际上享有崇高声誉的现代艺术家，是 20 世纪雕塑界重要的革新者之一。他以创作风格独特的"活动雕塑"和"静态雕塑"闻名于世。他的创作领域很广，从巨大的钢铁雕塑、绘画、挂毯到宝石设计，作品分布于世界各国的公共空间。——译者注

对裁判而言，与画家所描绘的静物相对应的事物是一个案件中的法律理由，这一理由应该由法律决定，而不是由无拘无束的艺术或者政治理由所决定。 59

这里有三个可替代但是吸引力弱的方案来理解衡量的基础。第一个替代性方案使用了一种数学上的隐喻，但是法律推理中的分量问题不能进行定量化处理。分量可能被理解成一种像衡量物理客体的长度或者重量一样的事情。每一个行动的理由都有可能有一个数字化的标识（1，2，3……以至于无穷），而且在争论每一方面的所有分量，都能够被相同的标准加总在一起，从而指示胜者。但是这里没有明确的依据可以分配数字化标识。⑩ 或者可以将衡量理解成为天平的刻度：某人能够衡量任意两个相互关联的理由，两两比较，然后决定哪一个更强。用一个刻度衡量案件中的所有理由然后确定结果（第一，第二，第三等）。⑪ 这里的问题在于需要合并不同的刻度。再者，可以将衡量理解成为两个或者更多的原则、政策合并成的矢量线。⑫ 这种隐喻没有对衡量基础进行理解，而且当存在很多的相关法律理由时是令人困惑的。

第二种替代性方案强调衡量的基础是法官在运用自由裁量权时，基于道德或政策所作的通盘性考量，无论它们是否构成适用法律的正当化背景。然 60
而，考虑一下这种情况，在上面讨论的癫痫病驾驶者案例中，法官宣称应该把更多的分量赋予没有遵医嘱的被告，因为法官倾向于将所有人都遵医嘱的政策作为良好健康实践的一部分。这一个政策对侵权法来说是陌生的，它不存在于当前的严格责任中，严格责任并没有要求人们认真关心自己的健康。这样考虑的法官应该受到批评。法官没有被授权将一个运用自由裁量权的案件变成一个在可以适用的法律之外发展自己对社会政策的理解的场所。再言之，转向道德和政策性考量并没有解决衡量的难题。道德的和政策的考虑也将产生不完备的对行动的影响力，而没有最终的决定力。⑬ 衡量的问题再次出现，并没有得到解决。

---

⑩ 这是有可能的：每一个可能的法律理由聚集体中的每一个可能的法律理由的分量，是可变的。真实的分量或正确的分量通过个案的实质化原则而得以确定。参见 S. L. Hurley, "Coherence, Hypothetical Cases, and Precedent," *Oxford Journal of Legal Studies*, 10 (1990): 221–51; Michael S. Moore, "A Natural Law Theory of Interpretation," *Southern California Law Review*, 58 (1985): 277–398, at 370–4. 衡量理由因此可能变成计算分量的工作。即使真实的或正确的分量存在，也不可能要求法官在每一个案件中都进行这种计算，这不太现实。法官决定的立法特性应该保证它能够被所有的法官实践。

⑪ See Dworkin, *Law's Empire*, p. 270 (解释了作为等级的权衡).

⑫ See Duncan Kennedy, "Form and Substance in Private Law Adjudication," *Harvard Law Review*, 889 (1976): 1685–778, at 1712–13.

⑬ See § 2.2.2.

第三种替代性方案坚持：因为法律的、道德的和政策的理由都可能产生矛盾，对衡量的解释必须承认个人价值、利益和忠诚的地位。这一进路同样没有解决问题。没有哪一种有关司法行动正当性的理由能够离开法官个人的价值、利益和忠诚而独立存在。但是，当相关的法律理由被识别出来时，这些从个人偏好出发的理由都被司法义务排除了。当考虑法律理由时，它们依旧是客观的。再言之，即使我们承认它们的地位，从个人偏好出发的理由也会产生混乱的行动的影响力。假定，某人应该根据更好的理由行动。但是哪些是偏爱它们的理由？从法律理由转向道德和政治理由，还有个人价值、利益和忠诚，就进入了一个死结或者怪圈，没有出口。通过识别法律理由，将所有适当理由都作为司法决定的依据，才能够解开死结。

61　　坚持有一个客观的分量和通过结果确定的计算标准具有优先性并不是一个可选方案，正如不断增长的复杂分析力图证明裁判中的确定形式主义是无辜的。我们应该抵制这种倾向：当自由裁量权出现时，在每一步都想要一个基础。关于自由裁量权的理念排除了确定形式主义所主张的终极而且结果确定的基础，以及它想要在一个法律框架内实用主义地控制裁判的理念。[44] 以下事实并不是不证自明的：缺乏这样的确定性，诚信裁量就是不具有某些正当性的，因为它允许了"过多"的自由裁量权。问题在于，一个实践性方式要求在可捍卫性和可实践性层面，对可选择方案进行比较。这里并没有先在的标准用来否决法官可能有裁量权，而且当他们有时，他们还处于捍卫法律的义务之下。这里的问题是，我们需要一个论证，即如果我们想要坚称：只有在法律指示确定结果时，法官才能实践他捍卫法律的义务。在第二部分讨论了与确定性情况相关的可能论证，并且否决了这一论证。承认那些论证，我们应该将衡量的基础理解为一系列施加在决定之上的相关理由，而不是在寻找确定性基础之上所引发的一系列混乱。[45]

　　关于诚信模型的三方面特色值得强调。第一，它说明了，在法律推理之中，衡量问题在不同的事实情况下，呈现出不同的状态。在事实环境中衡量的独立性非常独特地凸显了法律经验的特色，这是诚信理论拥有的强烈的实证性特点。第二，因为多种结果都是合法的，所以它是一个司法裁量的模型。[46] 如
62　果这里有五种法律理由，还有一百种组合起来的规范的强制力，例如，分量可

④ See §§2.4, 6.2.1.
⑤ 对于这一节思想的阐述，看§§5.3及以下。
⑥ 由诚信理论支持的裁量权因此是强于德沃金所主张的纯粹裁量权的，他并没有考虑那些琐碎的方面。See Dworkin, *Taking Rights Seriously*, pp. 32-3. See also Neil MacCormick, *Legal Reasoning and Legal Theory* (Oxford: Clarendon Press, 1978), pp. 246-55.

以被分派成 20—20—20—20—20，10—30—10—30—20，等等。确实，一个无限的分配数目存在数学上的可能性。它也很牵强地主张：在任何涉及的实践性框架中，存在一个唯一确定的结果。[47] 第三，所有可能分配的整体框架是被限制的。依诚信进行的裁判寻求**不**为了排除理由，而撬开已分配的分量。关于行动的阀门应该帮助这样一个法官识别分配分量中所产生的错误，通过强制一种复审来完成，无论因为排除理由而导致整体的考虑有多么巨大，或者因为疏忽，整体的考虑有多么细琐。通过要求一个理由获得分量仅仅以另一个理由为代价，它还有效地要求衡量的适当基础应该总是独立于理由的聚集体。因此，不同的法官可能得到不同的结果，而这一切都在诚信和法律的限制之内。

2.4 作为背景的正当性

为了详细阐释诚信理论以及预先阻止误解，我们现在回应可能产生的反对意见，类似于哈特和富勒在 1958 年的论战中提到的意见[48]：法律标准的正当性背景——它们所依赖的原则和政策[49]——能否在无须重新揭开与法律制定的实践相关的所有问题之后，才承认司法的自由裁量？通过提出一个两难问题，这种反对意见继续存在着。一方面，如果法官没有说明正当性背景，看起来似乎是法律推理切断了它们不同分量的来源性背景，从而使法官不能依据诚信的理论进行裁判。另一方面，如果法官对正当性背景进行说明，有可能会导致所有的立法性考量都能够通过这个后门进入司法裁量的过程中。诚信理论与这种相对的裁判理论的区别——那些声称自由裁量依据外在法律标准实施——将会因此变得没有意义。在传统法律中，识别法律推理的依据，作为一个初始性的步骤来考虑它们的分量，将会导致巨大的波动。

诚信理论许可由法官识别的背景正当性存在。这种正当性进入司法裁量过

[63]

---

[47] 关于德沃金正确答案理论的讨论，参见 § 6.4。

[48] Lon L. Fuller, "Positivism and Fidelity to Law-A Reply to Professor Hart," *Harvard Law Review*，71 (1958)：630—72，at 661-9；H. L . A. Hart, "Positivism and the Separation of Law and Morals," *Harvard Law Review*，71 (1958)：593—629，at 614-15。

[49] 背景的正当性不包括对法案进行表决的立法者的动机，这一动机通常包括像服务于共同体和代表的利益群体等目的。这一动机不包括立法者的愿望、期待、信念或者预期。背景的正当性论证包括证明投票法案正当性的论证，诸如在议会辩论是占多数意见的论证。背景的正当性不是去识别立法者的目的，理由是法官造法和行政法规都有背景正当性，以及在本节末尾提到的理由。

程中，通过法律解释去识别法律理由，在法官衡量时还可以作为尺度。由
Frederick Schauer 提出的替代性方案已经对此进行了清晰阐释，即在规则和它
们的背景正当性之间作"不透明"处理，抛弃法律规则产生的事实背景，仅仅
依据规则的文义来识别事实。⑩ 形式化的规则观是和确定形式主义相匹配的，
这无须多言。⑪ 这一理论假定法律通过使法官难以写出一份不合法的意见，从
而在语义上和心理上对法官的行动进行限制。然而，更好的选择是，将法律的
限制理解成为一种规范性限制，限制一系列行动的相关合法性理由。这一理解
无疑控制了法官捍卫法律的义务，而不是变化无常的司法上的顾虑。在不同的
环境中，根据不同的法律文化和司法特性，这一限制的强度可能会发生变
化。⑫ 这里没有观念性的保障，保障这一理论能够足够强大到消除司法滥用权
力的恐惧。

允许法官识别法律的背景正当性并没有打开通往普遍性道德和公共政策考
虑的大门。为了抵制针对价值的文化怀疑主义，这种主义油嘴滑舌地认为某些
价值进入时，所有价值都进入了。然而，司法推理仅仅在我们以实践性态度抛
弃价值怀疑主义时才是可以理解的。因此，我们能够在不同类型的理由之间进
行区别，排除掉那些在适用法律过程中不具有相关性的法律条文。因此，鼓励
人们去就医的政策并不是侵权法背景下正当性的一部分，但是正确归责却是。
法官行动所依据的原则和政策体系能在原则上受到限制，限制成为那些相关原
则和政策的子集合。法律标准的背景正当性应是一个类型或者以下模型类型的

64

65

---

⑩　Frederick Schauer, "Formalism," *Yale Law Journal*, 97 (1988): 509-48, at 532-5; Frederick Schauer, "Rules and the Rule of Law," *Harvard Journal of Law and Policy*, 14 (1991): 645-94, at 647-51. See also Donald H. Regan, "Authority and Value: Reflections on Raz's *Morality of Freedom*," *Southern California Law Review*, 62 (1988): 995-1095, at 1003-13.

⑪　然而，肖尔并不是一个确定的形式主义者。他使用不透明的法律规则来限制某些范围内被他称
为"假设性实证主义"的争论。当规则被形式化地适用时，假设性实证主义是由特殊的却有限制的力
量来分配达成的结果。在他看来，这些结果能够通过对普遍道德或公共政策的专注思考而胜出。Schauer,
"Rules and the Rule of Law," at 665-91.
肖尔的理论可能作为对某些美国司法实践的描述性说明是有一些吸引力的，对我而言，在解释和
适用规则时使用背景正当性，不仅仅是作为逆转性考量。然而，作为一个概念性和规范性事物，假设
性实证主义的力量偏弱。就概念性而言，肖尔在规则是提供理由还是决定结果的问题上是自相矛盾的，
反映了对规则的确定性内容和确定性力量之间区别的忽视。见 §§ 6.2 及以下。进一步，对他而言，规
则分量的来源不是背景正当性，而且也是不明确的。就规范性而言，他的进路排除了对特定规则的司
法正当性的考虑，但是包含了对道德和公共政策的普遍考虑。这似乎是，在美国这样的民主社会中，
相反地将法官置于前后不一致的境地。进一步的讨论和批评参见，"Symposium on Law and Philosophy," *Harvard Journal of Law & Public Policy*, 14 (1991): 615-852.

⑫　See §§ 5.4 and following, 8.4.

一个组合，这种组合说明了实践性法律的背景正当性与普遍的道德和公共政策考量之间的区别。

第一，这里存在某些法律标准，其背景正当性代表了某些原则或者公共政策的胜利。例如，由 Hugo Black 法官解释的保障言论自由的美国联邦宪法第一修正案，就是一个禁止对言论作任何限制的规定。[33] Black 法官可能不会拒绝有一些理由来限制言论，因为某些言论有时伤害到了他人或者危及国家安全。然而，对他来说，言论自由的条款在这一案件中，其价值的重要性胜过了对立的论证。它的背景正当性包括了支持绝对禁止的论证；那些将反对言论自由条款或者支持一个妥协进路的论证被法官从其考虑中排除出去了。有很多法律标准的运行类似于言论自由条款的解释，虽然它们并不构成法官或者法律学者的处理对象，因为它们倾向于以没有疑问的方式运行。这些法律标准的背景正当性包括正当化法律的价值或目的，即获胜的那些。没有正当化这个法律标准，而是正当化了其他法律标准的正当性背景，就这样在司法裁量过程中被排除了。因此，法律理由得以衡量的渊源就是相关理由所依据的法律标准的正当性背景。

进一步而言，法律标准的正当性背景代表了对相互竞争的道德或公共政策之间合理关系的考虑。考虑一下这个例子，一个可能的法律规则规定："只有当合同写成书面形式时，销售超过 5 000 美元货物的承诺对立约人来说才是有约束力的，也是可以执行的。"契约的可执行性依赖于一系列道德和公共政策的考量，这种考量独立于那些书面要求所依赖的考量因素——承诺的道德性与它在市场经济中的工具性角色。然而，书面要求依赖于另一种政策，这种政策想要通过坚持高度可以依赖的证据来证明某些承诺在事实上发生了，从而避免欺诈。这样一种法律标准的背景正当性并不是对两种类型考量的平衡。法庭可以不适用这一规则，除非当这里有其他可以依赖的证据证明：有一个合同销售了超过 5 000 美元的货物而且特定承诺的道德或者社会价值非常重要。相似的，销售少于 5 000 美元货物的合同在这里没有书面要求，而且书面要求的背景正当性在解释和适用相关法律时就没有作用了。当然，将 5 000 美元作为执行口头售货合同的上限意味着立法上预先作了协调两种竞争性考量的判断。两个在不同层次存在的背景正当性通过法律标准找到了各自的位置。某人可能相应地说，一种背景正当性在限额之上获得了胜利，另

66

---

[33]　Tinker v. Des Moines Indep. Community School Dist.，393 U. S. 503，515（1969）（Black，J.，dissenting）.

一种在限额之下获得了胜利。在大多数特定争议中，这种相互竞争的立法考量是用不着法官裁判的。

补充言之，法律标准的背景正当性代表了将一种竞争性道德或公共政策性考量传递给另一个决定作出者。明显的例子是法律授权一个行政机构仅仅在"涉及公共利益时"才进行规制。甚至这样一个广泛的包容性考量也排除了一些考量，尤其是个人偏好的考虑。这种立法的传递实质上是综合性的，因为它排除了某些代表性的道德和公共政策考虑。然而，有的传递是有偏好的，例如在处理儿童抚养权的争议时，法律标准的要求是应该依据"儿童的最佳利益"进行判断。很多相互竞争的价值都包含在这样的标准之中，这种标准经常产生竞争的理由。这一标准也排除了一些代表性考量，诸如父母的最佳利益或者他们的监护利益和财产利益之间的平衡，这样的考虑存在于和平离婚的法律中。当依据"最佳利益"标准衡量分量时，后者的考量对法官来说是无须关注的。

法律的传递也有可能是倾斜的，当法律标准包含了柔性条款，并且试图赋予某些考虑更大的分量时。例如，在最近的平等保护条款中规定：妨碍基础性权利的法律是不合宪法的，除非这种法律服务于一个强势州的利益。基础性权利的背景正当性处于待定状态，根据这条法律，法官可以测量分量。但是，这两方考量的天平偏向于对基础性权利的司法保护。有偏好的和倾斜的立法支持对立法中的理由和司法中的理由进行区分，而司法中的理由要继承前者的判断，排除掉某些道德和公共政策的普遍考量。

背景正当性的理念涉及两方面的深入争论。第一，这里讨论的背景正当性是一个特殊的法律情境或者一组约束——不是一个普通的正当性，以上所有的道德和公共政策考量都被纳入其中。认为这里没有情境的想法应该被拒绝。[54] 第二，背景正当性的理念能够以四种基础性方式进行理解，每一种都有些变化。最简单和弹性最小的解读，注意特定立法者在制定之时所秉持的理念的正当性。一个与对宪法的"最初理解"相关，而另一个法律解读注意到在立宪时期，特定文化对相关法律文本的宪法解读。第三种解读方式注意到：在裁判实践时期，对相关法律文本正当性的宪法解读。第四种解读方式，注意到一个法官在具体裁判时期，能够建构一个对法律实践的最佳解读。每一种解读都遭遇

54　See Stanley E. Fish, *Doing What Comes Naturally* (Durham, N. C.：Duke University Press, 1989)；Gary Peller, "The Metaphysics of American Law," *California Law Review*, 73 (1985)：1151-290.

到众所周知的困难，虽然我继续主张一种对第三种解读方式进行修正的观点。[55] 针对当下情况而言，这种解读方式是充分的，将道德和政策部分排除出去，留下法律部分作为裁量依据。

---

[55] See Burton，*Law and Legal Reasoning*，pp. 83-164. 有两种反对意见对我的法律保守主义观点似乎最有批判力。一种意见主张，即使法律人共同体在很多案件中，对正确的法律结果有广泛的共识，但在某些案件中，也不会有共识，包括那些最重要的诉讼案件。传统因此被超越，法官必须转向第四种解读方式。然而，最困难的案件不应该拖累整个法律推理理论，这一理论由法官与很多内在和外在的司法相关活动共同组成。申言之，在我看来，法官关于法律文本"最佳"正当性的理解与法官将会赢得法律人共同体尊重的"最佳"正当性的理解，这两者之间是有区别的，后者是受到传统约束的。另一种批评意见认为，我们的传统本身要求我们转向独立的道德或公共政策原则。在那种困难案件的情况下，传统并没有有意义地限制考量。在这一点上，它作出了一种区分：是不是某人将传统理解为一种严格的规则，对协调问题提供一种突出的解决方式，或者对特定案件中法律结果的处理。对于后一种观点而言，传统并不是（非传统的）独立于普遍的道德或公共政策原则而存在的。See notes 1，38 above.

第三章　一个说明性案例和
　　　　初步的反对意见

3.1　司法的立场

　　有关判决过程的理论性探讨，之前大多数是从司法裁判程序的观察者角度进行的，即使这种讨论是以赞同法官的裁判结果为前提的。典型的是法官很少在自己的观点中或者别的地方提及这点。在大多数情况下，法官的裁判是基于他们对司法本质不连续的直觉所作出的。然而我们并没有理由批评这种情况。我的目标并不是讨论美国典型的司法信条。一直以来，这种司法信条都有着确定形式主义和法律怀疑论的印记。与此相反，我的目标是从更抽象的层面讨论比法官有机会言明的更多的细节，从而详尽地说明诚信裁判的优越性和可行性。一个深思熟虑的法官可以从我的报告中提炼出他们自己想要达到的理想版本，但是法官不解释他们在相同情境下的行为，这并不构成批评诚信裁判理论的理由。

　　然而，我们是时候从语言学的旁观者的立场直接转化到司法的立场，并且立足于个案。对于每一个学人来说，都难以有效地做到这点。一名法官的经历难以被完全地想象或者模仿。也许只有在担负了解决真实纠纷的责任的情况下，人们才会考虑到一些重要的问题。尽管如此，它还是有可能对通过理解诚信裁判理论来减少抽象化的程度，以及揭示诚信裁判理论如何被应用于个案的背景和细节有所帮助。

70

3.2 帕特森诉麦克莱恩信用卡联盟案[①]

1972 年到 1982 年间，布伦达·帕特森曾担任麦克莱恩信用卡联盟的记账员。她的主要工作是整理档案，但是她也做一些出纳的工作。帕特森作证说她曾在任职之初遭受了种族问题的困扰。很明显，她是麦克莱恩信用卡联盟所雇用的第一位黑人员工，她的外表告诉了所有白人员工："因为大家从未与黑人员工一同工作，所以也许大家不会喜欢她。"[②] 帕特森的证词中说，与其他文员不同，她被安排去打扫办公室，并且经常被当众批评。她还说她总是承担超负荷的工作，一旦她提出反对就会被安排更多的工作。帕特森说她经常因为做事太慢受到批评，有一次她的老板竟然说："黑人天生就比白人工作得慢。"[③] 其他口供表明帕特森的上司拒绝雇用其他黑人员工，并且说："我们这里不需要制造更多的麻烦了。"[④] 帕特森说她并没有被通知有任何晋升的机会，并且没有得到任何培训。自从她 1982 年被停职和解雇之后，帕特森提出了诉讼请求，其中包括基于 1866 年公民权利法案 * 所提出的工作中遭受非法种族歧视（被收录在 42 U. S. C. §1981）。

在帕特森诉麦克莱恩信用卡联盟一案中[⑤]，最高法院认为基于第 1981 节，合同履行过程中的种族歧视是不可诉的。由于一些与以下讨论相关的原因，帕特森的案件可能变成一个疑难案件。口头辩论之后，法官被要求就本案是否类似于 1976 年 Runyon v. McCrary[⑥] 一案的判决进行辩论，进而决定本案是否应被驳回。[⑦]Runyon 案的事实是：他对第 1981 节中私立学校仅因种族问题不接收符合标准的黑人学生提出了质疑。当时的法庭经过审理认为：基于第 1981

① 491 U. S. 164 (1989). 下文部分引自 Burton, "Racial Discrimination in Contract Performance: *Patterson and A State Law Alternative," Harvard Civil Rights - Civil Liberties Law Review*, 25 (1990): 431-74 (1990 年得到哈佛校长和其他工作人员认可的 Harvard Civil Rights-Civil Liberties Law Review).

② 原告口供摘要, at 5。

③ Ibid., at 7.

④ Ibid., at 8.

⑤ 491 U. S. 164 (1989).

⑥ 427 U. S. 160 (1976).

⑦ Patterson v. McLean Credit Union, 485 U. S. 617 (1988).

* 1866 年公民权利法案也被称为"第 1981 节"，因为它作为联邦法律被签署时的批号是 1981。第 1981 节仅仅禁止基于种族和肤色的歧视。1866 年公民权利法案和 1964 年人权法案的雇佣相关条款（又称为"第 7 条"、"Title Ⅶ"），在后来的法律发展过程中经过修改，共同构成了 1991 年人权法案（1991 Act）。——译者注节，本案——因种族原因拒绝订立合同——属于个人的歧视，无论其他州或者公共的类似法案是什么。现在法庭一致同意重新考虑 Runyon 案件，就意味着对公民个人权利的限制进行新的考虑。这引发了值得公众深思的问题。然而，在这个案件中法官不约而同地支持了 Runyon 的请求。这引起了公众的骚动，因为帕特森案件是五个否认针对少数种族的歧视的判决之一。⑧ 最后，立法的结果改变了法院的结论。⑨ 公众谈论的焦点集中在其他案件上。立法机关的很多支持者以及布什政府从一开始就认为帕特森案件是个错误，并且应当被推翻。⑩*

为了达到我们的目的，即研究案件背后所涉及的法理学问题，我们必须假定事实如帕特森的证词所述，并且假定在这项工作中存在种族歧视。⑪ 或许我们可以进一步假设合同履行中的种族歧视问题是广泛存在的。也就是说，这个案件是最高法院利用第 1981 节审判的没有有效弥补不正义的大多数案件之一。我们将回过头来看待大多数意见和反对意见，并且用诚信裁判的原则来评论它们，接着试着在这些情况下，用诚信裁判的原则来提供另一种可供选择的观点。

3.2.1 多数派意见

大法官安东尼·肯尼迪的推理直接简明，并且代表大多数法官的观点。总而言之，在作出判决的时刻，第 1981 节的相关内容规定："就像白人所拥有的权利一样，所有人都应当拥有相同的权利来订立并且履行合同。"⑫ 肯尼迪以及保守派的法官认为，合同履行中的种族歧视问题与缔结或者执行合同无关。

---

⑧ Martin v. Wilks, 490 U. S. 755（1989）（允许无党派人士质疑判决结果或者在无党派人士知道先前诉讼的前提下支持判决）；Wards Cove Packing Co. v. Atonio, 490 U. S. 642（1989）（基于第 7 条增加原告对不相关影响的案件的举证责任）；City of Richmondv. J. A. Croson Co. , 488 U. S. 469（1989）（废除排斥少数人的计划，并且要求所有非联邦的防止种族与性别歧视；积极行动都必须采取严格的安全措施）；Jett v. Dallas Ind. School Dist. , 491 U. S. 701（1989）（否认第 1981 节中长官责制的可行性）.

⑨ 1991 年公民权利法案，§ 101，p. L. 102-166，105 Stat. 6071（1991）.

⑩ BNA Daily Labor Report, DLR No. 28, Fed. 9, 1990.

⑪ 对于那些不同于帕特森有关她的工作环境证言的陈述，参见被告证词摘要第 4～7 页。审判法庭认为第 1981 节并没有提供对种族侵犯作出补偿的方法，并且驳回了帕特森证词中除了关于晋升和执行中的种族歧视以外的所有主张。陪审团并没有考虑关于种族歧视问题的任何证据。

⑫ 美国管辖范围内的所有人都应当平等且完全地享有法律所赋予的在任何的州和领土上缔结和履行合同、提起诉讼、作为当事人、举证的权利，以及为了自身的人身和财产安全提起诉讼的权利。这与白人所拥有的权利是相同的，并且需要平等地遭受处罚、痛苦、刑罚、赋税、许可以及各种强行索要钱款。42 U. S. C. § 1981（1982）.

* 当时的布什政府正是基于帕特森等五个案件，废止了 1866 年公民权利法案的条款，制定了新的 1991 年人权法案。——译者注

这样一来，大多数法官认为，依据第 1981 节，合同履行过程中的种族歧视问题并不是非法的种族歧视。　73

详言之，对于如何解读第 1981 节"有相同的权利去缔结并且执行合同"这一点，公众与肯尼迪法官有着尖锐的分歧。②

就字面意义而言，第 1981 节中的相关条款只涉及保护两种权利："缔结合同时相同的权利"和"执行合同时相同的权利"。其中的第一点只包括合同的形成过程，并不涉及合同订立之后所产生的续约问题。缔结合同的权利并不能被扩展，从语言学或者逻辑的角度来讲，在合同关系建立之后，雇主履行合同的义务也同时建立，其中包括违背合同条款和强加带有歧视的工作环境所引发的责任。

权利保障中的第二点，"与白人公民相同的执行合同的权利"包括依照法律程序得到救济的权利、提起诉讼的权利，这将会在不考虑种族差异的前提下宣布并解决与合同相关的法律争议。然而，执行合同的权利并不能无限扩展，即雇员可以要求雇主去提高雇员的能力，并将这一要求上升为他或她依据合同产生的诉讼权利。③

把这种狭隘解释应用于帕特森案件中，肯尼迪法官发现上述请求中的争议并不是拒绝订立合约的争议，以及削弱帕特森诉讼能力的问题。结果帕特森在工作中受到种族歧视的联邦救济只能以 1964 年公民权利法案中的第 7 条（Title Ⅶ of Civil Rights Act of 1964 * ）为依据，然而这条法案在当时的应用非常有限。⑮

多数派意见的可取之处在于它简单的推理过程，它以一种以文本为导向的确定形式主义法学理念来分析问题。尽管伦奎斯特法庭并没有在它大多数的判决中言明这一点。或许多数派之中的一些法官曾经考虑过 1866 年颁布的第 1981 节的立法目的。拜伦·怀特大法官尽管在帕特森案件中支持大多数意见，但是在 Runyon 案件中提出了异议，他的依据是立法的原意并没有包括由公民个人提起的种族歧视之诉（例如合同双方之间），联邦立法想要用既有的种族歧视来对抗州立法中曾经存在的奴隶制束缚，这些束缚包括对由法院保护合同　74

---

②　Ibid.

③　491 U. S. at 176-8.

⑮　42 U. S. C. §§ 2000e-2000e-17（1982）. 与第 7 条不同，第 1981 节被应用于非劳动合同，允许补偿破坏，可以应用于少于 15 个雇员的雇主，有很多的限制性条款，并且在一些案件中允许惩罚性的赔偿。

*　1964 年人权法案的雇佣相关条款（又称为"第 7 条"、"Title Ⅶ"）是 1991 年人权法案（1991 Act）的另一个组成部分。——译者注

权利的限制。⑯ 当时，在 Runyon 案中，多数派意见法官中的某些人曾经认同怀特大法官的观点。从 1968 年，他们开始把第 1981 节用于限制私领域的种族歧视，并以此来避免他们认为错误的先例引起的误解。⑰ 自从 Runyon 的案件之后，与上面相似的推理会使大多数人确认 Runyon 的案件是一个深深的错误，但是他们却不愿把这种推理扩展到合同执行的阶段。他们可能觉得这样做是不明智的：法院正在前后不一致地对待公民权利这一事实将产生公众的质疑，进而严重恶化《公民权利法案》在反歧视案件中的应用，这也许是一个"错误"。在任何情况下，先抛开之后的案例，历史进程中的推理链条对帕特森案件结论的支持比肯尼迪法官简单的推理都更有力。

因此，似乎有两个观点可以支持帕特森案件的判决。一个是基于文本的，依赖于法律条文本身的文字含义。另一个是通过探究立法者的原意而得出的。这样一来，多数派的意见代表了基于文本和立法原意分析法律的一种法学理念，它获得了保守派思想家的支持，并被吸收进他们的法理学著作之中。例如，安东尼·斯卡利亚大法官和之前的罗伯特·H·伯克法官。⑱

3.2.2 异议意见

布伦南（Brennan）大法官的反对意见中接受了多数派意见对第 1981 节的狭义理解，即保护限于合同形成阶段的种族歧视，以及在合同执行阶段对歧视的分离式保护。为了用第 1981 节来支持原告帕特森的观点，他最终认为工作中的种族歧视可以归为订立合同时的种族歧视的一种。

延续承认 Runyon 案件正确性的思路，布伦南大法官根据第 1981 节认为，在承认"合同并不是在两平等主体之间建立的"⑲ 这一前提下，工作中的种族歧视是非法的。他继续说道：

> 在一个雇员根据第 1981 节提出的有关种族歧视的问题中，他必须或者证明这种歧视是严重的，或者证明合同是以一种种族歧视的方式订立的。当一个黑人员工证明他所处的工作环境是与其他白人员工不同的，并

⑯　See Runyon v. McCrary, 427 U. S. at 202 (1976) (White , J. , dissenting).

⑰　先例是 Jones v. Alfred H. Mayer Co. , 392 U. S. 409 (1968) (interpreting 42 U. S. C. § 1982).

⑱　Robert H. Bork, *The Tempting of America* (New York: Free Press, 1900); Antonin Scalia, "The Rule of Law as a Law of Rules," *University of Chicago Law Review*, 56 (1989): 1175−88.

⑲　419 U. S. at 207.

且可以证明种族歧视的确存在时，陪审团也许会认为在缔结合同的过程中，该名黑人员工并没有享有与其他白人员工平等的权利。[20]

有两个观点可以支持结论。第一个观点关注第 1981 节的历史。布伦南大法官认为订立第 1981 节的最初目的是用与之前奴隶制很相似的条文，把南部的奴隶制改造为正常的劳动关系。[21] 也就是说，他认为立法者的目的是达到渐渐替换的目的（postformation conduct）。第二个观点是更加概念性的：多数派的观点认为，第 1981 节禁止合同以一种种族歧视的方式表现出来。例如，一个雇主不能合法地要求雇员接受带有种族歧视性质的条款。布伦南大法官认为："两个案件之间并没有法律相关的区别，并且其中一个案件中雇主所期待的合同目的没有被言明，而是通过之后合同履行的过程体现出来的。"[22]

布伦南大法官在这种情形下是正确的，即他认为一个案件中的一个雇主要求黑人雇员同意种族歧视性质的条款，这种在合同订立时的歧视与其他案例中歧视的意图在之后体现出来，这两者之间在道德上并没有差异。然而，如果他认为二者之间没有"法律相关性"区别，并且陪审团也许能从合同履行过程中严重的种族歧视中推导出合同完全不是依照公平条款订立的，那么他是错误的。在合同文本中，对任何涉及合同执行条款的省略都有可能产生法律上的相关性，结果是使法律经不起道德的批评。进一步而言，雇主可能在订立和履行之间作出变化，这样就打破了将歧视归咎到合同成立阶段这一推理的有效性。肯尼迪大法官有力地反驳了布伦南法官，他的理由是："原告提起种族歧视诉讼的能力应该是'严重并且普遍'的，我们不应该允许他们去引导程序……依据第 1981 节所提及的条款去控告雇主不给原告提供'相同的权利'……去订立合同。"[23]

尽管依据有同情心的解释来讲，布伦南大法官的意见好像是基于一个没有言明的前提假设，即法律的原则假设了一个种族正义的社会，那么法律就应当通过操作或者诡计为达到这一目的进行解释。合同履行中的种族歧视当然是不公平的。勉强把合同履行中的种族歧视归结于合同订立中的种族歧视，也是不合理的。法庭中的大多数人则持相反意见，他们不认为法律在所有方面都预设了一个种族平等的社会，他们不认同对法律进行解释和推演来达到这一效果。相反，它假设了成文的《公民权利法案》应当被理解成为：国会在社会的一些

---

[20]　Ibid., at 208.
[21]　Ibid., at 193-6.
[22]　Ibid., at 208.
[23]　Ibid., at 184.

特定方面维持种族平等所达成的共识，也就是说，那些被列明的特殊立法。在第 1981 节中，合同履行中的种族歧视问题并没有被明文列举。那么，大多数意见认为，必须从其他法律中找到对这种歧视进行弥补的根据，例如，联邦立法或者是个人的良心，即使这有可能导致不公平的结果。[24]

78　　对于很多人来说，这两种突出的法理学理论的区别就在于这两种活动之间深深的不可跨越的鸿沟，这两种都被叫作裁判的过程。为了使它们模型化，一种法理学理论设想：被人们宣布的法律本身应当是严格的。依据这种观点，法律文本，法律文本的一般含义，立法者通过法律文本所要表现出的意图，都可以作为法律的渊源。与之相反，法律的原则的理论认为：法律是人们在法律规则内部创造的一系列关于公正的普遍法律原则。依照这种观点，法官的任务是在个案中实现正义，并且小心地以法律条文的名义判案，以防公众失去对法庭的信任。或许这两种理论之间有相同的基础去进行智力上的讨论，每种理论都把法律全部解读成另外一种东西。据此，肯尼迪大法官说明：布伦南大法官在把种族正义的原则看作是法律这一问题上，是错误的；与此同时，布伦南大法官也认为肯尼迪大法官不应当否认这一原则的法律地位。分歧出现在如何在帕特森案件中，适当地运用第 1981 节的规定作出裁制。这种对成文法适用问题的意见冲突转化成了法理学上的冲突，对于这一点法官相互之间并没有过多地提及。分歧在从共同的基础过渡到法理学上的困境时产生。

3.2.3　结论还是理由？

从诚信裁判原则的角度来看，法理学争议的两面是文本以及原则，以帕特森案件作为代表引起了显著的关注。第一点也是最重要的一点是，两种观点都认为法律规定应该给确定的结论提供依据。多数人的观点的推理过程是从法律文本直接到案件的结论。它以一种演绎推理的方式专注于找到对第 1981 节的解释中关于合同履行的种族歧视的遗漏，从而拒绝得出成文法允许合同履行中的种族歧视的结论。布伦南大法官简单地从一般的法律原则推导出案件的结论，认为成文法只是一种形式或者事后的解释。这两种法理学理论都没有给法律规则留下空间——应当通过法律文本还是内在原则——来找到理由而不是案件的必要结果。

第二个有趣的因素是这两种观点体现着一种法理学上的排他性，尽管两者

---

[24]　Ibid.，at 188.（"我们的角色仅仅是转述国会已经做过或者有可能去做的事情。我们面前的法律，只是对国会所立有关公民权利法律的一种扩张，其中并不包括这里讨论的歧视问题"）See also Patterson v. McLean Credit Union，485 U. S. 617，619（1998）（需要对是否改变 Runyon v. McCrary 的判决结果进行再审）（"当事人申请再审的诉求不应当被法院以特殊证明的方式提起再审所影响"）.

都承认实体法是法律的唯一来源。肯尼迪大法官从修辞学上对种族正义原则致　79
以了敬意，但是这并不代表他可以为法律上的深思熟虑作出任何合理的解
释。㉕布伦南大法官的处境是不同的。他不能既支持多数意见——承认成文法
的地位，又主张在种族问题上有更重要的原则。依据法律位阶的规则，他的工
作是解释成文法，而不是去创造成文法。关键的是，他好像并没有意识到从成
文法里发现任何好的论点。因此，他提出了一个不好的论点，试着去把合同的
履行归入合同的缔结之中。

　　结果的确定性和法理上的排他性一同产生了不能互相说服的见解。任何案
件中的法官都必须得出一个也是唯一一个结论，因为每个案件都必须得到唯一的
处理。然而，判决结果的确定性需要真实并且可用的法律规则来推导出案件结
论。当两个法律规则得到的结论不同时，那么排他性只承认其中之一，而其他法
律效力都被否认了。作为结论，持不同意见的法官就必须完全否认他的同事的观
点的合理性。这就因为他们并没有任何共同语言而引起了强烈的不同意见，旁观
者也许因此认为法律本身被不确定性和政治观点的冲突带来的问题烦扰了。

　　然而，无论是在法官还是法律解释者的眼中，结论的确定性以及法理上的
排他性都是接受确定性情况的结果——仅有当在一个案件中法律确定了一个结
果，并且这个结果可以达到时，法官决定的争论才能通过完成他们的任务来支
持预先设定的法律。利用拒绝确定性情况的方式，诚信裁判原则提供了一种裁
判的法理学方法。诚信裁判原则并不是像肯尼迪大法官从成文法文本开始推理
或者像布伦南大法官从法律原则开始推理那样，从法律规定直接推理到案件结
论。然而诚信裁判原则是，成文文本、内在的法律原则以及所有其他相关的法　80
律规定（首先必须产生原因），这些必须都被事先识别并且衡量其分量。案件
的结论必须建立在下一步所衡量的原因的重要程度之上。诚信裁判原则最终承
认所有的法律规定，即使在案件中不被应用，也都可以保持它的法律地位。㉖

　　在法律规定和判决结果中插入一个法律理由，导致另外一种完全不同的分

　　㉕　Ibid.（"法律反映了社会中对于用肤色作为衡量一个人的先决条件从根本上是错误的共识"）.

　　㉖　依诚信裁判原则采取的是从片面的角度来衡量法官列举法律条文的责任的程度。文本中的法理
学否认法律原则，除非这种法律原则是从文本中表达出来的，是法律的一部分。然而，依诚信裁判原
则不接受这一观点。宪法性的文件以及历史上并没有为国会有宪法上的权力来新建一支空军提供依据，
但是依据保护国家安全的原则国会有权力新建一支陆军或者海军，美国宪法第1条第8款保证了国会的
这一项权力。另外，文本法理学的支持者一般都依靠联邦制和权力分立的原则；要他们否认内在的法
律原则也属于法律的一部分是比较难的。最重要的争论在于哪种内在原则才是法律的一部分，而不是
法律原则是否能成为法律。See David Lyons, "Substance, Process, and the Outcome in Constitutional
Theory," *Cornell Law Review*，72（1987）：745-64，at 746-8.

歧。即使他们对于这些理由的分量，以及判决的结果意见并不一致，法官也可以承认所有法律理由的存在，以及他们之间的关系。因此，即使在文本法理学内部，法律文本原来的目的或者原义也可能支持不同的案件结论。我们并没有必要在两种解释方法之间设下突兀的层级，也没有必要好像它不能推导出结果一样，不经过任何解释就排除其中一种。每种推理方法都能推导出结果是一种比较有说服力的观点，但是这些理由在推导出结论之前都必须被衡量。更重要的是，持不同法理学观点的法官并没有必要互相说服，否认原因的有效性会在另外一种途径中产生。肯尼迪大法官可以承认布伦南大法官历史性的观点之间的关系以及它的效力，也可以同时主张这种观点的分量比怀特大法官所持的历史以及文本的原义相结合的方法要轻。布伦南大法官可以在承认肯尼迪大法官的观点以及效力的基础上，认为种族正义的原则更有分量（在不与宪法文本的必要含义冲突的条件下）。分歧将会产生在分量和结果这些问题上，而并不会产生在法律识别的问题上。二者之间的共同点会给理性的讨论留下空间，也会对不同的观点给以尊重，这样就会在法理上有一定的保障。

81

3.3　一个可选择的观点

诚信裁判中的原则性流派可以通过对帕特森案件中不同观点的描述，以及对所适用的法律的选择，被认定为明确且实在的。在操作的过程中，诚信裁判原则允许文本、历史、原则以及先例结合成一个包含着不同观点的简单的适用模型。法官并没有必要通过否认所有论点去否认结论来证明案件的结论与先前得出的并不相同。只有当这种相关的原因被认为是与法律无关的或者不被允许的，它才能被排除。然而，一个法官可以依据诚信裁判原则承认并且考虑相互矛盾的观点之间的重要性程度。[27] 最后，相关原因的范围也许会被扩大，并且超出两种观点所考虑的总和。

成文法应当成为推理的起点。法庭有法律以及道德上的义务去列举法律。[28] 在这个案件中，42 U.S.C §1981 被帕特森在他的诉讼中援引，因为它提供了相关的部分："所有人应当享有相同的权利……来缔结和履行合同……就像白人一样。"这条规定指明了一种等级——所有人，以及将一种法律结果

---

[27]　参见第二部分。
[28]　See §7.3.

附加于这个阶级的成员——都应当享有相同的权利来制定和履行合同。法律将 *82*
种族歧视规定在第 1981 节的禁止之列，这一法律授权受害者获得补偿，同时
采取可能的惩罚性损害。[29] 本案中的问题是帕特森是否因为她是黑人而被剥夺
了缔结和履行合同的权利。判断这一问题要求对第 1981 节的关键性条款作出
解释，即关于种族之间合同平等权利的规定。至少有 6 个法律理由支持或者否
定帕特森基于第 1981 节的权利宣称：首先，关键语句的通常含义表明帕特森
关于合同的平等权利并未被否定。正如肯尼迪大法官可能论辩的那样，合同的
过程被划分为订立、履行和强制实施三个阶段。帕特森宣称她在雇佣合同的履
行过程中是种族歧视的受害者。然而，制定法并没有提及合同的履行阶段。因
此，制定法的语言没有产生明显的理由能够得出结论使帕特森在这部制定法之
下得到赔偿。可是，法律理由的识别并没有随着法典的通常含义而止步。只有
当法律必须指明法律结果的时候，我们才必须限制我们的探求去寻求法律最明
显的理由。因为我们只是在通过第 1981 节的通常含义而得出结论，即法律中
没有授予帕特森权利的依据，我们仍然可以继续识别其他的法律理由。

其次，关键性语句的法律含义也可能表明帕特森的合同的平等权利主张被
否定。第 1981 节所提及的"权利是……制定和实施合同"是模糊的。合同权
利可能是指两种分离的权利，或者是一种统一于合同的整体性的法律能力。如
果它指的是两种分离的权利，那么合同履行的权利本身则不被第 1981 节所保
护，正如联邦最高法院九名大法官所认为的那样。如果它指的是一种关于合同
的整体性法律能力，这种能力就在一个整全性的一体中同订立及强制实施一 *83*
起，包含了合同履行阶段。信用卡联盟在工作中对帕特森的歧视，将成为她在
第 1981 节法典之下获得赔偿的法律理由。

这个语句的法律含义应当根据合同法确定，合同法构成了这个存在问题的
权利。第 1981 节没有为制定和实施合同确定一个独立的法定权利。没有人能
够通过解释得出结论说明制定法支持这样一种主张，即法律授权对违背合同的
行为进行救济。因此，第 1981 节必须涉及存在于合同法之中的一项权利。此
外，第 1981 节没有为有色人种确定一项独立的联邦合同权利。这项权利要求
所有人都能享有白种人所享有的那种相同的权利。然而，事实上白种人所享有
的合同权利并没有通过制定法确立。只要有色人种的权利源自于联邦制定法，
白人的权利和有色人种的权利就不会是相同的。此外，州法院的权力和那些改

---

[29] Charles A. Sullivan, Michael J. Zimmer, & Richard F. Richards, *Employment Discrimination*, 2d ed., vol. 2 (Boston: Little, Brown & Co., 1988), § 15.1.

变合同的制定、实施的权利，甚至是在种族平等基础上废除法律的立法者，都已经证明了制定法对合同法的依赖性。由于联邦制定法的至上性，且第 1981 节并没有冻结有色人种的权利，其他人基于州法律而享有的权利可能会被改变。[30]

84　　依据合同法，合同的效力包括合同概念下的履行请求权。合同的确立，意味着以后需要履行的义务。合同中所确立的范围，必须在其条款中有所体现，并且合同各方必须尽最大努力做好各自的职责，在未来依据合同的条款实现合同中所约束的范围。从合同确立之日起，就指向了合同的履行和执行。反过来说，履行一个合同，主要取决于合同的确立。当合同的一方真正地履行了其职责，并实现了合同中所规定的范围，那么履行才算完成。执行合同，需要回顾合同的形成以及履行。合同违约的司法补救主要取决于确立的合同与履行的合同之间的差异。[31] 如果合同形成中所规定的范围，与将来履行相应的义务不相吻合，那么这个合同将不会被执行。除非补救的衡量标准是不履行带来的损害，否则合同将不被执行。合同中所规定的范围与在履行期间所实现的范围之间存在差异，且对受害一方造成损失，在这种情况下，如果赔偿是依照该损失来衡量，那么该合同可以执行。如果在清晰了解现代合同法律的框架内，背离了"制定和执行合同……的权利"，那么合同的履行阶段将不能够得以实施。相应的，该关键词组的法律含义是指合同的一个统一的法律权力，以及能够支持帕特森主张的原因。[32]

　　根据第 1981 节的立法史，还产生了第三和第四个原因。从中，我们又发现了两种解释，其中一种解释支持帕特森的主张。在一个解释中（第三），第
85　1981 节的作者们，仅仅关注废除州法律和州行为。比如在美国南方重建时期

---

　　[30]　一个相关的问题是：相关的合同法是否是在制定法颁布时的 1866 年就颇为盛行。还是，相关的合同法至今仍然盛行。两种论证确立了对当代相关法律中制定和实施合同的理解。第一，如果认为应将第 1981 节解释为保证非白人享有与白人在 1866 年就享有的相同的权利，而白人现在却拥有其他不同的权利，那么这种对法律的解释是荒谬的。第二，应当以一种能够使制定法和实际控制现实的相关交易和关系的法律相协调的方式解释第 1981 节。相应的，当代的合同法就应当确定第 1981 节的语言是包含了制定和实施合同的两种相互分离的权利，还是包含了一种融合合同制定、履行和实施的综合性能力。

　　[31]　例如，买卖合同违约损害的赔偿标准是根据实际送达货物与承诺货物之间的不同价值进行计算。U. C. C. § 2-714.

　　[32]　For elaboration, see Burton, "Racial Discrimination in Contract Performance," at 455-58; Steven J. Burton & Eric G. Andersen, "The World of a Contract," *Iowa Law Review*, 75 (1990): 861-76.

通过的《黑人法典》，就歧视以前的奴隶。㉝ 但是，帕特森起诉，指出一个私人雇主歧视她。Runyon 案援引第 1981 节，将之运用到了合同制定中所发生的个人歧视，但是也可以把它看作是一种内在错误，不应该扩展到履行阶段。因此，这种对历史的解读，提出了一个反对她的诉讼的原因。另一个解释（第四）是，依据法官布伦南的观点，其中有一些证据，即第 1981 节的作者们也试图涵盖雇佣关系领域，在美国南方以前的奴隶得到雇用，但是仅仅与之前奴隶制度下的雇佣关系比较相近。㉞ 这应该包括任何个人的合同形成后的行为，比如所宣称的由信用卡联盟对帕特森造成的歧视。这每一种解读，都为最终判决帕特森案提供了截然不同的法律理由。与各种相关的原因相比，这两种关于历史的解释并不存在什么"矛盾"。只有当每一个原因都能够决定最终结果的时候，才需要强行在两个原因中选择一个。

第五，Runyon 案是一个先例，它提供了另一个原因，并在法律框架内平等对待原则下来支持帕特森的诉讼。如果坚持以下观点，则是反常的，即一个私立学校必须毫无任何种族歧视地招收来自各个种族的学生，但是可能会要求黑人学生坐在教室的后排，而对于这种歧视，联邦政府也没有任何解决方案。㉟ 同样的，我们不能够认同如下观点：雇主如果依据种族而拒绝雇用某人，就违反了第 1981 节，但是能够在第二天以种族为由，解雇员工，且无须承担任何法律责任。㊱

第六，正如肯尼迪大法官所写的，"法律现在反映了这样一种社会共识，即认为基于个人肤色的歧视是一个极其错误的悲剧性标准"㊲。这个一般原则 *86* 的具体实例包括内战之后对宪法的修正，如 1866 年、1964 年民权法案，1965 年投票权利法案和许多其他的法规。自布朗诉教育委员会案㊳以来，把这些法律联合在一起产生的种族平等原则已经在许多案件中被法院运用，以对那些包括第 1981 节㊴及相关条款㊵在内的错误的法律进行补正。习惯上，它已经被法

㉝　See Runyon v. McCrary, 427 U. S. at 202 (1976) (White, J. dissenting).

㉞　Patterson v. McLean Credit Union, 491 U. S. at 193-6 (Brennan, J., dissenting).

㉟　Address by Laurence H. Tribe, U. S. Law Week Constitutional Law Conference (Sept. 8-9, 1989), reprinted in 58 U. S. L. W. 2200, 2201 (1989).

㊱　Contra, Taggart v. Jefferson County Child Support Enforcement Unit, 935 F. 2d 947 (8th Cir. 1991) (en banc) (在帕特森案件之后，制定了 8 项规范来限制第 1981 节范围之外基于种族标准的解约主张).

㊲　491 U. S., at 188.

㊳　347 U. S. 483 (1954).

㊴　Runyon v. McCrary, 427 U. S. 160 (1976).

㊵　Jones v. Alfred Mayer Co., 392 U. S. 409 (1968) (interpreting 42 U. S. C. §1982).

律共同体成员和其他人接受为法律了。种族平等原则也提供了一个支持帕特森对于种族歧视的言论的理由。种族平等不仅是一种为行动提供道德理由的政治道德的一般原则。尽管在这个原则指导下产生的结果不应该同一个明确的（和宪法性的）法条文本的含义相抵触，但并存的法律原则提供的理由仍被作为依习惯作出司法裁判的基础。种族平等原则之所以能产生一个合法的理由来支持帕特森的法律诉求，是因为它很好地嵌入在权威性的法律材料之中，而且符合与合同法解释相一致的关键条款的法律含义。

我们已经分别从六个抽象标准中确定了六个法律理由：关键条款术语的一般性意义、那个术语的法律意义、基于立法史的对于这两个意义的解释、同等对待原则和种族平等原则。对于一个解释的理论来说，没有必要将这些法律理由安排在一个稳定而综合的权威性等级结构之中，这种等级结构产生于抽象的法律标准。只有当法律必须指明结果时，我们才必须创造这样一个等级序列，以避免作出法律是"自相矛盾"的这样的结论，因为它需要不相容的法律行动。当一个民主政府中立法至上的原则意味着种族平等原则不能够支持一个同明确的（和宪法性的）法律条文相抵触的结果时，我们才可能这样去做。否则，分量就是一个案件中具体法律理由的属性，而非抽象法律标准的。[41] 而且，不同法律理由的分量也随着它所处的理由种类的不同而发生变化。[42] 因此，确定了帕特森的法律理由，并发现了两个听起来合理的法律条款的解释之后，我们应该在法律审慎思辨中衡量这六个理由的重要程度。

从定义上来说，这六个法律理由中的每一个都在行为临界点的总分量中占据了同样的份额。然而仔细考虑会发现，它们并不会因此而没有分量。首先考虑这样一个事实：麦克莱恩信用卡联盟的歧视行为是一个私人行为，这或许将在一个依据立法史的对第1981节的解释的禁止范围之外。如果当一个私人雇主基于种族理由拒绝雇用一个人时，Runyon没有施加第1981节的责任，这将成为一个有力得多的原因。当一个雇主被牵扯进工作上的种族纠纷时，即使不是决定性的，它的力量也挫伤了怀特大法官基于立法史对于某些同样事实作出的解释。Runyon案的理由成为了增加分量的东西。而且，考虑到种族平等原则和关键法律条款的合同法意义，这种要求无歧视雇佣却又同时允许之后有歧视的雇佣实践的矛盾做法是令人厌恶的。考虑到怀特大法官的由历史产生的理由，这两个法律标准所产生的理由也应该得到比它们初始的更多的分量。相

41　See § 2.3.1.

42　See § 2.3.2.

反，可能有人会认为，考虑到立法史，Runyon 案是错的，而且他也不应该承认那个先例的所有效力。在这种基础上，其他人可能会对于在一个案例中是不是要使用第 1981 节来禁止种族歧视有所犹豫。我不能理解这种平等对待原则，它只是基于审判法庭适用的理由，便允许一个先例失去效力。[43] 如果有人在法律案件中对先例有一个不同而且是辩护性的理解，那么他（她）就能以另外的方式分配分量，而不用进入不诚信判决这个被禁止的王国。我仍然认为他们是错误的。

宣称种族歧视并没有在条款文本中被明显提及却发生在合同的执行过程中，这一事实或许保持了它最初的分量。然而，或许有人会争辩说，这一理由对于合同法的含义应该失去一些分量，因为合同法的含义强调合同法律效力的统一性。一个明显的目的在于保证合同公平性的法律不应该被解释成为一种不必要的分裂合同的力量，从而产生一些在合同实践中本可避免的不公。当种族歧视基础上的违反和解除是被允许时，基于非种族歧视的基础制定合同的力量是无意义的。而且，如果将权利限制在当基于种族的违反未被纠正时才能提起诉讼，在非种族歧视基础上签订合同的权利是没有意义的。如果签订和实施合同的权利被理解为一个单独的综合性的法律权利，而不是两个分离的权利，那么它将更好地服务于它所被接受的背景性的正当化理由。第 1981 节将可以展现这样一个世界，在那里所有种族的人都有完全相同的合同法律权利，这也和传统的种族平等原则相一致。

因此帕特森案中每个法律理由的重要程度取决于这个案件中的其他理由。分量的问题可分两步来解决。确定了法律理由之后，由于其法律地位，每个理由都可以在行动前从总量中被分配同样的分量。分量的比例可以随着背景性正当化理由在情境中的体现而调整，从一个理由中抽走以添加到另外一个理由中，同时保持总量不变。在确定的判决出现之前，附加的调整可以随着需要作出。因为理由组合太过于可变和不可预见，法律没有事先指定一个结果。因此法官必须在案件材料提交后挑出法律理由的联合和排列。他们不能证明这一判决而非其他是法律所要求的。我们不能为自由裁量给出一个决定性的计算。然而，当一个法官通过用被更强法律理由支持的诚信观点来作出判决时，他维护法律的义务就得到了实现。

正如许多现代法律理论家设想的那样，对法理的叛逆或政治异见不需要隐

---

[43] Patterson v. McLean Credit Union, 491 U. S. 164, 172-5 (对任何推翻先例的条款都要求 "特殊的正当性"). See § 3.4.4.

藏在帕特森案的反对意见之中。清楚地说，我对于多数派和边缘派的反对意见也都是法理上的。我认为他们错误地依赖于一个标准或者是两个一致的法律标准，而排除诸如合同法等其他相关法律。但是有关法律结果的不同意见有可能依据诚信法则得到统一衡量，这种衡量方法是根据不同意见所依据的法律标准，将没有正当性支持的意见予以撤销。我们可以同意所有相关的法律理由，尽管同时我们不同意由于分量问题上的分歧所产生的结果。一旦法律理由的总体被扩展了，就有理由来设想一些法官将难以作出结论。

3.4 起初的反对意见

90　　作为对于确定情形的一个隐含的遵从结果，诚信理论为政治化的法理学提供了一个逻辑的，并且是第一眼看上去相当有吸引力的选择。然而，现在看起来非常明显的对于确定情形的不可欲并不能表明它在概念上是不合理或者在规范意义上是站不住脚的。接下来的三章将详细探讨接受确定情形的基础，这构成了对于诚信理论的主要反驳。然而，首先我们将要列举并回应四个威胁更小的反对意见，这些回应将进一步阐明诚信理论，并且厘清可能会出现的误读。

3.4.1 诚信的含义

有些人或许会想，诚信理论为判决提供了一个很微弱的限制，因为它需要的仅仅是诚信。这种意见混淆了"诚信"的两个相关含义。这个理论的名字源于美国法律中常常施加于拥有自由裁量权的个人的法律义务。有时候，诚信仅仅要求一个人根据真诚和真挚来行使自由裁量权，正如谚语所言，用一颗诚信的心和一个空空的脑袋。㊹ 这是这一词语在商业法律中的一般意义，例如有关诚信支付的法律。在这种意义上，当一个人不诚实地或者恶意地行使自由裁量权时，不诚信的情况就出现了。㊺ 这个要求本身对于判决来说是一个很弱的限

㊹ Soper 教授在他的书中从真诚的角度来使用诚信一词。See E. Philip Soper, *A Theory of Law* (Cambridge：Harvard University Press, 1984), pp. 79, 80, 119-22 (1984). See also H. L. A. Hart, *Essays on Bentham* (Oxford：Clarendon Press, 1983), pp. 155-61 (法官不必相信或者假装相信法律义务是对公民的道德义务)；Joseph Raz, *The Authority of Law* (Oxford：Clarendon Press, 1979), p. 155 (法官必须相信或者假装相信法律施加了道德义务). 这些对诚信的使用深化为法官对其决定的道德性的真诚信念，而不是对法律的确信。

㊺ U. C. C. §1-201 (19). 目前侵权法的一些最新进展似乎将恶信等同于贪婪的行为或者对金钱利益的有意侵害。See, for example, Seaman's Direct Buying Service, Inc. v. Standard Oil Co. of Calif., 36 Cal. 3d 752 (1984).

制。然而，在另外的意义上，诚信要求享有自由裁量权的个人根据正确的理由行为。第二种意义上的不诚信产生于一个特定类别的自由裁量权的滥用。通过利用后一种诚信释义，诚信理论允许这样一个对判决义务的讨论，而不用涉及个人是不是诚实、有掩饰或邪恶的。后一种意义上的诚信要求法官维护法律，而不仅仅是真诚地相信他们正在这样做。

进一步说，对法律相似部分的类推思考，可以将有自由裁量权的人限制在法律义务之下。例如，当一个商品购买者承诺仅当他对货物质量满意时才拿走货物，并且按确定的价格付钱时，货物售卖的合同或许就授予了其中一方自由裁量权。在这样的情形下，根据协议，买者对于判断物品的品质好坏可以自由裁量，但是当他判断对物品满意后，他就有义务付钱。购买者也就放弃了仅凭商品价格在付款之前下跌这一理由去市场上寻找另外的替代品的机会。原则上，一个购买者可以通过宣称对货物不满意来从法律上摆脱这项交易。当不满意被作为下降的市场价格的虚假借口时，购买者就是不诚信地违反了这个合同。更一般性的，当自由裁量权在实践中被用来重新获取一个据合同文本没有规定的理由行事的机会时，任何合同都是能被违反的。[46]

相似的，政府官员享有在法律界限内自由裁量的权利，并且必须要依照诚信来行使它。例如，一名刑事检察官将有极大的自由裁量权来决定去起诉哪个刑事案件。只要这个决定是根据正确的政策或者原则作出的，那么这种自由裁量就应该受到法律完全的尊重。一个检察官可以决定减少对持有大麻案件的起诉，从而把起诉资源放到大麻的售卖和运输上，或者暴力犯罪上来。对于如何使用可用的资源来追求公众所要求的目标，检察官们可能意见不同。对于威慑的重要性、惩罚以及其他的合法性的考量，不同的检察官有不同的判断是很正常的。但是一名检察官不能够因为他收受了贿赂、被告人是美国黑人或者为了与他的政党赞助者一起获取政治利益，而不正确地决定是否起诉，即使这完全被披露出来了也是不可以的。一些这样的不诚信的例子是不符合法律的，另外一些则仅仅是不道德的。无论是哪种情况，都是不诚信的检察官根据不适当的原因来行使自由裁量权，而这样的原因是被他实施法律的责任所排除的。

诚信理论宣称，法官们有一个在所有案件中基于法律提供的理由而非被司法义务或法律标准所排除的理由行使自由裁量权的法律义务。一旦上任，在履

---

[46] For example, Greer Properties, Inc. v. LaSalle National Bank, 874 F. 2d 457 (7th Cir. 1989); Steven J. Burton, "Breach of Contract and the Common Law Duty to Perform in Good Faith," *Harvard Law Review*, 94 (1980): 369-403.

行责任的过程中，法官就放弃了根据一些原因行事的机会——最明显的是从个人偏好出发，此外还有一些被法律权威标准排除的原因，以及不被法律授权作为司法判决基础的道德或政策原因。利用司法自由裁量权来获取这样的被放弃的机会是不诚信的，是对司法责任的违反。因此，司法责任要求法官诚信地去衡量相关的法律理由，即使结果是由法律所决定时也一样。

司法自由裁量权当然不必要和合同当事人、刑事检察官或者任何其他法律行为者的自由裁量权等同。自由裁量权的概念意味着一个人在一些限制下行动。自由裁量的范围取决于被相关的义务以及由它所产生的标准所排除了的理由。例如，一个合同当事人可能会拥有实施中的自由裁量权，以及根据某些原因而非与自利有关的原因诚信地行使那样的自由裁量权。相反，一个法官这样做的话将违背公正的原则。一名刑事检察官或许会正当地基于资源缺乏的理由向另一个起诉机会倾斜。然而，一名法官如果因为这些原因而倾向于一个刑事被告人，这将是不合理的。总之，那些被司法义务和法律标准所排除了的理由似乎比其他因素对法官起着更大的限制作用。当一个法官诚信地权衡法律理由——而不去夺回被放弃的机会以基于被排除的理由行动，即使在对一个法律理由分配分量的时候也不如此——当他们享有自由裁量权的时候，他们也被法律所限制。

3.4.2 机会主义

无论是法律还是司法义务都能保证法官实际上以诚信行动。一个不以诚信行动的法官会缺少进行诚信理论所描绘的那种法律推理的意愿。在一些有错误角色定位的法官身上，法律对于阻止这类不诚信无能为力。故意撒谎这种行为是诸多司法义务类型中的一种，以这种坏的实践理性出发，不能找到好的结果。然而，可能有人会想，诚信理论特别欢迎狡猾的法官的机会主义行为。这个理论或许只会进行不充分的回应，因为有太多的法律理由可以出现在法官面前；帕特森案件中的可选观点中确定的六条理由或许会被工具性地理解或者扩展，以便适应一个法官的隐藏目标。或许有人会声称，处理法律理由清单以及因此权衡其分量的能力让一个法官有效地不被对案件结果的尊重所限制。

可以想象，一个法官可能会像一个顽固的律师面对他想要破坏的合同那样面对法律。如果那样的话，法官或许只会被一种确定的形式体系所要求的那种结果的确定性所劝阻，而不去推进他（她）自己的目标。然而，即使是对于事实可以自我组合的方式的多样性只有少量的敏感，也会对这种头脑简单的形式主义予以拒绝，尤其是作为法律限制法官意味着什么的定义。[47] 与其将大门向不受限的法官敞开，不如发展一种良好裁判的道德，首先要求法官不能以顽固的态度对待法律。 94

在他们办公范围内活动的法官与一个私人公民或者一个有客户的律师所处的情形是不一样的。[48] 他们并不是在一个规则缺席（default rule）的情况下行事，规则缺席只会使他们为所欲为。他们的缺席规则是在任何案件中捍卫法律的义务；当一个法官有自由裁量权时，对于依法行为的需求没有消失。对于一个严肃对待那个责任的法官来说，案件中事实的集合通过激发一系列受限制的法律理由来限制主观意图。在疑难案件中，它们将会数目巨大并且相互矛盾。尽管如此，对于法官来说，对所有相关的法律考量都进行衡量，也比为了确定性的目的而只保留一两个理由更好。试着限制一个不诚信判决的法官仍然是没有效果的。法律不应该背离任何一个为了在法律下判决应该被考虑的理由。

3.4.3 特殊主义和平衡

可能会有这样的反对意见，诚信理论要求每个特定案件有基于它自己的事实的判决方式似乎是和法治原则相违的。合法性的基本标准和实践推理要求一个判决是可被一般化的。[49] 那就是，被诚信理论允许的这类不同的结果或许被认为与法律正当性行为的理念不相容。用法律的词汇来讲，这个反对意见可能质疑诚信理论是否能够同这些要求相一致，这些要求包括规则必须要被一致地应用、相似的案件应该被相似地判决或者法律应该被理解为一件完整的事情，所有这些要求都是一般性要求的不同版本。

然而，严格地说，一个证立可被一般化意味着其既可以接近原因也可以接 95
近结果。在大多数的哲学讨论中，这个差别是不重要的，因为每个原因都在它需要一个结果和所有的都是平等的假设中被孤立出来，并予以抽象考虑。然而，在实际的判决中，所有的都是不平等的。差别起着重要的作用。

诚信理论接受在法律标准和法律理由之上的可一般化要求，也就是对任何案件中法律理由的识别。如果在一个案件中的理由可能成为任何包含相关事实的任何案件的理由，法官根据法律理由行动就是非常重要的。然而，因为两个相似的原因，合法性可以在它们的识别中被保持，而同时它们各自的分量又有

---

[47] See §§ 5.3 and following.
[48] See § 4.4.2.
[49] See § 8.3.

所不同。可适用的法律的力量在于提供一个能够和其他的法律理由一起被加以考虑的理由，而且这个法律理由的重要性根据它所处的理由种类而有所不同。因此，判决的证立处在这样一个实践的意义上，即结果必须被好的和充分的法律理由所支持。我们或许可以通过坚持一个法官拥有将分量的比例和案件的结果一般化的处置权来追随理性的卡尔·卢埃林。[50] 这强调了特定的判决行为应该在它发生的时候可被一般化的这一事实。然而，要求一个法官在案件之前，要依照分量设定或者为尚未具体化的案件确定分量，似乎是与有目的的实用主义裁判不相符的。理由的可识别种类不太可能被重现。即使事实中的一个很小的改变也将会对分量有很大的影响。

96 一个相关的反对意见可能会宣称，诚信理论采用"平衡"以将其区别于"分类"，就像这个词汇有时在美国宪法理论中被用到一样。对司法裁决予以类型化无疑可依诚信进行裁判。例如，在 *Tinker v. Des Moines Independent Community School District* 一案中[51]，最高法院认为，1965 年，高中生在公立学校佩戴黑色反战袖章以此抗议越南战争的行为，并不能被学校以某种理由所禁止。此类抗议是美国宪法第一修正案所保护的"象征性表达"。雨果·布莱克大法官以一种耳熟能详的方式持有异议，他认为，佩戴黑色反战袖章并不受言论自由条款的保护。[52] 在他看来，言说是言论自由的一种，然而，无论考虑任何权衡之理由，他种表达则不在此类型中。我们可以不赞同布莱克大法官的结论与方法，但我们难以置信他未依诚信裁判。

这一异议的问题源于在类型化与权衡的对比中所被勾勒出的特定分析的不严密性。实际上，类型化与权衡并不是分析司法裁决的典型模型，除非确定形式主义成为司法裁决中唯一合理的理论。案件的司法类型化毫无异议地取决于案件理由。只有在上述法律为某一理由限制相关理由或是将某一理由置于优先性的考量中时（确定形式主义），才能避免权衡理由之需求。一旦法律承认对于某一类型有两个同等理由存在，冲突的可能性就会产生，且权衡之需要也被呈现出来。理由权衡之结果将会成为某一类型，就像在 Tinker 案中大多数法官所考量的相关理由以及所得出的佩戴反战袖章受言论自由保护的结论那样。方法论上的差异实际上关注的是法律推理中成为法官或法律意见中最有力论证

---

[50]　Karl N. Llewellyn, *The Common Law Tradition. Deciding Appeals* (Boston: Little, Brown & Co., 1961), pp. 217-19（"为了……合法地施加自由裁量权……行动本身……必须当类似案件可能发生时取得相似的感觉、暗示、意愿或者准备"）.

[51]　393 U. S. 503（1969）.

[52]　393 U. S. at 515.

的那一部分，而这可能在修辞学上极其重要。但修辞学上的异议并不能有力挑战诚信这一具有概念性与规范性双重性质的主题。

3.4.4 司法上的法律续造

只有当存在一条法官有义务适用的有效法律时，法官才受其约束而适用它。它或许会被如下观点反对，即认为法律续造与法律适用之间的区别是不会被主张的。法官或许有权造法，即通过明确地推翻先例或者瞒天过海地进行解释。结论即是，法官事实上绝不受法律的约束，因为他们自己在任何情况下都可以改变法律。在联邦最高法院和各州最高法院决定的争议案件中，这一问题最为尖锐。在这些案件里，法官有更多空间来选择，而非按诚信理论思考。

诚信理论并不否认法官有时会造法。州最高法院的法官毫无疑问拥有一项重要的法律权力以制定和修改普通法，同时监督下级法院的错误。像那些从产品过错责任（products liability only for negligence）转向严格责任（strict liability）的判例，可以在经济上取得极大成果。[53] 相比之下，最高法院制定宪法的权力至少在其范围上被激烈地争论着。毫无疑问，当最高法院宣布之时，法律即被制定出。例如，在刑事诉讼的证据中，一份供词可能并不被承认，除非警方以适当的方式声明"米兰达警告"，这就是在紧紧跟随最高法院的意见。[54] 自"新政"后，爆炸式增长的成文法引出许多关于司法上法律续造的有趣而疑难的问题，在那时而非最近，立法机关以合宪性的姿态指出了这一点。[55] 尤其是当法律规范宽泛且模糊时，就如谢尔曼反托拉斯法那样[56]，成文法解释和法律续造之间的区别是模糊不清的。像统一商法典第 2 条那样的法律规范可能就是为了修正僵化的法律，并开始一段新历程，以赋予法律续造以新生。[57]

关于司法上的法律续造权力的范围的争议，这里没有必要采取任何立场。普通法的力量是足够稳固以充当讨论媒介的。在它们存在的范围里，宪法的和法律的续造权力可以类比于普通法权力依其需要进行调整以方便理解。这一方针留下了许多重要而有趣的问题。最高法院宪法性权力的范围，作为一项宪法

---

[53] For example, Greenman v. Yuba Power Prod., 59 Cal. 2d 57 (1963).

[54] Miranda v. Arizona, 384 U. S. 436 (1966).

[55] See Guido Calabresi, *A Common Law for the Age of Statutes* (Cambridge: Harvard University Press, 1982).

[56] 15 U. S. C. § 1 et seq.

[57] Richard Danzig, "A Comment on the Jurisprudence of the Uniform Commercial Code," *Stanford Law Review*, 27 (1975): 621-35; Zipporah Batshaw Wiseman, "The Limits of Vision: Karl Llewellyn and the Merchant Rules," *Harvard Law Review*, 100 (1987): 465-545, at 495-503.

和理论问题而被争论着。诚信理论在这些问题上并无立场，尽管它含有宪法性争论应该被贯彻的含义。特别是，该理论认为确定性条件在众多争论中会发挥不适当的作用并带来麻烦的结论，就像它在“帕特森”案中阻挡审议一样。该理论更进一步认为如果能向行动理由（reasons for action）投以坚定的关注，那么争论或许会更富有成效. 它并不在诚信理论目前的讨论范围中。然而，它能为宪法与宪法理论里长久以来的难题提供解决方案或是在法律的其他特殊领域里探寻它的分支。

反对区分法律续造与法律适用所引发的问题是双重的。第一，它认为在大多数时候，法律就是决定案件结果的东西。例如，谢尔曼反托拉斯法的禁令——“贸易的不合理限制”，在没有其他因素下，在任何案件中都不能充分地宣示出结果。法院提出“其他的因素”（something more）（法条之外的因素），并主要依此作出决定。考虑到确定性条件的过当分量，其他的因素或许
99 会被认为是相关的法律。如果法律就是由决定案件结果的东西所组成的，那么事实上在法律续造与法律适用之间作区别就是困难和无意义的。但那是一条构思法律的糟糕之路。有个反例会足够反对它：法院会坚持认为在一个反歧视的法律之下，为大学里男性和女性准备平均的健身设备也并非必需，因为女性并不像男性那样喜欢运动。女性不爱运动这一观点至少就像其他因素一样决定了结果。这一观点不是法律，因为它不能在没有其他因素的辅助下指引管理。相反，它是一种被 Kenneth Cupl Davis 称为立法事实的（类型化）事实概括。(58) 因此，我们应反对这种将法律视为决定案件结果的东西的预设。

这一反对意见的第二个难题在于，以过于简单的方式提及续造、诠释以及适用法律。如若我们对这些语词在概念上的内涵没有一个清晰的界定，那么也就不奇怪这些概念看起来是如此之纠缠，以致无法有持久的显著区别的存在。这就是这一反对意见之刺。通观全书，我们应根据行动理由，或者更具体考虑情境地说，是理由群，来勾勒出这三者间必要的区别。即使在实践中个案仍然存疑，这些不同语词之间依然呈现出清晰无疑的区别。那么假想存在的批判者的论点将会是软弱无力的。

法律解释和续造两者皆是站在法律适用之纯粹情境的对立面之上。我们可以设定，在纯粹的法律适用中，合法性标准提供某人在特定情境下进行特定行为之理由，并且没有任何附属于该行为的竞争性理由。如果说存在的话，那么

(58) Kenneth C. Davis, *Administrative Low and Government* (St. Paul, Minn.: West Pub. Co., 1960), pp. 283-9.

可能只有极少部分的纯粹适用法律的案例，能够到达上诉法院且应受重大的司
法精力去关注；而下级法院存在大量重要的案例。这些案例关系着对裁判过程
的实践性理解。在立法中，不管是由拥有合法立法权的法院还是由立法机关进
行立法，所有的政治道德性因素都应该被仔细考量。⑨相反在法律解释中，只
有在先前立法——特别法的正当性背景——中具有优先性的因素它才能被考
量。正如上面所论证的⑩，正当性背景充当着相互竞争之法律因素的不同考
量的渊源。相应的，立法、法律解释和法律适用的区别在于可以仔细考量各
种因素的不同。削减立法建议的政治道德性因素放弃了由法律所规制的法律
解释和适用的考量。当法院在行使它的立法权时，这些因素重新进入了司法
考量。

　　在这个基础上，法院适用、解释和创造法律的司法活动被不同的原则所牵
引。此外，法院可能有意识地通过采纳或拒绝上面所提到的各种因素，从一种
活动转移到另外一种活动。最重要的是，法院最后可能要求一个正当化理由来
解释，为什么从它最具特点之日常事项——法律适用和法律解释活动，转移到
不具普遍性的法律创造活动。当前的反对理由看来是误入歧途了，它需要这样
一个正当化理由来指引。

　　司法性立法权最具吸引力的推翻先例的权力一般只在普通法中行使。推翻
先例的可能性与根据法律进行裁判是完全不同的。⑪推翻先例不被允许仅仅是
因为后来法院中的法官所考量的因素与先前法院所考量的因素有所不同。只有
少数法院有权推翻先例。即使是它们，这也不是简单的后悔或错误的事情，仿
佛只要法院所构建的事实发生很少变化，就可以正当地推翻先例。当然了，在
法院立法以后，必须有一个新的、适当的理由来作为临界值，以便正当化推翻
先例问题。⑫新的理由可能是法律文本的变化，因此先例现在起着跨越相关
法律目的的作用。它可能是社会和历史环境的变化，因此正当性背景不再像
它以前一样维持法律的运转。只不过不那么清楚的是，它可能是一个新的论
证，即在裁决先例的法院的法律文化中它是不可获得的，就像帕特森案中的

---

⑨　行政机关的制定法是另一种情况。授权立法本身排除了一部分理由，同时也留下了上下级行使
代理立法权时潜藏的冲突问题。

⑩　See §§ 2.4，5.3.4.

⑪　Accord，Duncan Kennedy，"Freedom and Constraint in Adjudication：A Critical Phenomenolo-
gy," *Journal of Legal Education*，36（1987）：518-62，at 537-8；Joseph Raz，"Facing Up：A Re-
ply," *Southern California Law Review*，62（1989）：1153-1235，at 1172-3.

⑫　例如，Arizona v. Rumsey，467 U. S. 203，212（1984）（"任何对先例理论的偏离都要求特别的
理由"）。

合同法论证，最高院很明显是很难获得的。只有当存在一个适当的新理由时，上诉法院才可能正当化推翻先例。当法院寻求正当化推翻先例的理由时，此时所有支持和反对判例法的初始因素都应该被合理地仔细考量。然而，如果没有适当的新理由，反对判例法的初始因素就应当从司法仔细考量中排除出去。

普通法案例中的司法性立法权也是由增量性立法来实现的。例如，当法院为一个一般的普通法规则增加一个例外时，这种情形就会发生。增加的例外并不是法律解释，因为相较于嫁接的例外，法律标准可能清晰地规制着一类案件，下级法院在发现这类案件并非例外情况时，必须对其采取不同的判决。法律解释包含着规则的意义，而不是它的文本或语法意义。然而再者，法院没有通过增加例外来正当化，只是因为后来的法官将考量与先前法院所考量的因素不同的因素。只有当存在这样做的一个新的适当理由——这个理由又不能被创造法律的法院所获得——时，它才应当寻求例外情形。这些新理由对于一次推翻先例的实践来说是适当的，但是该规则在先前公布的先例中可能仍然是正当的。它可能是法院在裁决先例时无法预测的情形，并且该区别可能是清晰的。通过寻求例外情形，法院允许将所有的一般政治道德性因素重新纳入有限的目的。如果法院有创造普通法的权力，并且通过寻求例外情形来正当化，那么这样做并不违法。

结果，法院可能有权力创造法律，但这种权力是限制性的。然而，在所有不具特定正当性理由的情形中行使该权力都是不合法的。相反，法院行使它的造法权力时，必须拥有一个好的理由，即支持和反对创造新法律的独立性。当它拥有一个好的理由时，它就会通过造法并按照普遍化的要求适用它来实现正当化。这并不会击败诚信理论（the good faith thesis）。到目前为止，大多数法院都没有造法的权力，并且大多数情形都不会涉及实施造法的好的理由。当存在这些因素的重要情形出现时，法院就应该造法，并考虑所有好的政治道德性因素。然而在其他情形中，法官们被他们坚持既有法律作为司法裁判基础的义务有效地规制着。

本章完成了诚信理论的主要发展。它仍然维护了该理论，驳斥了所有重要的可能的反对意见。最重要的是，该确定性条件认为法官只能通过达到一个符合法律要求的结果来履行他们遵循法律的义务。一些理论家接受或视这种确定性条件为理所当然，并宣称它是不能被满足的，从而导致各种形式的法律怀疑主义。其他人视其为先决条件，坚持认为它能够被满足，因为法律有必要要求裁决得到正确的答案。如果确定性条件获胜了，那么在每一种情形中，诚信

理论都将失败。第二部分包括一个重要的论证，即确定性条件是谬误的。因　*103*
为确定性条件如此地集中于法律的当代辩论，这些论证显示许多当代法律理
论都是误导人的。

第二部分
可承认的自由裁量权理论

第四章　科学与怀疑主义

4.1　可承认的自由裁量权

反对诚信理论的主要意见主张，法律应关注自由裁量权的观点在概念上被混淆了。主要的反对意见认为，在一个诉讼中，只有当依照法律得到了一个正确的判决结果，并且法官可以得到这样的结果时，法官才应该履行他们遵守法律的义务。果真如此，那也就是说，若法律是不公正的，法官就不能完成他们支持法律的义务。根据目前的经验，公正的自由裁量权是不被允许的，而且诚信理论是没有目标的。反对派主张确定性情形理论，该理论目前依赖并形成了关于法律的不确定性、司法的自由裁量论与判决的合法性之间的争论。在这些争论中，确定性情形理论被认为是理所当然的，而不是被捍卫的。

接下来的三章将会进一步研究可承认的自由裁量理论，其决定了确定性情形理论。这一理论认为，法官应该通过在诚信原则的指导下实行自由裁量权来履行他们遵守法律的义务。如果是这样，在宪政民主的国家里（尽管它们的情况相对令人比较满意），在诚信原则的指导下所实行的司法的自由裁量权就可以与判决的合法性相并存。以下三章还会讨论，通过考察一系列貌似真实的观点，会发现确定性情形理论并不是十分可靠的。反对这些貌似真实的观点并不能证明确定性情形理论就是错误的，因为全部有可能的根据不会因此而被淘汰。然而，这些观点应该为了正确地保护确定性情形理论而向其他的理论施加 *108*
压力。由于新的更好的理论的发展是悬而未决的，我的那些反对确定性情形理论和支持诚信原则的观点应该能够满足可承认的自由裁量理论。

在质疑确定性情形理论的过程中，我既不想否认事实上在许多案例中法律决定了一个正确的判决结果，也不想否认这一点常常是令人满意的。然而问题在于，无论判决如何受限于法律，结果的确定性是否是必需的。如果是这样，在每一个案件中，考虑到判决结果，法律变得不确定了，法官可以免除履行法律的义务。确定性案例的另一个解释是它们能够被法律标准所控制，这一法律标准偶尔会给法官提供一种排除其他条件的法律理由，或者是另一种根据便利条件而主要支持一种结果的法律理由。如果确定性情形是一种偶然发生的现象，那么确定性情形理论如同从观念上反对诚信理论一样失败。① 进一步讲，如果确定性情形理论是偶然的，当它比对抗性的考虑重要，而不是因为它对于所有合法裁判是必需的时候，我们应该坚信它。进一步的讨论将会集中于在各种条件下运作时特别法的内容。

4.2 认知上的确定性

人们认为确定性情形理论首先起源于一个传统的知识教条主义，该主义是主导 20 世纪传统的英美科学哲学理论——逻辑经验主义和经验实用主义的中心。该哲学理论力图减少被人们称为可验证的质询方法。审视这种哲学理论的巨大影响力，貌似正确的假定是，同类简化的认识论奠定了 20 世纪哲学理论的基础。确定性情形理论可能是一个粗略的类似于逻辑经验主义和经验实用主义的可验证需求理论。因为科学哲学理论减少了可验证性，所以审判义务的内容应该要求法官仅仅依据追求审判结果的法律行事，在实践中审判结果被认为是可以被逻辑的或者经验的方法所验证的。那就应该是确定性情形理论的认知性观点。

然而，我认为简化的认知理论并没有在法律和审判的实际理解之下依据正当的确定性情形理论。科学性和实践性的知识从根本上是不同的。② 一个抽象的有关确定性情形的认知理论是适当的，对于超出该问题的实际的观察者的追

---

① 确定性情况，作为诚信命题的一个规范性目标，有可能得到复兴。这需要一个批判性论证主张：结果的确定性对好的法律或者好的审判而言，是至关重要的，但对于法律或者审判而言，并非如此，因此可以追求确定形式主义。

② 一个可选择的或者更普通的方法，认为现代科学并不能满足逻辑实证主义或者任何类似的认知论所需要的确定性。See generally Thomas S. Kuhn, *The Structure of Scientific Revolutions*, 2d ed. (Chicago: University of Chicago Press, 1971); Richard J. Bernstein, *Beyond Objectivism and Relativism* (Philadelphia: University of Pennsylvania Press, 1988). 对科学而言不起作用的也不会对法律起作用。

求而言，这是真的。③ 相反，实践性知识适合于在实践中被行动者所追求的目标。对于法官而言，实用性的理论关注在具体的环境之下最佳的、可行的、可选择的法律行为，在这一环境中，法官必须依据可行的理由行事，不论他们是否满足了表面的认知标准。判决理论仅仅通过保持对法律的警惕性敏感，就像在实际审判中那样，避免了与判决理论相分离。当这种敏感是可以保持的时候，不论是法官还是判决理论，简化的认知论就不会支持确定性情形理论。

逻辑经验主义和经验实用主义以它们各自的方法试图去忽视所有简化到可以被证明的或者至少被伪装的观点。对逻辑经验主义者而言，只有通过他的逻辑性的概念或者实验，一个理论才可能是正确的。对很多实用主义者而言，只有当根据某一理论不会导致一个不正确的经验结论时，这个理论才可能是正确的。④ 这两种理论都深刻怀疑要求不减少刻板分析或者观察的材料的意义。一旦这种认识论被接受，所有标准的观点，包括法律和道德的观点都变得没有意义。因为这种认识论已经被如此广泛的接受，一个值得怀疑的观点变成了一个标准的诉求，已经遍布于几乎 20 世纪所有的知识活动，而且其影响还在继续。

一个类似的简化认知理论已经被霍姆斯引入法律理论，在一部 19 世纪末的作品中，他很明确地推动了后者的发展。他的框架含蓄地限制了所有可能的法律知识变成逻辑主义或经验主义，他认为："法律的生命不是逻辑，而是经验。"⑤ 他把法律定义为可观察的正义的行为者，当他把它限制为"预言在实际中法庭将会如何做，而且没什么可自命不凡的"⑥ 时候，当他力图用"权利"和"义务"取代一个科学的基础，因为它们都是"空洞的文字"⑦，他期望摒弃所有标准理论。对霍姆斯而言，谈论权利是谈论"公众的力量被用来承受那些驳斥他的人——如同我们根据在太空中身体的活动来谈论地球引力一样"⑧ 预言的晦涩的方式。相类似的，义务是："如果一个人做了或者忽略某

110

111

---

③ 在重要的哲学辩论中，关于认知主义中的验证主义，或者关于哲学中认知主义的作用，我没有采取任何立场。即使验证主义是很多目的的基础，它也不是实践理论的条件。

④ 对于詹姆斯的实用主义与皮尔斯的多样性而言，我更重视前者。

⑤ Oliver Wendell Holmes, *The Common Law*, ed. Mark D. Howe (Boston：Little, Brown & Co., 1963), p. 5.

⑥ Oliver Wendell Holmes, "The Path of the Law," in *Collected Legal Papers* (New York：Harcourt, Brace and Howe, 1920)：167-202, at 173.

⑦ Holmes, "Law in Science and Science in Law," in *Collected Legal Papers*：210-43, at 229；Holmes, "The Path of the Law," at 171 (法律讨论权利、义务、恶意、故意、疏忽等词汇，为了避免谬误的陷阱，某些论证阶段在道德直觉上使用它们，要比在逻辑上使用它们更加困难).

⑧ Holmes, "Natural Law," in *Collected Legal Papers*：310-16, at 313.

一事情，他会被庭审法官处以这样或者那样的惩罚的预言，除此以外，别无其他。"⑨ 因此，对于霍姆斯而言，所有法律上有意义的命题都应该用经验主义的方式界定。

根据霍姆斯的法律观点，这些被广泛传播的意见可能会消除任何法律或司法义务的传统观点和确定性情形理论。一个完全的实证主义或许如此。然而，传统观点坚持如此，即使存在微妙的不连贯。不好考虑霍姆斯成为法官后有关司法义务的论断："我希望并相信我没有被我的观点所影响，那是一部愚蠢的法律。我一点也不怀疑国家喜欢这样，而且，正如你们所知。我经常说如果我的国民想去地狱，我会帮助他们，那是我的工作。"⑩ 这种对司法义务的理解契合霍姆斯的传统法律观点："一部完善的法律的首要要求是它应该与实际的感觉和社会的要求相适应，不论它是对的还是错的。"⑪这些观点最小限度地减小对传统因素的怀疑。通常，司法义务需要通过人们经验性的认知信念的暗示来达到一些目标。因此，确定性情形理论的观点似乎已经依赖于认知性的考虑，不同于霍姆斯所传播的法律理论。

法律现实主义的主要流派跟随霍姆斯的主张，并且参与了时代思潮，把法律定义为在司法或者其他官方行为中可观察的规律和用社会科学的研究方法可替代的教条分析。⑫ 这些研究补充了受怀疑的法律现实主义，通过揭露法律规律和原则，替代心理学的、人类学的、政治学的以及社会学的理解。⑬ 法律现实主义对社会科学方法和怀疑主义关于传统规律与原则的吸引力是历史的偶然。纵观整个英美知识界，这一原则是依据简化的认识论而确定的方法来坚持科学的确定性。

近些年，关于司法义务的社会法律研究的遗产已经让那些致力于法律经济

------

⑨　Holmes, "The Path of the Law," at 169.

⑩　Letter to Harold Laski of March 4, 1920, in *Holmes-Laski Letters: The Correspondence of Mr. Justice Holmes and Harold J. Laski, 1916-1935*, vol. 1, ed. Mark D. Howe (Cambridge: Harvard University Press, 1953), pp. 248-9.

⑪　Holmes, *The Common Law*, p. 36.

⑫　See Edward A. Purcell, *The Crisis of American Democratic Theory* (Lexington: University Press of Kentucky, 1973), pp. 74-94; Robert S. Summers, *Instrumentalism and American Legal Theory* (Ithaca, N. Y.: Cornell University Press, 1982); John Henry Schlegel, "American Legal Realism and Empirical Social Science: From the Yale Experience," *Buffalo Law Review*, 28 (1979): 459-586.

⑬　例如，Jerome Frank, *Law and the Modern Mind* (New York: Brentano's, 1930); Karl N. Llewellyn & E. Hoebel, *The Cheyenne Way* (Norman, Okla.: University of Oklahoma Press, 1941); Myres S. Mac-Dougal & Harold D. Lasswell, "Legal Education and Public Policy: Professional Training in the Public Interest," *Yale Law Journal*, 52 (1943): 203-95.

分析的人们取得了卓越的成果。一个伟大先驱就是理查德·A·波斯纳[14]，他的经济模式是对一个世纪前霍姆斯模式的神化。他的观点展示了霍姆斯理论的当代影响。波斯纳鼓吹的观点是：经济学的效率目标是隐藏在普通法内部的，未被人注意的逻辑。[15] 这一研究采用了社会科学研究的经典模式，考虑司法活动中的规律。他提出了效率假想，事实上是主张若一方当事人的行为没有最大限度地扩大经济价值，那么当事人就存在过失。波斯纳的观点把案件视为数据，这一假想有可能是虚假的。他认为数据支持了他的观点，经济效率是司法行为的最好预言。波斯纳把这一理论发展称为先进的经济效率理论，从而忽视了传统法律的逻辑；与此同时，还依赖于积极的经济分析来反击预测性的观点。[16]

有效的批判集中在波斯纳有关效率的假设——作为对法律的要求——可能只能满足积极的经济分析，对此，波斯纳把他的注意力集中于传统的观点以支持最大经济价值的效率的观点，并将其作为在普通法案例中指导审判的原则。[17] 霍姆斯已经强调法律运作应该满足个人需求，不论他是谁。波斯纳认为最大价值是做到这一点的最好的方法。[18] 然而，当波斯纳被任命为联邦上诉法院第七巡回法院的法官后，他意识到他需要一个体系性的法律理论，从而允许法官追求重视最大经济价值的社会观点。[19] 相应的，他最近关于法律系统的文章显示了一个对习惯法的深刻怀疑[20]，他仍然是以霍姆斯的思想方式谈论权利和义务。

波斯纳对法律怀疑主义的观点以及法官因此从习惯法中得到的自由，正好

113
114

---

[14]　另一个是 Guido Calabresi。See § 4. 4. 2.

[15]　Richard A. Posner, "A Theory of Negligence," *Journal of Legal Studies*, 1 (1972): 29–96. See also William M. Landes & Richard A. Posner, *The Economic Structure of Tort Law* (Cambridge: Harvard University Press, 1987), p. 8.

[16]　Richard A. Posner, *Economic Analysis of Law*, 3d ed. (Boston: Little, Brown & Co., 1986; first edition, 1972).

[17]　Richard A. Posner, "Utilitarianism, Economics, and Legal Theory," *Journal of Legal Studies*, 8 (1979): 103–40.

[18]　例如，See Richard A. Posner, *The Economics of Justice* (Cambridge: Harvard University Press, 1981); Richard A. Posner, "Wealth Maximization and Judicial Decision-Making," *International Review of Law and Economics*, 4 (1984): 131–5.

[19]　对于他的最新观点，See Richard A. Posner, *The Problems of Jurisprudence* (Cambridge: Harvard University Press, 1990), pp. 353–92.

[20]　See ibid.; Richard A. Posner, "The Jurisprudence of Skepticism," *Michigan Law Review*, 86 (1988): 827–91. 下文的一些内容摘自 Steven J. Burton, "Judge Posner's Jurisprudence of Skepticism," *Michigan Law Review*, 87 (1987): 710–23 (with permission of the *Michigan Law Review*).

依赖于减少认知中的确定性情形理论。这一观点起源于波斯纳对"准确质询"（exact inquiry）的界定。在他的观点里，依据经典经验主义者的线索，准确质询包含了两种寻求信念的科学方法。㉑ 方法之一是逻辑推论。根据波斯纳的观点，它被运用于法律来解释简单的问题。对此他没有一点兴趣，因为这些问题并不是经常被提起诉讼的。㉒ 另一个方法是经验主义的观察。它需要系统的经验质询。㉓ 波斯纳认为这两种方法都不能在司法理由中起到重要作用。因此，"司法理由并不是准确质询的分支……尽管在法律经济分析中的连续过程需要一个最终的改变"㉔。

两种怀疑主义得出这样的结论。首先，波斯纳提升了认知怀疑主义以此来唤醒法律现实——许多法律问题都未被司法理由的方法所决定；这些问题的答案需要转向政策判断、政策偏好和法官的道德价值。㉕ 其次，波斯纳改变了被错误命名的"本体论怀疑主义"：法律并不存在，因为它不是可观察的事物；它不是指导法官或者其他人的一种事物或者一系列概念。㉖ 另外，法律仅仅是法官的行为。㉗ 在司法行为中识别可观察的规律的目的，就像老鼠或者彗星的行为一样，是我们所能讨论的全部。㉘

这两种怀疑主义直接依赖于波斯纳关于准确质询的逻辑认知主义观点。波斯纳的认知怀疑主义来自于科学实验或者各种计算的可能性，或者伪装了法律诉求的真实性。他的本体怀疑论是他普遍实在怀疑论的一个特定个案，他认为实在并不能以那样的方式被认知。因此，他的法律体系把法律简化成为科学观察者所看到的司法行为。他暗示，在此基础上，法律的科学确定性情形从科学观察者的角度得到了值得怀疑的结论。㉙

波斯纳的线索产生了一个审判角度的问题。波斯纳法官想要确认大多司法

㉑ Posner, *The Problems of Jurisprudence*, pp. 38, 74.

㉒ Ibid., pp. 56-7; Posner, "The Jurisprudence of Skepticism," at 832. 对于建立横扫一切的法制怀疑主义而言，有一些很好的怀疑对象，比如仅仅考察那些有争议的案件，或者更坏的是，仅仅考察那些上诉到最高法院的有争议案件。

㉓ Posner, *The Problems of Jurisprudence*, pp. 61-70.

㉔ Posner, "The Jurisprudence of Skepticism," at 858-9.

㉕ Posner, *The Problems of Jurisprudence*, pp. 37-100.

㉖ Ibid., pp. 161-246.

㉗ Ibid., p. 225.

㉘ Ibid., pp. 220-8. 在这一方面，波斯纳依赖于一个主要的法律现实主义传统。例如，See Walter W. Cook, "Scientific Method and the Law," *American Bar Association Journal*, 13 (1927): 303-9。

㉙ Richard A. Posner, *The Federal Courts: Crisis and Reform* (Cambridge: Harvard University Press, 1985), p. 203 (包括重要判断的决定"是通过定义而不是科学得到的，因此是未充分准备的伪装或改变，而且是不常被证明的讨论").

决定是有理由的，尽管他对此存在普遍怀疑。考虑到准确质询方法很少被法官所使用，波斯纳把角度从观察者转移到了行动者。然后，他判断司法理由是"实践理由"的分支。[30] 他把实践性的司法方法定义为：那些不相信"能从被逻辑或者准确观察所证实的事物中获得信念"的人所使用的方法的集合体。[31] *116*
在他的观点中，"它是一个摸彩袋（grab bag），其中包括了轶事、反省、想象、常识、心神、归罪动机、记忆、经验、直觉以及感应"[32]。当准确质询的方法不充分时，法官经常寻找这个袋子。波斯纳让我们确信实践理由可以充分回答法律问题，避免了专断的司法决定。[33]

拒绝有科学基础的法律怀疑论对一个法官而言并不奇怪，他既不是科学的观察者，也不是寻找司法审议结论的实践律师。然而这一例子是有意思的，考虑到法官先前排他性的承诺，专业的观察者会用法律经济分析中的经验主义方法。在最近的文章中，波斯纳用积极的法律经济分析介绍了他先前的逻辑认知主义。[34] 现在，他让我们确信这是对许多道德和法律问题的不错的解释，这些问题存在可验证的或者可伪装的独立性。[35] 他认为，不同于确切的调查方法，包括经济分析，实践理由包含了"我们回答大、小问题的原则性工具"[36]。有许多重要的观点构成了法律中正式、严厉、科学的信念网。

波斯纳没有坚持他先前的认知承诺，这是具有高度的建议意义的。司法的视角与学术的或科学的视角不同，司法的视角可能展示一种非常不同的法律的样态。如果是这样，我们很难理解法律或者判断没有考虑一个法官的实践视角。然而，了解审判的角度要比波斯纳法官所描述的更有意义，他继续 *117*
被"不令人满意的认知主义"所困扰。[37] 尽管他拒绝在成功的判决中适用逻辑经验主义标准，但他对法律和司法理由的怀疑仍建立在这一标准之上。然而，正如以后将会看到的，从确定性情形理论出发，科学认知理论不会与法律和司法实践有关。

---

[30] Posner, *The Problems of Jurisprudence* , pp. 71-3.

[31] Ibid. , pp. 71-2.

[32] Ibid. , p. 73.

[33] Ibid. , pp. 77-123.

[34] Posner, "The Jurisprudence of Skepticism," at 839，866，888-9，890.

[35] Posner, *The Problems of Jurisprudence* , pp. 71-116.

[36] Ibid. , p. 73.

[37] Paul M. Bator, "The Judicial Universe of Judge Richard Posner," *University of Chicago Law Review*, 52 (1985)：1146-66, at 1161.

4.3 理论与实践

不同的知识语言或者"文字游戏"㊳可以从五个方面加以区别：他们来自不同的角度，有不同的文字，关于不同的事务，依据不同的规则以及根据不同的成功标准。例如，考虑语言分析如方法和合成话语如经验主义科学之间的令人熟悉的区别。普通的方法是从数字、平衡、证明、改变、无穷、递归和相似中，反映事物、关系和存在方式。原则上，这种话语需要严格的相关步骤的证明，而且一个成功的证明必须依赖于在任何时间和地点都可以胜任的方法。相反，经验科学用假设、数据、措施、可能性、统计的意义，以及相似性，部分反映他们从不同的关系和不同的存在方式关心事务的不同方面。商谈的规则要求实验，而且商谈的规则强烈要求排除参与者的偏见。这两种话语在概念上的区分告诉我们，由于缺乏经验性支持而否认某一准确的主张的做法是明显错误的。

在我们这种文化中，分析话语和合成话语（之后称为理论性话语）之间存在差异是理所当然的，这种差异受到逻辑经验主义的严重影响。在哲学界，尽管（或是因为）逻辑经验主义持续影响着许多文化，但是它受到嘲笑。作为科学的哲学，它是失败的。㊴更重要的是，为了当前的目的，它没有局限于所有逻辑的和经验性的合法话语。基于缺乏经验性支持而否认某一准确的主张的做法是错误的，同样，命令人们遵循万有引力定律的做法也有待商榷。犯后一种错误是因为存在第三种话语，即一种包含实践性事务、道德、政治和法律的话语。我们不仅是拥有信念的分析师，而且是拥有信念的观察师。我们也是有能力证明我们的行为合理的参与者。因此，实践性话语使用诸如权利、义务、原则、责任一类的语言，以证明其行为合理。基本的规则需要规范性论据，而非证明或者实验。有关实践性知识有效性的主张必须符合形成于现实世界的标准，而不是被动形成的一般信念的标准。因此，在具体情景下，实践性知识看起来是最好的替代性行为，而非经验性的泛泛而谈。

哈特进行多番努力，试图让法哲学突破还原主义（尽管不是美国主流的法律理论）的束缚，使得实践性论述合法化。他的法律实证主义经常与逻辑实证

㊳　See G. Ryle, *The Concept of Mind* (London: Hutchinson, 1949); Ludwig Wittgenstein, *Philosophical Investigation*, trans. G. E. M. Anscombe (Oxford: B. Blackwell, 1958).

㊴　例如，See Herbert Feigl, "New Reflections on Empiricism", in *New Readings in Philosophical Analysis*, eds. Herbert Feigl, Wilfrid Sellars, & Keith Lehrer (New York: Appleton-Century-Crofts, 1972): 1-12, at 12。

主义（也称逻辑经验主义）混淆。事实上，他毫不含糊地拒绝了这一理念：

> 根据哲学（牛津日常用语）的概念，在过去，尤其是逻辑实证主义的战前岁月，一直存在许多哲学上的盲目错误。它们假设只有某些话语形式是有意义的（经验的"事实陈述"话语，以及有关必要性真实的定义或逻辑性表述），驳回无意义的或仅作为表达对于语言的其他感受方式的话语，在一些形而上学或道德判断的情况下，这些话语不能显示变相的或复杂的受人欢迎的话语形式。[40]

哈特努力的关键在于他坚持认为法律指导人们的行为，人们是从内部的或实践性的角度理解法律。[41]

回忆一下哈特著名的对待法律义务的观点。[42]他举了劫匪的例子，A 要求 B 交钱，如果他没有遵守，A 威胁向他开枪。哈特提出，我们会错误地描述这 *120* 种情况说 B 有义务；相反，我们会说 B 是被迫交出了他的钱。哈特认为，后者是一种关于能够引起一个动作的信念和动机的描述性心理陈述。这可能与观察者对 B 的行为预测有关，"显而易见"这一情境，可能有助于概括一个社会群体的行为规律。但是，哈特认为，有人有义务做一些事情的陈述是不同类型的。哈特坚持认为，义务陈述假定存在提供行为标准的原则，偏离这一原则遇到迫切和强烈的社会批判。[43]法律的规范词汇，特别是"权利"和"义务"，被接受他们的人看作是符合他们行为和批评别人偏差的辩护理由，是被用来提醒大家注意规则的。照他自己的说法，法律规则不解释、预测，或描述任何事情。它们规定合法的行为。

因此，哈特认为，奥斯丁将法看作习惯遵守的命令的观点，霍姆斯将法看

---

[40] H. L. A. Hart, "Introduction", in *Essays in Jurisprudence and Philosophy*, ed. H. L. A. Hart (Oxford: Clarendon Press, 1983): 1–18, at 2–3.

[41] H. L. A. Hart, *The Concept of Law* (Oxford: Clarendon Press, 1961), pp. 55–6, 86–8, 96, 99–100; H. L. A. Hart, "Scandinavian Realism", in *Essays in Jurisprudence and Philosophy*: 161–9, at 166–7. 在这方面，哈特的哲学产生广泛影响力。例如，See Ronald M. Dworkin, *Law's Empire* (Cambridge: Harvard University Press, Belknap Press, 1986), pp. 11–14, 13–15, 101–4; John Finnis, *Natural Law and Natural Rights* (Oxford: Clarendon Press, 1980), pp. 3, 234–7; Joseph Raz, The Authority of Law (Oxford: Clarendon Press, 1979), pp. 155–7. See also Lon L. Fuller, *The Law in Quest of Itself* (Chicago: The Foundation Press, 1940), p. 3; Philippe Nonet, "In the Matter of *Green v. Recht*," *California Law Review*, 75 (1987): 363–77, at 374. 关于内部性的不同理解，See Ernest J. Weinrib, "Legal Formalism: On the Immanent Rationality of Law," *Yale Law Journal*, 97 (1987): 949–1016, at 952 (内在性包含了一个相互配合但是彼此独立的法律理念)。

[42] Hart, *The Concept of Law*, pp. 79–88. See also Hans Kelsen, "The Pure Theory of Law," *Law Quarterly Review*, 50 (1934): 474–98, at 477–9.

[43] 有关社会规则，see Hart, *The Concept of Law*, pp. 54–60.

作预测法院会做什么的观点，法律现实主义将法看作可观察到的总的官方行为的规则，这些观点都存在不足。他们错过了只能用参与者角度的敏感性才能掌握的东西："外在的视角无法重现，因为限制了人们观察行为的规律性……人们日常生活中规则运行的方式是社会的主流。"[44] 最近关于美国法律理论的一个最明显的事实是它的失败，无论是质疑哈特的观点，还是理解法律和判决的含义。例如，流行的法律的经济分析主要应用在研究聚集行为时行为主义者的假设中；批判法学学者赞同从局外人的角度怀疑法律的观点。我对于其成因的推断是：这种持续的错误集中在，认知上的确定性理论持续不断的影响，这种影响可以追溯到霍姆斯，法律现实主义者，以及在科技哲学中认知逻辑的还原论者——即使当激进的局外人仅仅将这一点作为"内部批评"时，也是如此。[45] 尽管可能是一种巧合，最好的证据是还原主义者不接受参与者角度和法律的规范性。[46] 对哈特观点的扩张解释可以重新合法化这两方面。

几十年来，一个人在陌生文化里的实践理性能力并没有得到严肃对待。[47] 就法律理论而言，这会导致不幸的结果。以波斯纳法官的法理学为例，他反对法律的规范性观点，因为他坚持案件的审理需要准确的调查，所以不予理会法

44　Hart, *The concept of Law*, p. 88. See also Richard A. Wasserstrom, *The Judicial Decision* (Stanford, Calif.：Stanford University Press, 1961), p. 181 n. 36（以"法院将如何做"和"法院已经做了什么"这种方式来定义"法律是什么"，可能无助于有力地证明法官的实际行为，即法官在面对既定的案件，问自己什么是应该适用的法律，或者什么是法律的情况）.

哈特后来赞同拉兹的提法，外部观察者可以"超脱规范性的陈述"。H. L. A. Hart, *Essays on Bentham* (Oxford；Clarendon Press, 1962), pp. 153-5；Joseph Raz, *Practical Reason and Norms* (London：Hutchinson, 1975), pp. 175-7；Raz, *The Authority of Law*, pp. 132-59. 这些语句可以理解为我们了解与吃猪肉炒饭的东正教犹太朋友说话的基督教教徒（的想法）："你不应该吃这个"。在引导行为方面，这是一个完全规范的陈述。然而，基督教教徒是站在接受犹太法律的角度讲话，没有考虑赞同那些法律是正确或者是好的。同样，我们可以说，在南非从来没有批准任何种族隔离的法律，要求黑人使用单独的公共设施。分离的规范陈述允许法律理论家、老师，或者医生说"法律是什么"，把法律作为一种规范性物质——行为指南——没有因此混淆法律是什么和法律应该是什么，没有认可它是对的或是好的。这本书中法律的陈述通常是分离、规范的陈述。

45　See §§ 5. 1 and following.

46　我之前对波斯纳的批评是：他不明智地忽略了哈特的主要论点。波斯纳对此的回应是，他明显勉强地承认了法官应该为司法决定提供良好的理由。但是，他声称不能在哈特的文献中发现表达这种思想的内容。对他来说，能被算作内容的东西应该是："当人们处在匆忙之中，或者对教学或科学研究没有兴趣，或者在处理不能用逻辑与科学方法探究的问题案件时，作出司法决定所依赖的资源"。Posner, *The Problems of Jurisprudence*, p. 72. 实践理性的观点被引进回应描述性调查，他不认为为司法判决提供理据是很好的工作。从规范性到描述性仅仅是在重复先前批评中所谓的错误。See Burton, "Judge Posner's Jurisprudence of Skepticism."

47　See Mark V. Tushnet, *Red, White, and Blue：A Critical Analysis of Constitutional Law* (Cambridge：Harvard University Press, 1988), p. 161（"重视实践理性的理念，对我们而言并不是完全陌生的，至少这一理念可以使我们的思考方式远离那些难以理解的行动"）.

律的规范性，仿佛法律完全脱离世界，就像数学或者类似实证主义社会科学一样的表述可被篡改为描述性经验主义事实。他试图重新审视作为一系列经验可知命题的法律。

> 法官并不按照所谓的"法律"行动——他们只是尽其所能更好地行动。作为他们判决案件的副产品，法官分离出他们应如何判决下一个案子的线索。法律是一系列的假设，是律师和低级法院的法官猜测有关上级法院行为规则的假设。[48]

描述性的法律概念让法官尽他们所能敷衍了事，并运用他们自己的社会视角，如果有的话。[49]但是相关的社会视角通过构成法律的法律标准表现出规范性，因而法官有义务加以维护。例如，交通法律意味着驾驶员必须对不同颜色的灯和不同形状的标志作出回应，是一系列复杂的协调行为。在很大程度上，驾驶员由法律指引采取那些行动，从而实现交通法律。[50]当传统的法律标准被用来描述依波斯纳的准确调研方法可知的经验性现实时，它们似乎毫无意义，但是结果无意义的现象，来源于一个不可信的认识论——一个哲学上的错误。

观察者的认识论可以传染给判决和法律理论。考虑到佩奥特碱（取自一种墨西哥仙人掌的致幻药）案件在被美国联邦最高法院判决之前[51]，美国宪法不允许各州禁止宗教信仰自由，最高法院根据斯卡利亚法官的意见，认为一个国家应该禁止摄取佩奥特碱的行为，特别是当它成为美国原住民教会的宗教仪式的一部分时，如果禁令不是仅仅针对宗教环境中的行为。[52]斯卡利亚法官对行为描述的效果是为了排除任何调查原因的需要、目的或者伴随在各种情况下吸毒的身体行为。这不包括行为的意义，霍姆斯式的观察者眼中对身体行为狭隘的司法调查。相比之下，布莱克曼法官的反对意见，力图像宗教从业者理解的那样理解吸食佩奥特碱的宗教仪式。他将拜神作为相关行为的特点。[53]争执中的行为可以被准确描述为要么是一种吸毒行为，要么是一种拜神行为，或者两者都是。斯卡利亚法官对行为模式的独有选择，反映了他对客观主义认识论的

123

㊽　Posner, *The Problems of Jurisprudence*, p. 225.

㊾　Posner, "The Jurisprudence of Skepticism," at 849–57, 863.

㊿　其他法律，例如禁止销售或食用可卡因，代表了社会规范的一部分，但是众所周知这是不起作用的。因此，经验世界的不服从进入了法律的调整范围，当然不是经验世界的全部，当法律对这种违法行为施加惩罚时，其他人因为法律的力量变得顺从。

[51]　Employment Division, Department of Human Resources of Oregon v. Smith, 494 U. S. 872 (1990).

[52]　Ibid., at 1599–602.

[53]　Ibid., at 1615, 1622.

信仰。但那是对的，在选择一个行为的行为特征时，通过信教自由条款设法保护的价值被排除在外。所有的宗教崇拜都是内化于人或实践之中的。因此，正如哈特建议的那样，它是看不见的行为的观测者。相比之下，布莱克曼法官追寻对宗教仪式的实际理解。这种行为方式考虑到行为者的立场，无论结果如何，允许其用司法方式处理敏感的处于危险中的宪法价值问题。

在实践和理论话语间，抽象的区别是古老和根本的，具有重要影响。[54]最重要的是我们的目的，当我们在实际语境中思考时，确定性和限制条件改变的意义是很明显的。在理论方面，"确定"和"约束"都是指事件由之前的具体情况引起或决定。[55]理论上被使用时，它要求霍姆斯式的可检验的预测也许是有意义的。然而，在实践方面，"确定性"意味着法律包含了一个回答法律问题的正确答案。相比之下，"约束"意味着法律强制的理由仅在于法官要行使他们的职责。那就是，当法律理由（包括诚实审议在内所有其他相关的行动理由）有效时，法官受到法律的约束。确定性情形必须有充足理由，如果有的话，其作为一个实践问题会相对受到限制。在这一点上，合理的科学理论在认识论上的要求无法提供必要的基础去挑战诚信观点。

4.4 社会科学的角色

实际上，理论和实践的元素在任何事情中都是相互结合的。这种区别只是概念性的。这种区分有益于清晰地思考，因为这种区分使我们明确哪些是信念的理由，哪些是信念本身。例如，一位科学家形成了一种真实的个人信念，认为大规模的杀伤性核爆炸是可能的，但是他需要恰当的理由来支持这种信念。相比之下，道德义务可以通过建立制度或激发它的行为而具有吸引力。这种行为应该以恰当理由得到证明。当相关的因素进入到规范性领域时，理论的信仰开始参与实际审议。最明显的是，如果不应该兴建或爆破大规模杀伤性武器，那么对核武器到底是否属于大杀伤性武器进行评估就具有关键性作用。社会科学和其他理论在法律之下进行司法审议时具有类似的地位。然而，当对习惯法持有的怀疑主义法理学受到支持时，这种理论不过是

---

[54] 例如，See Aristotle, "Nicomachean Ethics," in *The Basic Works of Aristotle*, ed. Richard McKeon (New York: Random House, 1941): 927－1112 (at 1138b35－1139b18); Immanuel Kant, *Critique of Practical Reason*, trans. Lewis W. Beck (Indianapolis: Bobbs-Merrill, 1956).

[55] 进一步讨论，See 5.3.2, 5.3.4。

被误用了。

4.4.1 法律和社会

在美国，也许没有法律标语比霍姆斯将法律定义为“对法院会做什么的预言”更有影响力了。(56)这个定义容纳了逻辑经验主义和实用主义对法律的解释(57)，二者都在提供认识论的确定性情形上追求可预见性。在逻辑经验主义的解释中，法律可以被归纳为描述司法实践规律的理论命题，其通过观察法官的行为可以在经验上得到证明。在实用主义的解释中，法律可以被归纳为可预测的行为的结果，其帮助行为人更有效地追求他或她的目的，无论它们可能是什么。霍姆斯式的法律定义的听众是律师界，律师需要基于客户的需要给予客户独立的有关判决结果的预测。然而在法理上，同样的定义导致了 126
对法律在社会中除了存在于可观察的规律性或结果以外还有其他存在形式的否认。

举例说明，斯图亚特·麦考莱（Stewart Macaulay）的工作追随霍姆斯的程式，他以关于合同实践的社会科学理论反对合同法的惯习规则（conventional rules）。他这样做既是为了挑战后者的法律地位（status as law），也是为了得出怀疑论式的法理学结论（skeptical jurisprudential conclusions）。当麦考莱的开创性研究提出合同法在缔约实践中的影响相当边缘时，它们是一个宝贵的贡献：我们有幸得知合同双方并不常常详细安排交易，或者在交易不愉快时坚持他们的法律权利，而是在纠纷发生时在大多数情况下偏好和解。(58)

然而，基于这些研究，麦考莱主张：“合同法现在不是，过去也从未是对

(56) Note 6 above and accompanying text.

(57) 例如，See Catharine Wells Hantzis, “Legal Innovation Within the Wider Intellectual Tradition: The Pragmatism of Oliver Wendell Holmes Jr.,” *Northwestern University Law Review*, 82 (1988): 541-95; Robert W. Gordon, “Holmes' *Common Law* as Legal and Social Science,” *Hofstra Law Review*, 10 (1982): 719-46; Thomas C. Grey, “Holmes and Legal Pragmatism,” *Stanford Law Review*, 41 (1989): 787-870。

(58) See Stewart Macaulay, *Law and the Balance of Power: The Automobile Manufacturers and Their Dealers* (New York: Russell Sage Foundation, 1966); Stewart Macaulay, “Non-Contractual Relations in Business: A Preliminary Study,” *American Sociological Review*, 28 (1963): 55-67; Stewart Macaulay, “Private Legislation and the Duty to Read - Business by IBM Machine, the Law of Contracts and Credit Cards,” *Vanderbilt Law Review*, 19 (1966): 1051-121. See aslo Ian R. MacNeil, *The New Social Contract* (New Haven, Conn.: Yale University Press, 1980).

实际运行的机制的准确描述和反映。"⑤⑨ 因此，他更一般性地声称：

127　　　　很多法律在法理学的"绿野仙踪"原则（the Wizard of Oz principle of jurisprudence）下运行——你会想起在桃乐丝（Dorothy）的狗打翻了银幕，故而所有人都能看到魔法师奥兹（the Great Oz）是一个江湖骗子（charlatan）之前，他是一个超群的、奇妙的巫师。⑥⓪

此处，麦考莱从他的经验研究中得出了彻底的怀疑论式的法理学结论。然而，他并未说清他所依据的是什么法理学前提，以至于这种怀疑主义在次序上是由于法律对实践影响的边缘性（marginality）。

有两种方式填补缺失的前提。第一，不严谨地将像麦考莱这样的观点与逻辑经验主义者的脉络在霍姆斯的传统中联系起来，假定法律规则应该描述社会中行为的一般运作。从麦考莱关于合同法的边缘性的研究发现，合同法致力于错误的魔法（false wizardry）的结论就会出现。然而，假定法律学说意在描述缔约或其他法律实践的一般运作，是相当难以置信的。就像上面论证的那样⑥①，法律并不描述社会实践；相反，它规定恰当的行为。法律预想的是一个没人销售或持有硬性毒品（hard drugs）的世界。硬性毒品的销售和持有很广泛，但这些事实并不表示这样的行为是合法的。相反，它表明的是毒品法是没有效果的（ineffective）。⑥② 不在可信的（discredited）认知论基础上将法律的
128　规范性剔除出去，法律就不能被削减到只剩下可观察的行为的规律性。因此，并不能从经验结果快速得出法律是虚假的魔法这一结论，似乎法律必须是可以由经验证实的一样。

---

⑤⑨　Stewart Macaulay，"An Empirical View of Contract," *Wisconsin Law Review* (1985)：465-82，at 466. See also Stewart Macaulay，"Elegant Models，Empirical Pictures，and the Complexities of Contract," *Law & Society Review*，11 (1977)：507-28. 在这方面，麦考莱追随 Karl N. Llewellyn，"Some Realism About Realism - Responding to Dean Pound," *Harvard Law Review*，44 (1931)：1222-64，at 1237（法律现实主义者分享了一个共同观念，即"对传统法律规则和概念的不信任，他们意图就是描述法庭或人们们实际在做什么"）；Cook，"Scientific Method and the Law," at 308（法律规则和原则描绘了过去法官的行为）。

⑥⓪　Macaulay，"An Empirical View of Contract," at 478.

⑥①　See § 4. 3. 而且麦考莱的研究也许只是表明合同双方很多时候选择不追求他们的法律权利。

⑥②　法律制度的存在也许部分依赖于它有效运行的程度。Hart，*The Concept of Law*，pp. 109-14；Joseph Raz，*The Concept of a Legal System*，2d ed.（Oxford：Clarendon Press，1980），pp. 103-8. 就像东欧的斯大林主义领袖们 1989 年就发现，一个无人遵守的法律制度只是一句空谈，然而，一部特定的法律，当它是一个正在实施的法律制度的一部分时，它是现行有效的。特定的法律因此仍是法律，即使它们个别地没有效果。不同看法参见 Lawrence M. Friedman，*The Legal System：A Social Scientific Perspective* (New York：Russell Sage Foundation，1975)，pp. 1-24.

作出麦考莱式的法理主张的第二个方法是延续霍姆斯主义传统的第二分支，援引一种经验实用主义的确定性情形。当提出这一主张时就是如此，即"法律除了由它造成的社会影响外不能被定义，而要决定这些社会影响是什么，经验性考察是必要的"[63]。经验实用主义与逻辑实证主义的类似之处在于，它以认知性的理由将法律还原（reduction）为经验事实，而不考虑法律的规范性。上面所说的大部分内容告诫我们要在一个裁判理论中拒绝经验实用主义。不过，经验实用主义与逻辑实证主义的区别在于，它将注意力从可观察的行为规制转移到人类行为的经验结果之上。

当事先确定了一个目标，而且为了有效地达致目标需要采取一些策略时，经验实用主义最能说得通。一个人根据他或她自己的愿望追求目标，并且总是想知道哪些行为能够在追求目标过程中有所助益。实用主义建议个人持有这样的信念，即将这些信念付诸实施时，就可以促进所希望的事项。可以肯定，可靠的预测与个人愿望结合在一起就可以带来行动的理由。对律师来说，接受一种霍姆斯式的实用主义态度总是说得通的。支配律师行为的首要普遍规范要求对客户的忠诚。据此，客户的意愿提供了一个目标，这个目标指导着律师为了客户的利益行动。

但是，一个法官不应该依照他或她自己的意愿行动，而且也没有客户的意愿去确定目标。因此对于法官来说经验实用主义没有规范性成分。在最为实践的层面，除了某些人的意愿，它对于在一个案件中将相关的与不相关的事实区分开不提供标准。因此它缺乏一个对法律和司法的成功的实践性理解所必不可少的部分。而且，经验实用主义的确定性情形理论缺乏任何约束法官滥用权力的严肃的说服力。相反，与其他版本的基于还原论（reductionist）和科学认识论的确定性情形理论一样，它通过摧毁传统而又不建构起新的和更好的理解，从而带来了法律怀疑论。它追求让法官得以做他们想做的任何事；如果成功地得到法官的普遍遵循，那么它将成为法律怀疑主义的一个自我实现的预言。但是，它不应该得到这样的遵循，因为它依靠一个错误的向法律怀疑主义的快速让步。一个法律规则并不描述社会中对行为的规制，它的存在也不仅仅是为了如它已经有效地表现出来的那样，控制总体的行为模式。

4.4.2 显而易见的客户

对一个法律实用主义者来说，由意愿确定目标的必要性对于法律理论还有

129

---

[63] David M. Trubeck，"Where the Action Is: Critical Legal Studies and Empiricism," *Stanford Law Review*，36 (1984): 575–622, at 581.

进一步的影响。考虑到普通职业训练所催生的执业者定位，对于没有客户的法官和法律学者来说，很容易为了产生行动理由所需的规范性元素，寻找一个客户意愿的对应物。霍姆斯在他的关于法官应该做什么的少数几次理论性评论中，将对社群总体需要和意愿的满足视为恰当的试金石，不论这些意愿是什么。[64] 也许这个想法在几十年中已经发展成了复杂的、规范性的法律与经济理论。

130　　比如说，卡拉布雷西将他里程碑式的意外事故法研究的前提确定为满足社会"意愿"，这种"意愿"只能通过"小心的实证研究"[65] 来揭示。他接着提出了一个框架来发展寻求对那些社会意愿予以满足的最佳组合策略，这唤起了法律理论者的一种印象，即律师是为了社会整体的利益。在霍姆斯主义传统中，有两个理由可以导出这样的路径有吸引力。一个理由是，通过专注于经验可知的总体意愿，不论是否体现在市场中，通过投票，或者社会科学研究，法律的规范性基础似乎以一种与还原论者的认识论一致的形式，还原为可靠、可知的东西。另一个理由是，一个人由此可以避免承担自己作出规范性判断的责任。相反，法官或者法学者可以保持超然于市场、全体选民，或者其他总体性的需要和意愿的表达；像一个律师为显而易见的客户的利益服务一样。

当在允许的范围内制定法律时，以用这种方式满足社群意愿作为社会政策的前提也许可行，至少在卡拉布雷西所计划的立法范围内可行。但是，这样构建社会政策的理由并不是认知性驱动的还原主义，或者扎根于霍姆斯主义传统的责任规避理由。不过，好的理由基于政治道德原则，包括民主原则和善的观念（conceptions of the good）。这些原则，比如权利的原则，可以为立法者和其他法律制定者的行为提供理由。但是，这些原则要求完全规范性的考量。它们不能被采用的原因仅仅是它们满足了一个隐藏的认知标准。

但是，其他人会将所有裁判当作一个必然满足整体大众意愿的演练，特别是那些跟经济有关的表达。当它基于外部认知性标准时，作为一个关于裁判的
131　隐性理论，这是令人反感的。这样的标准无法区别不同的法律或者法律的不同元素；相反，它们将所有的法律概念视为意义空洞的东西，恰恰与它们声称要建立的权利与义务一样。除了在文本上的不同以外，霍姆斯主义进路认为所有

---

[64]　See § 4. 2.

[65]　比如，Guido Calabresi, *The Costs of Accidents* (New Haven, Conn. : Yale University Press, 1970), p. 15. 在这个方面，卡拉布雷西也延续了法律现实主义传统。See Cook, "Scientific Method and the Law," at 308（"一条特定法律规则的价值只能通过弄清它是否促进或阻碍了所期望的目的来达成"）.

的法律标准都产生同一个问题带来一个有趣的结果。比如，卡拉布雷西主张，民事责任应该归于能够以最低成本避免事故的当事人，能够作出最好的成本收益分析并依据其实行的当事人。[66]法律规则划分了侵权与合同，而且在侵权中区分了故意行为和过失，原因和伤害。但是，在卡拉布雷西的路径下，这些教条被瓦解了，变为同一个问题。[67] 因此，加西亚是否在小酒馆中打了威廉的鼻子而对他造成伤害，可能被认为需要考虑加西亚、威廉、酒保、酒馆所有者、其他顾客、酒馆所有者的承保人、酒保的可能承保人，或者任何其他人是否是成本最低的事故避免者。加西亚是否有意地打了威廉需要同样的分析，酒馆是否有合同义务保护威廉，从而使问题仍然回到同样的考虑上来。[68] 除了这些滑稽的描述，很容易看到法律的经济分析工作的典型方式：将法律规则和其他标准视为从它们本身来说没有意义——仅仅是从事自由随意的政策分析的借口。

　　然而，当还原认知论不再被采用时，可以看到法律会要求一个法官采取总的来说并不能满足更大需求的行为。一方面，法律正当性的背景可能排除了这种结论性的考量。禁止残酷和异常刑罚的美国宪法第八修正案阻止了刑讯逼供的发生，正如国际人权公约那样，因为它是侵犯权利的。它排除了在具体情形中从被刑讯逼供的犯罪人的痛苦中获得公共政策利益的平衡。另一方面，一个法律标准可以试图将满足所有的需求作为一种规则。也就是说，若它能够包罗万象，只有在它毫无例外地应用于所有案件时才能成功。即使法律是通过民主程序制定出来的，还原认知论也不会允许为达到它的目的，而被法官有效的解释和适用。

4.4.3　裁判中的社会科学

　　之前对当下法学理论中的社会科学使用的批判并不能被解读为是对社会科学的反对。这对许多试图发展更好的基于社会中的法律角色理论的经验性计划是非常重要的。这种理论具有学术价值，因为它出于自身利益的考虑提高了理

---

[66]　Guido Calabresi & Jon T. Hirschoff, "Toward a Test for Strict Liability in Tots," *Yale Law Journal*, 81 (1972): 1055–85, at 1060.

[67]　See Guido Calabresi, "Concerning Cause and the Law of Torts: An Essay for Harry Kalven, Jr. ," *University of Chicago Law Review*, 43 (1975): 69–108, at 100–8. 它可能主张这样使用经济分析是出于规范性目的，即使一个案子只是用来作为衡量法律的工具。但如果是这样，就完全没必要在教义学意义上建构关于故意行为、原因或者伤害的问题，然后用经济理由回答它。既然一般的教义学术语通常是用来构建问题并陈述结论的，那么似乎经济理由是提供给那些一定在这些术语内部工作的人。

[68]　我感谢科尔曼教授提供的例子。

解力，当外部理解的界限被廓清之后则会更好。而且这一研究对司法改革也具有重要意义。很多法律的出台都是基于社会大众从普遍经验中得到的信念，再加上更为细致的规范性前提。法律可能没有实现它的社会目的，以及其运行所需的商业环境，因为这些经验性假设可能是错误或具有误导性的。经验性研究能够基于更多现实的前提而明确改革的需求。类似的，经验性研究也能够强调现有法律看不见的成本，确定新立法的需求，有助于发展更好的法律措施。[69]此外，经验性研究和叙述可以修正常规的有损对案件背景事实的理解的背景信念。关键之处仅仅在于法律的经验性方法，这些方法会被错误的确定性情形所影响，不会很快地去怀疑习惯法的裁判结果。

诚信命题所提出的推理框架，有助于区分清楚社会科学和司法审议中的事实结论的位置。像任何清晰的事实一样，如果不是这样，每一个社会科学结果都是无效的，对实际审议没有任何作用。当社会科学伴随着一个能够赋予其意义的规范性标准时，它就会具有规范性效力，而且会成为行为的法律依据。法律理由的叙述性部分依赖科学的支撑，但必要的规范性部分则不需要（除非它等同于某人的需求，而这种等同本身需要一种规范性基础）。法官和学者不能因为经验性理由而忽视规范性部分。社会科学不应被用作避免规范性讨论、协商、裁判、责任和义务的借口。

社会科学研究的考量，包括在谋杀罪中作为一种刑罚的死刑的强制执行，更多的时候是为了受害人是白人的刑事犯罪人。[70] 这种研究对于很多目标都有重大意义：一方面，它认为死刑的执行明示了一种令人烦厌的文化倾向背景，即白人的生命价值要高于黑人。然而，如果科学发现是支撑死刑是美国宪法第八修正案所指的严酷和异常刑罚的理由，这将是一个不同的问题。美国最高法院裁定，如果死刑是在对被告带有种族歧视的情况下认定的，则是违宪的。[71]然而，最高法院同时认为，如果是基于对受害人的种族歧视，死刑则是合宪的，甚至在佐治亚州确定了这种歧视研究发现的正确性。[72] 任何人都可以质疑法院的规范性判决。这应该是命题的关键所在。然而，无论倾向于该问题的哪一方，法院对与法律意义相分离的问题研究的有效性方面的考虑都是正确的。

---

[69] 例如，Teresa A. Sullivan, Elizabeth Warren, & Jay Lawrence Westbrook, *As We Forgive Our Debtors: Bankruptcy and Consumer Credit in America* (New York: Oxford University Press, 1989)。

[70] See David C. Baldus, Charles A. Pulaski, & George Woodworth, *Equal Justice and the Death Penalty* (Boston: Northeastern University Press, 1990).

[71] Furman v. Georgia, 408 U. S. 238 (1972).

[72] McClesky v. Kemp, 481 U. S. 279 (1987).

而且，适合于受害人种族的社会科学发现。到目前为止，其和联邦宪法规定的死刑诉讼没有法律上的关系。最高法院解释的法律集，包括了在那种背景下使受害人的种族成为一个法律理由的非规范性标准。

在判决中，社会科学可以为借助于法律标准而成为法律理由的事实提供支持。社会科学本身并不能明示法官或其他人应该去做什么，也不能明确公正所在，从而使明确的规范性讨论显得有些多余。这点对于有的人来说，似乎是非常老套的，但却又时常被忽略。

第五章　批判性主张

5.1　政治确定性

　　除去法律实践以外，有两种方法可以通过批判和政治的视角来取得稳定的状态。一个是让法律自己为自己说话，这一理论是由批判法律研究运动发展而来的，因此法律并未发挥其所声称的效果，尽管事实上并没有该种效果的存在。结果上的总体确定性是其所追求的结果，那些大胆的行动都被批判为有损法律的意涵，阻碍了社会的变更。另一个寄希望于从既有的政治道德中寻求所谓的稳定状态，这种政治道德就是法治的价值观，也被认为是传统民主社会理论的重要部分。以上两种理论虽然都可以带来稳定之状态，却有损诚信理论。该结论有助于厘清法官所受法律之限制究竟是什么。

5.2　法律的内在宣称

　　法律不确定性理论是由批判法律研究的支持者所提出的，他们认为法律只
136　是法律，同时也质疑法律需为其宣称的服务。将各种版本的法律内部理论整合

起来，大致有这么几点①：（1）传统上，我们是从当下去理解法律的，司法判决都是依据法律规则作出的。② 但是根据另一理论（2A），法律规则要么太多以至于相互冲突，要么太少以至于难以适用。不管是太多还是太少，都需要法官运用一套潜规则。③ 理论（2B）则认为法律中充斥各种互相矛盾的立法原意，整个法律体系并不是前后一致的，因此需要法官在矛盾中作出决断。④ 理论（2C）认为每一个法律问题都激发了我们对于其他人的需要和害怕，这种矛盾也渗入法律之中，产生了严重的不确定性。⑤ 因此，论点（3）认为法律并不能发挥其所宣称的稳定作用。

关于以上的论断，绝大多数学术讨论都集中于（2A—C）部分的三个论点，这几个论点并不以接受稳定状态为前提。⑥ 在此我们不必引出这些繁杂的讨论，因为诚信理论接受一点，那就是法律可能在某种意义上是极为不确定的。在此需要关注的是论点（1），也就是司法裁判的结果是由法律规则所决定的。如果是这样的话，那么稳定状态便来源于法律内部。在此基础上接受法律中固有的不确定性，便是认为在宪政民主体制下，依法裁判是内部不统一的。这样的想法并不是没有道理，但是假如（1）是错误的，法律并没有一个确定性，那么有两个疑问需要解决：第一，法律理论意味着什么？第二，有没有确定性？

法律宣称其拥有确定性的结果，这仅仅在某种程度上是一个经验性的问题。回答这个问题的第一步是概念性的：谁有权利代表法律本身？批评家们可能会说，他们的确定性理论，如果不从自由法治主义出发，便得不到想要的结果。为

137

---

① 约瑟夫·辛格教授给出了不确定性理论现状的清楚陈述：有关法律的性格是不确定的主张，有两点必须首先说明：第一，这是一个关于现存法律理论和论证的经验性主张。第二，这是一个内生性批评，因为这种批评使用了传统法律理论的前提，这种前提恰恰是它所反对的。Joseph W. Singer, "The Player and the Cards: Nihilism and Legal Theory," *Yale Law Journal*, 94 (1984): 1–70, at 10. 这一技巧首创在 Roberto M. Unger, *Knowledge and Politics* (New York: Free Press, 1975) 中。

② 例如，Singer, "The Player and the Cards," at 12（"对法治理论而言，为了理论和法官，确定性是必要的。这是唯一的法官能够适用法律而不是制造法律的途径"）。

③ Duncan Kennedy, "Form and Substance in Private Law Adjudication," *Harvard Law Review*, 89 (1976): 1685–778.

④ Roberto M. Unger, *The Critical Legal Studies Movement* (Cambridge: Harvard University Press, 1986), p. 9.

⑤ Duncan Kennedy, "The Structure of Blackstone's Commentaries," *Buffalo Law Review*, 28 (1979): 209–382, at 211–12. See also Mark G. Kelman, *A Guide to Critical Legal Studies* (Cambridge: Harvard University Press, 1987), pp. 15–113.

⑥ 对于直接涉及裁判过程的重要批判性理论的讨论，See §§ 5.4 and following.

了维护稳定性状态，他们经常引用自由主义学者的观点，这些学者认为在自由社会中法律是重要的。例如约瑟夫·辛格在其评论中，主要引用了约翰·罗尔斯、罗纳德·德沃金以及布鲁斯·阿克曼等哲学家和法学家的观点。⑦ 大卫·特鲁贝克在论述法律的自由观点时，追溯到了马克思·韦伯。⑧ 也有些人论及兰代尔或者是边沁。⑨ 以上学者的做法将使得这场辩论变成对于前人理论的争执，而不是有关于法律本身。为了达到法律自身批评的目的，法律具有确定性的论断，并不能从边沁的改革理论、韦伯的社会本位理论或者兰代尔的教科书中找到支持性论据。没有一位改革家或者学术理论包括了法律的阐释。⑩

如果说要使这个论题有意义，那么法律具有确定性这个论断必须由法律自身的代言人说出。法官和政府官员们在其执行公务的过程中诠释了这个论断。就像约瑟夫·拉兹论及法律具有合法的权威时所说的："在法律的代言人作出判决意见和使用判决语言的过程中，法律由自身的代言人代言这个道理是再清楚不过了。"⑪ 法官依其职权将自己的意见告知那些与法律有涉的人们，这些言论可以作为法律确定性的证据。

找出答案的第二步是具有经验性的：法官和官员又说他们的决断是完全依法律作出来的，而没有受其他方面的影响吗？对于这个问题，法律语言与司法裁决既有肯定性的答案，又有否定性的答案。肯定性的一面在于，法律语言的表述通常都是强制性的，法官们必须依法律要求作出裁决。法官会说没有其他选择，只能作此裁决，但事实上依此论断完全可以得到另一个结论。这样的语言运用听起来是确定性的论断。否定性的一面在于，首先，其语言具有歧义性，通常理解法律研究都是确定性的，那是因为其他的方面被排除掉了。考虑确定主义的无争议状态，即使是稍微偏离的解释也会被排除，需要这些不会意味着大体结果的确定性。此外，司法实践中制度语言也表明了法律并不完全决定结果，法官们作出判决，意味着法律的不确定性还是被允许的。很多上诉法

---

⑦ Singer, "The Player and the Cards," at 10–14.

⑧ David M. Trubeck, "Where the Action Is: Critical Legal Theory and Empiricism," *Stanford Law Review*, 36 (1984): 575–622, at 577–8.

⑨ See Gerald J. Postema, *Bentham and the Common Law Tradition* (Oxford: Clarendon Press, 1986); Thomas C. Grey, "Langdell's Orthodoxy," *University of Pittsburgh Law Review*, 45 (1983): 1–53. 肯尼迪对布莱克斯通的研究比较少受到攻击，布莱克斯通对法律的影响是充分而直接的。Kennedy, "The Structure of Blackstone's Commentaries." For criticism of Kennedy, see Alan Watson, "Comment: The Structure of Blackstone's Commentaries," *Yale Law Journal*, 97 (1988): 795–821.

⑩ 有关自由主义理论的主张，see §§ 5.3 and following.

⑪ Joseph Raz, "Authority, Law and Morality," *The Monist*, 68 (1985): 295–322, at 300. See also Joseph Raz, *The Authority of Law* (Oxford: Clarendon Press, 1979), pp. 28–33.

院的规则都规定了初审法院在某些问题上具有裁量权。其实，对于在法律部门任职的人来说，法定的裁量权特别重要，而很多裁量权也确实是有意交给他们的。基于以上理由，似乎法律的确定性变得不那么确定起来，但是也不能基于以上理由得出严格的结论。就像很多其他话题一样，在此，法官和其他法务工作者往往会对此持有不同意见。

这些经验性的证据是无法得到肯定性结论的，对这一点不应该感到惊奇，尤其是对于批判法律研究运动的成员们来说。确实，如果没有批判家们常常抱怨的具体化的毛病，法律也不能有确定性。[12] 最近的批判运动的主要任务是否认这样一个命题，那就是法律是一个有中心意义或者有一个无限形状的客观实体。其实法律被视作偶然的、多面的实践，其可发挥多重功用。例如，罗伯特·昂格尔认为法律是不确定的，因为在众多人作出许多判决时，想要维持完整和连贯基本是不可能的。[13] 保罗·布莱斯特认为，不同于那些宪法解释者们想要解释立法者的原意，实际上宪法在不同程度上有多重原意，这就使得从多重角度解释宪法是可行的。[14] 罗伯特·戈登认为，批判法学历史的一个特点便是倾向于认为一个事件不是单向发展的，而是多向发展的。[15] 因此，有一些认为法律无确定性的论辩是建立在这样一个前提之上的，那就是法律在现今的司法实践中是以一般的确定性为目标的，这样的前提是令人惊奇的。当这一点不被承认之后，即使是有关内部批评，关于法律不确定性的那部分争论也消失了。法律确定性的结论不能基于法律为自己代言这样的理由而产生。

140

5.3 自由主义的内部主张

另一种可能找到法律确定性理由的方法，也是最重要的一种，那就是自由主义，这也是法律现今得以运行的基础。[16] 不像法律的内部批评，这种方法首先描述了一个法律系统所应有的特征，这些特征是法律想要依自由主义来合法

------❧✦❧------

[12] Peter Gabel, "Reification in Legal Reasoning," *Research in Law & Sociology*, 3 (1980): 25-51.

[13] Unger, *The Critical Legal Studies Movement*.

[14] Paul A. Brest, "The Misconceived Quest for the Original Understanding," *Boston University Law Review*, 60 (1980): 204-38, at 234. See also Mark V. Tushnet, *Red*, *White*, *and Blue*: *A Critical Analysis of Constitutional Law* (Cambridge: Harvard University Press, 1988).

[15] Robert W. Gordon, "Critical Legal Histories," *Stanford Law Review*, 36 (1984): 57-125, at 112.

[16] 为了这些目的，"自由"应该被理解成为一个包含在美国这样的政治共同体中的几乎所有人接受的概念。它与集权主义、社会主义、共同体政治不同，与"保守性"也不同。

管理所必须具有的，不管我们同不同意该理论。在宪政民主制度之下，合法性的要求意味着，司法判决是对国家权力的合理运用。[17] 但是问题是：基于什么

141 样的权利，法官可以运用官方权力去剥夺另一个人的财产、自由，甚至是生命？法律规定政府可作为的行为，是为了保护公民的自由免受政府行为的任意和滥用的侵害。法官们审查官员们的行政行为，这种审查行为本身也是在运用权力。结果是，法官行为的政治合法性主要在于其是否与法律保持一致。[18] 这一论点是法治的自由主义版本。[19]

5.3.1　法治

　　在法治中有一个关键性的概念便是法的确定性，这一确定性要求司法裁决

142 是根据法律而不是自由裁量权作出的。[20] 考虑到如今在司法实践之中司法裁量权的大量存在，法的确定性便可以成为一个制衡司法裁量权的工具。[21] 例如，

　　[17]　See Steven J. Burton, *An Introduction to Law and Legal Reasoning* (Boston：Little, Brown, 1985), pp. 165-216；R. Kent Greenawalt, "How Law Can Be Determinate," *UCLA Law Review*, 38 (1990)：1-86, at 2-3；Ken Kress, "Legal Indeterminacy," *California Law Review*, 77 (1989)：283-337, at 285.

　　[18]　合法性的概念不同于社会理论的正当性概念——通常也被理解为合法性——这种合法性来自于实质的权威。合法性是一个规范性概念，意味着政府使用暴力的方式是正当的，包括了权威正当性的理念，暗含着人民有道德义务遵守法律，而不论他们是否相信他们有这一义务。与此相反的合法性主要是解释、预测或者描述一个法律理论。它意味着人民通常相信，也有可能是错误相信，法律有正当的权威。有关正当性理论，See Alan Hyde, "The Concept of Legitimation in The Sociology of Law," *Wisconsin Law Review* (1983)：379-426. 实质性权威仅仅关心统治规则的效率。

　　[19]　See John Rawls, *A Theory of Justice* (Cambridge：Harvard University Press, Belknap Press, 1972), p. 235. 最近关于法治样本的例子, see Andrew Altman, *Critical Legal Studies：A Liberal Critique* (Princeton, N. J.：Princeton University Press, 1990), pp. 9-13, 22-7；Ronald Dworkin, *A Matter of Principle* (Cambridge：Harvard University Press, 1985), pp. 9-32；Lon L. Fuller, *The Morality of Law*, 2d ed. (New Haven：Yale University Press, 1969), pp. 33-94；Michael S. Moore, "A Natural Law Theory of Interpretation," *Southern California Law Review*, 58 (1985)：277-398, at 313-18；Margaret Jane Radin, "Reconsidering the Rule of Law," *Boston University Law Review*, 69 (1989)：781-819；Joseph Raz, *The Authority of Law* (Oxford：Clarendon Press, 1987), pp. 210-32；*The Rule of Law：Ideal or Ideology?*, eds. Allan C. Hutchinson & Patrick Monahan (Toronto：Carswell, 1987).

　　[20]　Allan C. Hutchinson and Patrick Monahan, "Democracy and the Rule of Law," in *Rule of Law：Ideal or Ideology?*：97-119, at 101.

　　[21]　对保守主义者而言，确定性情形提供了一个现成的论证来反对最高法院最近不断扩张权力的历史。例如，Robert H. Bork, *The Tempting of America* (New York：Free Press, 1990), pp. 140-1。一个更温和的主张是，当 John Hart Ely 教授拒绝宪法性判决的功能性价值理论时，暗中使用了一个更强的确定性情形作为他的批评标准。See John Hart Ely, *Democracy and Distrust* (Cambridge：Harvard University Press, 1980), pp. 43-73.

哈耶克曾说道，政府的所有行为都受制于先于政府确定的制度，这种制度只能提前预示政府在某种情况下将如何合理利用权力。[22] 美国前司法部长埃德文·米斯曾说道，宪法起草者们支持的是一个法治的政府，而不是人治的政府[23]，他期望所有的法官都能抵挡住政治势力，坚守住宪法的自由主义倾向。[24] 大法官安东尼·斯卡利亚则说，可预测性可以视为法律的必有特征之一。[25]

　　这些理论受到一些人的拥护，这些人反对法院创设性的权利（例如，隐私权）。[26] 但是，这些政治上的或者独立的目标并不能为在理论层面上结果的稳定性提供支持。这样做的话就让政治高于学理。[27] 稳定性更好的版本便是自由的价值，这个自由是从没有外部限制来理解的。对于很多保守派的人来说，稳定性在理论上极具吸引力，因为稳定性被认为有这样的作用，它提升了自由，使得每个人都知道何时公权力会干预他们的生活。个人也可以依此来调整自己的行为，同时相信国家在其他方面都会给予其最大自由。但是，这个特点并不是所有法律都具有的。在某些情况下，这样的特点显得特别重要，例如，在交易之中，双方都知道法律，同时也信赖法律。就像在很多侵权和歧视案件之中，提前计划是不可能的，这也显得不是很重要了。当稳定性比双方合意更为重要之时，诚信理论便允许稳定性法律的存在。制定法律的时候，自由应被作为平衡的手段，但是自由并不是在所有环境下都能够超越其他价值的价值。[28] 因此，把结果稳定性作为完成司法责任的一项必要条件，以此来维持法律，这种理由是不充分的。

　　当被赋予了这样的中心角色之后，结果稳定性也成为了各派法学研究批评的靶子。坚持法律是不稳定的这种论断需要将司法裁决的范围缩小到一点，或者说面临以前未曾遭遇的可能性。在对普遍司法自由理论的批评中，邓肯·肯尼迪曾将被统治者的同意与法律确定性联系在了一起：

　　　　正义包含公平地运用规则，而这些规则的合法性来源于受其规制的人

㉒　Friedrich von Hayek，*The Road to Serfdom* （Chicago：University of Chicago Press，1944），p. 54. 注意，哈耶克仅仅呼吁一个"公平的实体"。

㉓　Edwin Meese，"The Supreme Court of the United States：Bulwark of a Limited Constitution," *South Texas Law Review*，27（1986）：455－66.

㉔　Ibid.，at 456.

㉕　Antonin Scalia，"The Rule of Law as a Law of Rules," *University of Chicago Law Review*，56（1989）：1175－88，at 1179.

㉖　For example，Bork，*The Tempting of America*，pp. 110－26.

㉗　See §§ 1.4 and following.

㉘　See Isaiah Berlin，*Four Essays on Liberty* （Oxford：Oxford University Press，1968）.

144 　们的同意……立法和司法的不同，不能用来使法官的强制性权力合法……而这个时候自由思想就不需要了，因为自由的思想将决定合法性转换成法律规则代表的司法官员的一致同意。㉙

批判法律的不确定性想要达到这样的目的，那就是司法结论并不能在权威材料中找到足够支持，法律适用变成了造法，便允许了法律里政治和意识形态上的争辩。因此，按照传统的理解，在公共论辩中法律会丧失其优势地位，在多种情况下，包括司法裁决，都会受到不受控制的政治势力的影响，这形成了一大重要的改变。

确定性或许并不如保守派或者批评家所说的那样对法治具有如此重要的作用。有一些主流的理论家支持法律确定性理论，但很多并不支持。然而他们同意法治不能容忍政治上的独裁。㉚ 为了弄清楚结果稳定为什么不是剔除政治独裁的必要性条件，我们需要分清楚三种关系，也就是法律规范和案件判决之间的关系。对于两者之间的因果关系、演绎关系或授权关系，有关法律确定性的理论在这个问题上是模棱两可的。我想说的是，确定性在法治中并不处于中心地位，因为因果或者演绎关系是不需要的。而授权关系限制了法官行为的合法*145* 　理由，使得法官达到民主政治理论的要求。诚信理论仅仅在授权限制的情况下才和法治是相吻合的。

5.3.2　因果关系链

不确定性造成独裁，这样的关系可以用外部因果关系的比喻来理解，限制和确定性的关系就像法律和司法结果之间的因果关系那样。㉛ 如果是这样的话，法律就会限制继而决定司法行为，就像自然规律决定台球的走向一样，这样就可以解释和理解司法结果的起源，同时也可以预测未来法律适用的方向。法律官方标准的不确定性就像因果关系链中的一个代沟，切断了那些影响法官行为的权力。法律若不能使得法官得到确定性的判决结果，那么就会留下两种

㉙　Duncan Kennedy, "Legal Formality," *Journal of Legal Studies*, 2 (1973)：351-98, at 351, 354.

㉚　戴雪对法治理念拟订出了一个不偏不倚的中心。Albert Venn Dicey, *Introduction to the Study of the Law of the Constitution*, 8th ed. (London：Macmillan, 1915), p. 198 (法治意味着规则的优先性或者绝对权威，法律作为对抗恣意影响力的权威，排除了恣意、政府广泛的自由裁量权、特权的存在). See also John Locke, "Of the Extent of the Legislative Power," in *The Second Treatise of Government* (Indianapolis, Ind.：Bobbs-Merrill, 1952), pp. 75-81.

㉛　See § 4.3.

结果：要么是有非法律的因素影响了结果，或者没有因果关系的解释使得司法判决显得武断。即使是有非法律的因果关系解释，这样的结果也会显得武断和不受限制，因为只有法律才可以满足法治的要求。

本书第一章开头引用的霍姆斯的《普通法》一书，其开篇将法律规则的学习和法律原理的学习区别开来。㉜认同霍姆斯观点的很多法律现实主义者，旁观了整个司法进程，想要去解释心理、社会、政治因素对司法决定的影响，以便更好预测法官在案件中会怎么做。㉝因果关系隐喻同样以坚持不确定论断的批判学者的著作为依据，虽然他们对可预测性兴趣不大。通过总结不确定论断的批判主张，社会学家 David Trubeck 指出批判法学"从外部观察法律的运行，追问导致法律如此发展的原因以及法律的影响"㉞。历史学家 Robert Goedon 也从因果关系方面总结出此类论断的特征：

> 相同的法律，在相同的背景下，总是可以导致相反的结果。因为法律本质在其成立时就是不确定的，而不是在执行中。［批判］……不是意味着……在法律形式和其他事项间绝对没有可以预测的因果关系……在社会生活中有很多短期和中期稳定的规律，包括在特定背景下解释和适用法律规则的规律……对不确定性的批判论断简单到没有规律是某一给定规则的必要结果。㉟

从民主地同意法律制定到法律应用于社会的联系，可以通过因果链的比喻来系统理解。

不确定性暗示模棱两可，除非我们同时接受因果关系比喻是相关因素之一，并且因果关系确定和随机排除这种可能性。因果关系比喻应被废止的原因很多。㊱最重要的是，因果关系解释论只能由法律实践外的观察者推行，这是

146

147

㉜　正如沃瑟斯特罗姆所说，霍姆斯的法律格言"一般命题并不决定确定结果"以及他的断言"法律的生命不是逻辑而是经验"，都被过度解读为法律规则在解决特定案件时并没有作用。Richard A. Wasserstrom, *The Judicial Decision* (Stanford, Calif.；Stanford University Press, 1961), p. 16.

㉝　For example, Felix Cohen, "Transcendental Nonsense and the Functional Approach," *Columbia Law Review*, 35 (1935)：809–49, at 849 ("批判法学是空洞的，没有对法律决定的过程和结果进行客观的描述").

㉞　Trubeck, "Critical Legal Theory and Empiricism," at 587.

㉟　Robert W. Gordon, "Critical Legal Histories," *Stanford Law Review*, 36 (1984)：57–125, at 114, 125. See also Kelman, *A Guide to Critical Legal Studies*, pp. 245–6 (解释了法律的不确定性作为宣称的不确定性来源于社会的情况)；Unger, *The Critical Legal Studies Movement*, p. 9 (从很多冲突的利益中得出的法律结果的不确定性，以及涉及的立法视角)；Kennedy, "The Structure of Blackstone's Commentaries," at 210–13 (法律结果来源于并且反映了相互冲突的感觉，这些感觉包括他们的恐惧，以及其他人的需要).

㊱　See also § 2. 2. 2.

批判法学学习的优势。综上所述[37]，外部观察者易于忽视法律在司法实践中的常规作用。此外，他们还易于将法规不确定性——多种"合法的"结果是否符合规范性意义，与自由意志和自由裁量权混为一谈。法官自身不理解如何从心理、社会或政治方面解释他们的判决，预测他们的行为，或是如小白鼠一样从科学角度被阐释。从实践角度看，我们似乎不能设想自身的行为被全盘通过因果关系决定；但是，作为旁观者，我们有时会认为他人的行为在遵循科学的法律。从常规角度看，更多的，我们似乎无法免除一个概念——无论我们把它称为"自由意志"与否——这将划定人们负责行为的种类。

在其他事项中，法官认为自己是有责任通过合法、正当的公务行为捍卫法律的自由代表人。[38]司法批评者指责法官没有努力或在一个不公正的法律制度下继续实行。如果我们仅认为法官为他们的判决负责的话，那么法官或法律批判的断言是不明了的。[39]因此，对案件裁判的实践性理解关注司法职责的内容，包括法官应该怎么做。反过来，法律和裁判的合法性被理解为依赖于裁判的关键性原则，这意味着法官和其他法律工作者应该怎么做，而不是他们同意怎么做。

完成司法职责来捍卫法律的一个确定性情形不能通过因果关系解释理论的要求满足。这些理论对司法义务的指导性规则没有加以规定。知识清晰要求因果关系和其他理论得出的结论通过创造其理论的自身限制加以完善。[40]这意味着，法律并不充分导致法官作出不可非议（或不起眼）的特殊判决。然而，没有什么可以建立不能被法律规则包容的类似随意性。因果关系的确定和不确定并不消除这种可能性，因为法官不像海龟一样对外部的刺激不假思索。法官应是，或在法律预设上是，受法律制约时有理性能力的责任者。从不确性因果关系中得出有关任意性的含义，是极其荒谬的，因为它基于以下荒谬的信念：我们或者从来不必对自己的行为负责任，或者我们所有负责任的行为都是任意的、无意识的。

5.3.3 演绎链

第二种途径是理解法律规则的非任意性要求，设想法律与司法判决之间的

㊲　See § 4.3.

㊳　存在一种关于为什么法官一般不回应法律现实主义者提出的揭露判决的"实际基础"的要求的合理解释。法律现实主义者认为"实际基础"是原因解释理由，但是法官仅仅认为"实际基础"是他们偶尔正当化司法理由的基础。

㊴　外部描述和因果关系理论可以为实践性理解增加另一种解释，但是它们中的任何一个都不能单独作为一种理论。

㊵　对内部理论或实践性的解释仍然正确。

关系就像演绎逻辑中的锁链那样，仅有直接发现的事实支撑。冯·哈耶克称司法判决"必须从法律规则和法律所指或可以由涉案双方知悉的环境推演出"[41]。 *149*
在早期很多批判文学的作品中，肯尼迪根据在个案中适用的规则对判决给出类似定义，认为其为"规则本身的适用，也就是，通过选择一个（或几个）情形中可以确定的因素作出的决定，并且该司法判决的独特性取决于这个因素的存在或缺失"[42]。类似规则"认为易于确定的事实因素集群引发了官方认可的常规应用"[43]。在一些著作中，肯尼迪指出更多的没有开放式的法律标准也可以普遍适用于得出相反结果。运用规则或标准的判决并不能由规则决定。[44] 因此，判决导致了无限的政治争论和政治运动。他有力地断言：法律规则只是一种错觉，因为演绎确定性要求是虚幻的。[45]

在宪政民主中司法职责是否需要一个演绎的确定性环境呢？如果它不需要，我们会陷入窘境，因为对在本世纪确定的形式主义的反复批评破坏了任何挥之不去的信念，即判例只需要演绎链和单义的结果其实是切实可行的。[46]然而，有如此名气的任何人是否以被批判挫败的方式强烈捍卫演绎链是有疑问的。[47]正如德沃金如此形容它，"目前［批判］在困住或设立机械性判例方面已 *150*
不占优势（所有获得的样本显示——即使 Blackstone 和 Joseph Beale——在仔

[41]　Friedrich von Hayek，*The Constitution of Liberty*（Chicago：University of Chicago Press，1960），pp. 213–14. See also Richard A. Posner，*The Problems of Jurisprudence*（Cambridge：Harvard University Press，1990）.

[42]　Kennedy，"Legal Formality," at 355.

[43]　Ibid，at 356 n. 11.

[44]　Ibid.；Kennedy，"Form and Substance."

[45]　See also David Kairys，"Legal Reasoning," in *The Polities of Law*，ed.
David Kairys（New York：Pantheon Books，1982）：11–17, at 11；Singer，"The Player and the Cards"；Joseph W. Singer，"The Legal Rights Debate in Analytical Jurisprudence from Bentham to Hohfield," *Wisconsin Law Review*（1982）：975–1059, at 1013；Mark V. Tushnet，"Following the Rules Laid Down：A Critique of Interpretivism and Neutral Principles," *Harvard Law Review*，96（1983）：781–827.

[46]　源头是 Roscoe Pound，"Mechanical Jurisprudence," *Columbia Law Review*，8（1908）：605–23.

[47]　一个隐晦的作家曾经说：每一个构成司法决定的司法行为都组成了一个纯粹的推理。John M. Zane，"German Legal Philosophy," *Michigan Law Review*，16（1916）：288–375, at 338. 罗伯特法官著名的对最高法院在宪法诉讼中的工作的描述是：
当国会法案在法庭上被合理挑战，认为其不符合宪法要求时，政府司法部门只有一项职责，即列出被违反的宪法条文包括被挑战的条文，并决定后者是否包括前者。
United States v. Butler，297 U. S. 1, 62（1936）. 包括的比喻是有歧义的。对意见的完全解读提供了一个不支持演绎解释的语境。See also Wasserstrom，*The Judicial Decision*，pp. 12–38.

细阅读他们的文本后也被解放了)"⑱。争论认为"需要"结论的司法意见并不意味着涉及其中的全部都是法律规则演绎链中的清晰事实。常规行为理论的原因要求法官真诚行为。在法律原因的断定方面，逻辑扮演着有限的角色，即将承诺的真实价值转为结论和持续坚持。因此，逻辑不能确保承诺或结论的真实性。⑲法律理由是必要的，但是它自身是不重要的。因此，认为法律规则需要演绎确定性情形的民主概念，表面上是需要质疑的，因为它是无知的。

针对法律规律无须通过演绎链被理解有两种深层理论。一种由 Ken Kress 发展，关注合法需求。⑳他认为，"不确定性重要，因为合法性重要"，并且合法性暗示了公民表面上有遵守法律的义务。㉑然而，他挑战猜想，同意法律体系合法化以及"司法判决合法化的唯一路径是如果它们迅速追随（'严格解释或诠释'）法条或宪法条文，通过同意自身得以合法化"㉒。在政治哲学领域的领导学者最近同意法律制度合法化，他们认为合法化基础很多，但没有一个使现在法律实践合法化。㉓因此，可能不存在普遍的表面上遵守法律的义务，因为是法律或民主创造了法律。然而，可能存在特定规则要求某些人遵守法律，或者要求所有人遵守一部分法律，因为存在有关政治义务的一系列理论基础——同意、默示同意、合法授权、公平交易、坚持公正、博爱和公益。

换句话说，合法性在不同条件下赋予针对特定人群的特定法律，并不是法律体系或实践（或"自由主义法学"）。Kress 教授重新审视合法性基础时发现："每一个合法的基础，只有极少的特例，（1）基础不能产生一个供遵守的

---

⑱ Ronald Dworkin, *Taking Rights Seriously* (Cambridge: Harvard University Press, 1977), pp. 15-16.

⑲ 问题的关键在于，前提的识别和形成这一过程不能理解为不诉诸不确定的推理，而直接从其他结论中进行推理过程。

⑳ Kress, "Legal Indeterminacy." See also Burton, *Law and Legal Reasoning*, pp. 165-214.

㉑ Kress, "Legal Indeterminacy," at 285. See also Burton, *Law and Legal Reasoning*, pp. 199-214; note 18 above.

㉒ Kress, "Legal Indeterminacy," at 288 (首次强调). 第二个假设意味着确定性是作为一个推理链条。

㉓ See, for example, R. Kent Greenawalt, *Conflicts Between Law and Morals* (New York: Oxford University Press, 1987), pp. 47-203; Joseph Raz, *The Morality of Freedom* (Oxford: Clarendon Press, 1986), pp. 70-105; A. John Simmons, *Moral Principles and Political Obligations* (Princeton, N. J.: Princeton University Press, 1979); M. B. E. Smith, "Is There a Prima Facie Obligation to Obey the Law?," *Yale Law Journal*, 82 (1973): 950-76.

道德义务，或如果他们遵守，那么（2）即使法律是不确定的，他们依旧遵守。"[54] 例如，每个人不会给出明确、审慎和自愿的同意来遵守政府的所有法律，仅仅因为它们是法律。一些类似自然化公民的人也会如此。对遵守的人而言，问题是是否他们仅遵守关于结果的确定的法律。可能是他们同意遵守，认为政府是一个机构，具有不确定性。Kress 总结道："不确定性看上去与合法性只有有限相关性，因为有坚实基础的遵守需要确定性的保证。"[55] 他的结论认为通常的确定性情形在要求政治服从的宪法民主中缺少基础。

　　论断的另一部分否定了法律规则需要演绎的确定性，这展示了一种另类但是更好地了解其要求的途径。演绎的确定性不是我们要追求的结论，除非有一种更好地理解确定性的途径。目前的观点是，否定结果的确定性是法官完成职责捍卫法律和确保结果公正的必要条件。然而，法律规则是一种重要的常规标准来衡量法律制度。对法律和司法结果之间概念性联系的理解对法律规则是必要的。由于演绎链的不完整性，一些批评可能会使我们将法律规则以及它对法规推理的约束一并舍弃。另一种理性理解的可能性可能会介入挫败确定形式主义所注意批判的政治结果。这一理解为允许自由裁量权的论断提供了坚实的基础。

5.3.4　授权链

　　法律标准和案件结果之间的关系应被理解为一个授权链，这更像一个命令链而不是一个控制野兽的链条。这种链条以宽泛的适用于行为的所有可能原因开始，被划分为所有种类。宽泛的范围包括多种原因，好的和坏的，自私的和无私的，等等。在第一法律阶段，它是狭隘的，法律制定者被授权根据所有原因中的一个小分支行为，通常是按照合法性原理的要求行为。在类似美国的民主国家，一个立法者可能将法律制定者的职责解释为，为他的选民的利益行为，而另一立法者可能会认为要为国家的利益作出最好的决定，鼓励选民在表决时发表严厉的不同意见。然而，二者都知道他们行为的合法性原因是受限制的。例如，排除个人财产收入的原因。

　　下一阶段，制定法律可以被理解为进一步排斥的原因，解释和应用法律的工作者只能在更窄的原因内合法行为。例如，产品责任法规，取消造成损害的缺陷产品的严格责任，这损害了传统政权。对于严格责任和过失法律责任的证成，由制定法律机构加以衡量。法律的适用是否是不确定的，法官作为法官不

---

[54]　Kress，"Legal Indeterminacy," at 290.

[55]　Ibid.，at 295.

允许重新考虑平衡，并对立法者考虑的相同原因附加严格要求。立法审议的结果是树立法官的权威：它拒绝司法审议考虑如下理由，这一理由支持对缺陷产品所造成的损害采取严格责任；同样的，过失责任的理由，仍然可以适用于从事解释和衡量法律的法官。不难发现，审视授权链的每一阶段，当法律划定下一个法律工作者行为的原因并排除其他原因时，所有可能原因会被逐步限制。仰视授权链，行为的法定原因逐步覆盖每一机关。

154 　　宪政民主下法律规则应被理解为要求每一官方行为符合法律，在复杂的授权链中为行为提供法定原因。⑤ 斯卡利亚大法官将法律规则比作蕴含解释自由裁量权的演绎链。⑤ 这个比喻受到了多数人的反对；拥有不受任何限制的自由裁量权的法官不受民主立法反映的普遍共识的限制，并且通常无须对选民负责。然而，在授权链中善意行使自由裁量权时，其并不与民主相悖。民主立法可能界定在某一判决中重要的原因。通常，普通法被认为是实践性准则，它们不是旨在衡量案件中所有的法律原因，并因此决定结果。相反，普通法承认并排出通用理由，将审判案件的工作留给法官。当法律规则被如此理解时，对原因性和演绎性决定将没有要求，对司法随意和滥用权力将不再容忍。在法官推理链条的末尾，很可能存在支持两种不相容理论的原因。然而，每一行为在重要性上不是任意的，仅仅因为有法定原因的支持。实际上，在疑难案件中司法决定的困难性恰恰因为不相容的理论都有法律的充分支持。法律体系内司法的合法性是法官对行为原因认识的反映，并不是对结果的认同。⑤

　　在两种不相容理论间的选择是随意的，这种想法是被反对的，因为这让机会主义和压制有机可乘，并与社会生活的基本要求相悖，会影响法律规则的适用。选择可能被认为是任意的，因为在严格的不确定性中，它不能落脚于更深层的原因。然而，在相同的点上，对深层原因的要求必须停止。⑤法官必须对在法律框架内的务实行为负责，承担因错误招致批评的可能。结果不可能是随意的。司法自由裁量权蕴含于法律规定和引导的自由裁量之中，该法律承认并排除司法判决的原因，同时要求衡量善意行使的原因。"任意性"这个词，像

155

我不希望由此认为这种链条会超出某些基本规范的范围，该范围是全体公民服从判决的范围。更有可能的是，该链条将形成一个复杂的正当性网络，与拉兹提出的线索类似。*The Concept of a Legal System*，2d ed.（Oxford：Clarendon Press，1980），pp. 93–167.

⑤ Scalia，"The Rule of Law as a Law of Rules."

⑤ See § 2.1.

⑤ See § 2.3.2. 一位哲学家可以继续循环往复地探求更深层的原因。哲学家是否会这样做是值得怀疑的。例如，See Dworkin，*A Matter of Principle*，pp. 171–7。

108

其他词一样，在不同的语境下有不同的含义。相比于原因链本质或逻辑链理论要求的确定性，授权链可能容忍"任意性"。相比裁判实践理解中的行为善意且理由充足，它不包容"任意性"。

隐含在广义善意行为中的授权链观点，排除机会主义是司法职责中的一部分。这方面的主流观点关注排除司法确定性以外的原因，而不是法律授权法官执行的原因。机会主义是对司法职责的违反，据此法官重拾依法定司法裁量权排除原因行为的机会。[60]这是善意理论中恶意性的代名词。在各个法律中对排除原因的定义有所不同，在不同法院之间也不相同。没有排除原因的汇编在没有形成法律体系的框架内全部法律消极局势的情形下被适用。然而，依个人偏好出发的原因总被排除。因此，机会主义出现的可能例子为，法官为自己、朋友或他认可的群体利益的原因行为。最重要的法律争论涉及其他排除或包括的原因——认为捍卫法律是法官的义务，而不是司法职责捍卫法律。

授权链的观点也排除了压制，这被认为有两种形式。通常，压制被认为是对另一个人不公平地使用权力。在法官所裁决的案例中，它不能等同于排除于司法职权范围外的原因行为，因为法律可能或不可能是道德允许的。当法律是道德允许的，法官捍卫法律不被认为是压制。只有法官随机行为，将法律当作适用被排除原因的前奏，才可能形成压制或构成恶意。然而，法官依职权适用符合道德的法律时，可能构成对公民的压制，即使是在履行自己的职责。诚信理论不保护压制。它是法律规定下的裁决理论，其不认为法律始终是公平的或者法官的法定职责指使他们服从法律。[61]在某种程度或通常意义上，诚信理论对认为法律错误的批评理论敞开了大门。它对这样的观点试图通过不确定性或类似理论全面推行持怀疑态度。

授权链的限制原则上将符合法律规定的判决区别于对社会生活基本原则开放式的争论。[62]授权链观点支持诚信理论：法律作为司法判决基础所保证的原因，是其他相关包括法官授权行为的原因的一个分支。它们被视为正当原因，不是从个人利益出发推动普通的和变革政治竞赛的原因。激进的批判否认法律和政治之间的文义区别，这存在两个明显错误。一个是，当法律不能在案件中演绎地主导结果时，其他一切都没有意义。诚信理论的主要边界和承认的自由裁量权显示的事实并非如此，结果的演绎不确定性不是保证法官在政治背景下

---

[60]　See § 3.4.2.

[61]　See § 2.1, 7.1 and following.

[62]　See Unger, *The Critical Legal Studies Movement*.

摆脱应为行为的许可证。另一个是遗传谬论，认为因为法律来自利益的冲突，所认它会按政治自由主义要求的那样构成连贯的、符合道德的整体是不可取的。一个连贯的并符合道德的整体只有在结果确定时被需要。此外，所有案件的结果必须符合道德，这是自然法原理所确认的。诚信理论否认政治自由主义要求结果确定或者符合道德的法学同时合法。我们通过后一种观点进入下一章。我们将在第六章讨论自然法是否要求结果的确定性，这区别于政治自由主义；随后我们将更深层地讨论法律、政治和道德之间的关系。

5.4 限制和特征

然而，我们将首先在这暂停一下来讨论一下读者可能形成的一种反对意见。在第四章，我们区分了以个人欲望为理由的行为的规范性与以独立行为标准为理由的行为的规范性。在这一章，我们更多地区分了引起人们行为的原因和规范行为的原因。问题出现了：如果法律既不封锁人们的欲望，也不封锁内心的其他动机，那么法律如何提供行为的原因呢？善意行为绝不会降低到依附于欲望或其他动机。

5.4.1 动机

对于任一道德或法律理论而言，这一经典问题都是棘手的。[63] 困难在于，一方面，当某一理论将欲望和其他动机排除在心理之外时，它丧失了与行为之间的因果联系。尽管有些因果联系似乎蕴含于行为动机之中。另一方面，当该理论连接规范与心理动机从而强化因果联系时，它的规范功能又被弱化了。而法律的关键功用之一是，它有时要求人们实施他们显然不愿做的行为。如果法律强加其与个人独立动机之间的因果联系，它可能不会起作用；但如果法律保持抽象、忽视上述动机，它就完全无法规制行为。

邓肯·肯尼迪对审判的存在主义及现象学解释，用翔实的细节阐释了这一困境的一面。[64] 他设想自己是一位有着强烈自由主义政治倾向的联邦地区法院的

---

[63] 一个最近的哲学讨论，See Christine M. Korsgaard, "Skepticism About Practical Reason," *Journal of Philosophy*, 83 (1986)。

[64] Duncan Kennedy, "Freedom and Constraint in Adjudication: A Critical Phenomenology," *Journal of Legal Education*, 36 (1986): 518-62. 受霍姆斯启发，类似的探索法律人自利性动机的著作，see Richard A. Posner, *The Problems of Jurisprudence* (Cambridge: Harvard University Press, 1990), pp. 194-5, 223-4; Frederick Schauer, "Formalism," *Yale Law Journal*, 97 (1988): 509-48, at 530-48。

法官。一个罢工案件正等待他裁决。他因此采用了实用立场。肯尼迪假设巴士公司在雇员罢工时，临时雇用非工会成员的司机驾驶巴士。如果该地区没有其他混乱的话，罢工者就躺在巴士站外的公路上阻止这些巴士通过。第一天他们就被逮捕，并被起诉扰乱秩序和妨碍公用道路通行。但他们每隔一天就将这一行为重演一次。巴士虽能运营，日程却被打乱。巴士公司申请司法禁令制止这种工会策略。

把自己想成小肯尼迪是肯尼迪的第一印象，这一印象是双重的。他认为法律会禁止工会在罢工期间阻碍雇主雇用替代劳动者使用生产工具。然而，根据他的自由主义政治立场，他认为不能允许雇主使用生产工具。后一本能反应导致小肯尼迪的政治目标与最开始的法律之间产生一个明显的冲突。肯尼迪描述了小肯尼迪是如何致力于在这一法律问题上寻找他想要的结果。他绞尽脑汁寻找法律依据，以拒绝所有权人的禁令申请。例如，拖延，技术性阻碍，赋予工会部分所有权的默示合约，纠察权类推，以及宪法第一修正案限制优先控制。然而，许多可能的借口都不足以使他达到目的，另一些起初看起来可行，但是进一步研究发现是不可行的（这也表明法律解释是有局限性的）。

肯尼迪实验的主要意义和价值是强调分配努力对一系列法律质询的作用。肯尼迪指出，人们不知道更多努力是否会使一个被放弃的法律观点获得重生，或者使一个广为接受的观点褪去光环。人们也不知道是否一个本该被广为接受却被放弃的观点，有诉讼时间表的压力，从而不需要一个简略的审议意见。此外，反对在罢工中使用生产工具的政治本能，在法官与法律的遭遇中也会被改变。很少有法官会以判决过程中的责任感和认真度来仔细反思他们对某一具体劳工政策的观点。

就现在的目的而言，肯尼迪实验的意义在于实验本身的基本概念；"他想如何得出结论"和法律的认知要求促使他努力从法律的角度证明其与"他想如何得出结论"之间的冲突。困境是客观存在的。小肯尼迪承认，他无法跨越这一困境。他可能必须违背自己的政治信条，支持巴士公司的禁令请求。是什么导致了这一困境？为什么不隐瞒事实或法律，否决禁令，让工会大行其道直至诉讼产生并胜诉？一个终身任职的联邦法官可能侥幸过关。法律是如何阻止小肯尼迪为了政治信条而选择背弃诚实？

肯尼迪对此的解释将法律的约束直接与小肯尼迪的心智动机模式联系起来：

> 我的约束模式是，人们（比如作为法官的我）想要用"禁止工人将会违反法律"这一论点来支持他们倾向的某结果（比如工人不应被禁止）。

我们无法理解想把我的立场合法化的欲求是如何约束我的，更不用说为什么我想这么做了。

第一，我认为自己向公众承诺我将会"依据法律裁决"，对我而言，这一宣誓的底线就是我将不会做没有充分法律依据的事……

第二，如果我不能给自己的行为找到充分的法律依据的话，我辖区内的人民将会严厉惩罚我……不论是朋友还是敌人都会认为我违反了角色约束……他们会让我感受到他们的不满。

第三，通过有力的法律论证，我会确保我的结果被推翻的可能性大大下降。

第四，通过进行法律论证，我能影响未来案件的结果。

第五，我在此案中的行为将影响我在其他案件中的能力，提升或者损害我的法律和政治可信性……

第六，为自己的目的，我愿了解我的道德立场是如何转化为法律观点的。[65]

需要注意，第二至第六个方面试图合法化涉及个人欲求立场的原因是无关法律的。小肯尼迪想避免对他社会背景的不满，避免被老板推翻的尴尬，想行使一个树立备受尊重的先例的法官的权力，想提升他在未来案件中的作用，并满足他的好奇心。客观地看，这些动机很有可能不时打动法官们。不过，这里的关键问题是约束的概念。肯尼迪对约束的定义，以为裁决提供法律论证和法官内心的自利动机的紧密联系为基础。司法义务的履行将变得不公平。法律论证被小肯尼迪视为追逐由个人目的和政治信条决定的目标的工具。

然而，同样要注意的是，小肯尼迪合法化个人立场的第一个理由，与自利动机无关。不如说，它涉及"依据法律裁决"的承诺，并因此涉及坚守法律的司法责任。肯尼迪未说清楚是什么驱使小肯尼迪愿意遵守诺言履行义务。对此，有两种解释，或许他认为第二至第六个原因不仅推动了可敬的法律论证，而且促使对法律诺言的坚守。不过，那样的话，诺言将会被瓦解为别的动机；它对于约束的普遍观点将会变得多余。法律约束以法官内心相关欲求的动机结

---

⑥ Kennedy, "Freedom and Constraint," at 527-8. 我将这六种观点视为一种智力迷思。它可以意味着法官以一种预感开始审判，并检验它是否违法。如果意见没有写出来，这里并没有客观的立场使法官可以放弃预感。See Alvin B. Rubin, "Does Law Matter? A Judge's Response to Critical Legal Studies," *Journal of Legal Education*, 37 (1987): 307-14, at 311. Compare Joseph C. Hutcheson, Jr., "The Judgment Intuitive: The Function of the 'Hunch' in Judicial Decision," *Cornell Law Quarterly*, 14 (1929): 274-88, at 285-7.

构为前提。据此，当且仅当法官遵守法律时，法律约束才会与法官的个人及政治利益相一致。

这种对实际约束的理解是令人难以置信的，很可能也不是肯尼迪的本意。在他的陈述中，官员的誓言与自利动机无关。更重要的是，遵守法律的司法义务是将自利动机和将政治立场合法化的努力连接起来的桥梁。为什么小肯尼迪辖区的人民会因他未能作出良好法律论据而严厉惩罚他呢？因为他没有履行其司法责任，而这是人民期望他做到的。同样，如果他没有履行其司法责任，上诉法院也会推翻他的裁决。只有当人民认为法官关于罢工行为的立场是基于法律权威而非社论式的观点时，他们才会支持法官。司法共同体中的人士对依法裁决的法官的尊敬，也会提升小肯尼迪的声誉。总之，肯尼迪提出的动机原因对法律论证起作用只是因为小肯尼迪处在一个坚持尊重法律的司法共同体中。只有当司法责任的规范性至少被法律界视为惯例加以施行时，法律约束才能起作用。⑯

此外，一旦我们认识到司法义务在法律约束的解释中的必要性时，法官动机结构就被视作可有可无的。正如在诚信理论中说明的那样，我们可以简单地说，小肯尼迪被他遵守法律的义务所约束。他因此只能依据法律允许而不是法律排斥的理由行事，并据此作出裁决。法律排斥的理由包括，法官个人的政治信条（小肯尼迪欲寻机拒绝巴士公司的禁令申请），他对朋友及对手的批评的畏惧，他的管理和提升个人影响力的本能，以及他的好奇心。从概念上看，法律约束与个人品质无关。实际上，在不同情境下，自利动机可能加强或者削弱对法律的信仰。例如，一位用不法行为迎合有总统支持的强大政治势力的法官，可能会被提升到高一级法院里他梦寐以求的职位上。然而，如果法律约束意味着什么的话，那么这位法官也仍然被法律所约束。法律不允许他迎合强权换取私利，他逃避职业约束而应被严厉惩处。因此，自利动机不是法律起约束作用的条件。

5.4.2 性格

然而，否认法律约束和自我利益动机之间任何的必要联系，并没有为诚信这个主题解决问题。法官可以理解维护法律的司法职责和他有职责所需要维护的法律。这个问题可能存在着。为什么他要这么做？这个问题的答案取决于法

---

⑯ 这里采纳了哈特著名的社会规则观点，这里必然有普遍的服从来要求捍卫法律的司法义务，同时有一些受到法律共同体成员批评的不服从该义务的情况存在，并且这些受到批评的情况并不是它们自身所遵守的。See H. L. A. Hart, *Concept of Law* (Oxford: Clarendon Press, 1961), pp. 54－60, 110-14; chap. 8, note 4.

官们从道德理论中的一般哲学问题来区别对待这个问题。法官们不是或者不应该像普通人那样（如果有的话）。在表面上，他们经过严格的挑选，有一系列的标准。一定的标准是有高度争议的，特别是对重要的联邦法院的任命。然
164 而，在这些标准中，不具有争议的是关于候选人的司法性质。在很大程度上，政治的任命只在通过了司法特征测试的候选人中展开。在法律和司法特征的联系中，我们可以找到未决问题的答案。

个性可以简单地理解为人们在各种情况下用习惯的方式来处理的独特性格。人物的性格就像盐溶化在水中一样，它们渐渐地构成人物的性格而不是立刻就对人物的行为产生影响。然而，它们也不是如此无意识的。一个人可能会经过再三考虑作出与个性相反的事。人物性格并没有连接到我们的基因构成，也不是当场完成的。个性是用一辈子来调节和养成的，在一个人有过不同的经历以及得到智慧后不断地发展。有一些性格是在一个人的专业活动中养成的。对律师来说，专业性格依靠于法律文化，这样的法律文化为正在成长的法官提供了良好的环境。关注点主要在于良好审判的美德、对细节的注意、耐心、独立、真诚、主动、对一件事物有多角度认知的能力，以及坚持不懈。⑰

法官应该因为展现了一个律师的这些美德以及其他的一些什么而被挑选出来。许多律师，在一条法律、法规面前，仅仅看见了它的漏洞并去控制、利用那些容易被利用的条款，对法律采用一种见利忘义的态度（肯尼迪，用这种方式了解法律，就像他有了一个委托人，并大力倡导）。其他律师则倾向于寻找法律的
165 要点或者价值，使它对自己的委托人或者社团有用。后者养成的个性在法官遴选程序中是具有高度价值的。关键的标准——它隐含在公开辩论中——那就是候选人的守法行为、一丝不苟的诚实、个人诚信以及社区服务的记录，具有很高的价值，把这些作为一个个性来继续，这些习惯将使它成为一个固定的性格。

法律准则本身不保证它被服从，当且仅当法律与个人、政治利益一致时，法律才会起作用。如果事实如此，法官遴选的标准应该强调肯尼迪确认的第二至第六个动机。这是很荒谬的。与其这样，法律不如去关注法官是否有遵守法律的性情。法律因此驱使法官，依法律指引，按照预先存在的，塑造与受制于法律生涯的品质特征进行活动。但是，没有理由认为一般公众也有类似的性格特征。因此，对于法律的其他主体，这一基本的哲学问题依然存在。这一问题

---

⑰　例如，See Anthony T. Kronman, "Living in the Law," *University of Chicago Law Review*, 54（1987）：835—76。美国当前的某些实践似乎显示了某些相互矛盾的专业"美德"：进取心，竞争性，忠诚，最小范围，以及对策略的理解。

对于法官远没有那么严峻，因为法官群体在这一重要方面是，或者应该是与众不同的。

简言之，法治的授权链解释是宪政民主的题中之意。法治最好被认为是对法官有实际的限制，这一限制将法官行为的法律原因局限在授权链之内。我们期望法官由个人品质推动去承担其法律义务。只有这样，法律才能按照民主政治理论要求的那样，指引法官的行为。

第六章　关于法律的哲学观点

6.1　确定性与法律的性质

　　针对诚信命题，更加深入的一组反对意见可能注意到了关于法律性质的特定哲学观点。除了它们的核心特征之外，另外四种非常不同的哲学观点主张，法律必然地决定裁判结果。如果以上属实的话，法官就可以仅仅通过寻求由法律所决定的裁判结果，从而履行他们捍卫法律的义务。确定性情形将是司法义务在概念上所要求的一部分，而且法律之治之下自由裁量的观念将是一团模糊。然而，正如我们所见，这四种哲学观点中，对于将会使诚信命题无意义的法律的叙述，没有任何一种提供了足够的根据。司法义务将以确定性情形被剥离来理解。法官们可以通过运用在诚信之下的自由裁量权来实现他们捍卫法律的义务。关于法律，本质上并没有任何东西使得自由裁量不被允许。

6.2　规则的定义

　　一些读者可能认为，从定义上来讲，法律仅仅包含规则，而且规则指示裁判结果。显然，如果其是一组合理假设的话，那么诚信命题没有意义了。然而，它们构成了确定形式主义的一个断言，而不再需要额外的反驳。在当代美国法律理论的探讨中，规则的模式主要作为其他法律理论如何对照比较的一个衬托准则，在更为不知不觉中，其也作为一个隐含的界定何种成功的法律理论将被建立的准则。① 偶尔，一个作者会给确定形式主义贴上反对的观点，以作为一个批评其不好论证的修辞进路。确实，没有任何先验理由去相信法律能够、确实或者应该仅仅包含指示裁判结果的规则。人们可能认为，因为法律引导人们的行为，它应当决定由法律所要求的特定行为。一个可替代性的可能性在于法律通过改变一个人行为的理由来引导行为。② 进一步的论证是必需的，但目前没有一个学术理论家乐意去捍卫那个结论。③ 没有任何一个建设性的理论家应该去迎合那些运用如此一个无证据证实的选择作为批评准则的批评家们。结果，目前确定性情形不能够从作为确定规则的法律的定义中导出。

6.2.1　规则的体系

大多数当代法哲学家们仍然赞成规则是法律独特和必要的一个部分。和其他法律准则相比，很少有人就规则是什么或者规则发挥什么作用达成共识。就我看来④，法律规则可以有益地和其他法律准则——主要是原则和政策——区别开来，因为在一个成熟的法律体系中，它们有特定的结构性功能。然而，它们在司法裁判中并不必然导出结果。在司法裁判中的几种规则的作用之间的区分可以导出重要的隐喻。尤其我们将看到，某些当下著名的法律理论将法律描述为一个深刻冲突的事业，从而打开通往在司法裁判中关于社会生活的基本术语的政治冲突的大门。然而，这些理论依靠一个关于规则的并不发达和不合理的观点。了解到规则提供一个体系功能和理由而并非必然的结果，这使得

168

----

① 例如，See Stanley E. Fish *Doing What Comes Naturally*（Durham, N.C.：Duke University Press, 1990）[criticized in Steven L. Winter, "*Bull Durham* and the Uses of Theory," *Stanford Law Review*, 42 (1990)：639-93]；Joseph William Singer, "The Player and the Cards：Nihilism and Legal Theory," *Yale Law Journal*, 94 (1984)：1-70 [criticized in John Stick "Can Nihilism be Pragmatic?" *Harvard Law Review*, 100 (1986)：332-401]；Peter Westen, "The Empty Idea of Equality," *Harvard Law Review*, 95 (1982)：537-96 [criticized in Steven J. Burton, "Comment on 'Empty Ideas'：Logical Positivist Analyses of Equality and Rules," *Yale Law Journal*, 91 (1982)：1136-52]。

② See §§ 2.2 and following.

③ 规则模式当代最有力的支持者可能是肖尔，其关于假定的实证主义的观点将其和确定形式主义远远分开。See Frederick Schauer, "Formalism," *Yale Law Journal*, 97 (1988)：509-48；Frederick Schauer, "Rules and the Rule of Law," *Harvard Journal of Law & Public Policy*, 14 (1991)：645-94. For criticism, see "Symposium on Law and Philosophy," *Harvard Journal of Law & Public Policy*, 14 (1991)：616-852. See also Antonin Scalia, "The Rule of Law as a Law of Rules," *University of Chicago Law Review*, 56 (1989)：1175-88.

④ 对于这一思想的较早期的版本，See Steven J. Burton, *An Introduction to Law and Legal Reasoning*（Boston：Little, Brown & Co., 1985), pp. 41-82.

将法律至少想象成其内在冲突并非那么恼人的一个组合成为可能，即使不能将之想象成一个充分融贯的组合。

体系功能包含在司法裁判中规则的法律引导的两个形式维度。就第一个形式维度而言，在一组由规则指示的案件中，规则将实际的法律后果赋予其中的一个特定案件的当事人。⑤ 该形式是有关行为和结果的关系（"当……然后……"）。比如，过失规则规定："当被告违反正当注意义务——该违反是事实上的原因和损害的近因——而伤害到另一个人或者财产时，他就应当赔偿被害者金钱方面的损失。"那就是法律的一个规则，因为其将实际的法律后果——被告将支付补偿性损害赔偿金——附加到只要是过失案件指定类型中的任何一个案件上。从这个方面来讲，其形式对所有规则是共同的。⑥ 而且，一个规则的形式具有独特的功能：它帮助律师和法官去识别案件推理的共同起点，去定位那些相关的法律材料和去梳理那些能够明智地结合到一起的问题。更为重要的在于，法庭也通过如此一系列复杂的规则的引导，而去裁定法定的授权性补偿。这对于法官而言都是依靠规则开始和结束的好的理由，尽管另外一些渊源在此过程中也能被利用。相应的，原告负担援引一个法律规则的责任，如果这项规则被适用，他将如愿以偿。原则上，合法的司法裁定确定或者拒绝一条法律规则在某个案件中的适用。然而，这些形式的功能并不要求规则足以指示结果。

就第二种形式维度而言，规则经常授予法院决议，在一系列的法律问题被注意并且在一个法律决定作出的程序中被回应。比方说，在考虑义务是否被违反之前，我们必须首先考虑被告在侵权诉讼中具有法定义务；在考虑违反义务对于原告的伤害是否是一个事实上的原因和近因之前，我们必须考虑义务是否被违反。这一概念上的顺序在法律审议中是有用的，因为从原则上讲，不同的理由群依次涉及每一个问题。在事实因果关系的大标题之下，去就义务的问题重新提起诉讼；或者在危害的大标题之下，去就事实因果关系重新提起诉讼，这都是令人困惑和反复无常的。不同的原则和政策与裁决都有关系，而且规则使得它们不至于对每一个法律问题产生。没有方向般的游离。比方对于一个被告来讲，基于公共安全政策的考虑，他负有不去不安全地解除武器的义务，是

----

⑤ Ibid.，p. 68（"当与抽象案件关联的规则碰到具体案件的问题时，规则本身并不能提供答案"）.

⑥ See Richard A. Wasserstrom, *The Judicial Decision* (Standford, Calif.；Stanford University Press, 1961), pp. 36-8（法律规则和法律"能够被放入假想的规则——在其中先行词指示一种特定类型的关系、行为或者人，而结果指示应该从先行词的出现和发生中导出的法律后果——形式之中"）.

可能的。基于理性行为的普遍准则，他可能通过向天空开枪，已经违反那个义务。然而，他的行为并没有构成一个可诉的侵权行为，除非某人受伤，这可能 *170* 取决于物理事实方面的证据。侵害行为引起原告的损害的要求反映了责任原则，在一个侵权诉讼中，无论类似被告的行为是否应该被阻止，这些责任都是不应该被减轻的。由此，规则确保每一个法律问题无须都要转向关于基于周围环境的普遍公共政策考量。

在实体维度方面，法律规则和其他准则可以向由形式维度建立的体系中的案件的归类提供理由。焦点集中在由一个法律规则所指示的一系列案件中的某一个特定案件中的当事人身上。事实为基于语词含义的一个或者另一个法律归类提供一个理由。⑦ 另外的法律准则可能贡献支持性或者竞争性的理由。例如，这里可能存在这样一个关于过失的原则或者政策，其规定："为了其他人或者财产的安全，任何人都应该合理注意。"当通过对于此或彼的法律归类提供理由而解释许多不同的法律规则时，上述准则是有用的。相反，原则并不能对于归类赋予一个特定的法律结果，或者对于法律问题的解决确定一个裁决。原则具有的法律蕴涵主要在于，当原则提供赞成或反对一个案件——该案件是由法律规则所指示的一系列案件中的一个——的归类理由时，规则形成了法律主张的基础，并且正当化与该法律主张关联的救济措施。规则和原则都可能提供涉及特定案件的合法归类的理由。

对于法律体系的概念而言，法律规则的体系功能看起来是完整的。然而，在没有确定它们的适用范围的情况下，法律规则可以完成这一系列功能。也就是说，即使在发现所有相关的事实后，它们也没有必要确定由规则所指示的一 *171* 类案件中的任一特定案件中的当事人。在司法裁判中，去识别现有的法律归类与以一种基于法律材料的有序方式来归类案件都是必要的。区分这些维度使得我们清楚地看到，规则的独特性在于它们指示那个统一的归类性体系，从而使得法律具有自身的体系性品质。

6.2.2　规则的确定性

法律理论家们经常宣称，由定义而来的规则决定独一无二的正确结果，但法律由规则和其他准则组成。在规则定义上的确定形式主义的残余产生严重的

---

⑦　See Burton, *Law and Legal Reasoning*, pp. 68–77. See also Michael S. Moore, "A Natural Law Theory of Interpretation," *Southern California Law Review*, 58 (1985)：277–398, at 301–13; Schauer, "Formalism," at 520–35.

不良后果。假如规则提供一个综合性的体系功能并且指示结果，其他的法律准则在司法裁判中将是多余的。然而很明确，原则和政策也发挥了重要的作用。由此，可能的情况是确定性的规则和其他准则处于深刻的冲突中，因为并没有两种类型的准则的存在空间。相应的，跟随德沃金的观点，我们可能认为，法律本质上是一个竞争性的概念，在其中，各种基于确定规则模式对法律的理解（或者确定的惯习）与作为原则的不兼容的法律理念相互竞争。⑧ 或者，按照早期肯尼迪的看法，可以认为，在法律材料中另外的准则的可用性赋予法官在任何一案件中一个政治性的选择：去遵循合适的规则或者去遵循一个准则——从而产生了无所不在的和难以处理的不确定性。⑨ 在法律中如此深度和顽拗的冲突并不吸引人，因为它们打开了通向不可控制的政治类型。幸运的，当我们考虑到规则并不需要指示结果时，上述两种说法都失去了焦点。

172   那种认为作为和其他法律准则不同的法律规则必须指示结果的观点，其大概来源于罗斯科·庞德的法理思想。⑩ 然而，作为上述观点最有影响力的讨论出现于由哈佛大学法学教授亨利·哈特和阿尔伯特·萨克斯的关于"法律程序"的未出版的教学材料中。⑪ 当为了他们的目的而狭义地定义"规则"时，哈特和萨克斯非常谨慎地承认，该术语意味着任何法律的命题：

> 权威性的普遍指引的最精确的形式可能被方便地称为规则，尽管这一术语也常常被更广泛地运用于表明任何类型的法律命题。在狭义的和技术的层面（该术语在这里的使用）上来讲，规则可以被定义为法律的指引，其所要求的适用仅仅是物理或者精神事件的发生或者不发生的定夺，也就

⑧ See Ronald Dworkin, *Law's Empire* (Cambrige: Harvard University Press, Belknap Press, 1986), pp. 90−6.

⑨ Duncan Kennedy, "Legal Formality," *Journal of Legal Studies*, 2 (1973): 351−98; Duncan Kennedy, "Form and Substance in Private Law Adjudication," *Harvard Law Review*, 89 (1976): 1685−778.

⑩ Roscoe Pound, *An Introduction to the Philosophy of Law* (New Haven, Conn.: Yale University Press, 1922), pp. 56−60. 卡多佐和霍姆斯曾经表明，法律大致是确定的，但是也有间隙，在间隙中法官必须立法，即使是"间隙"进行。然而，说到法律，他们并不像庞德那样区分规则和其他的准则，即便后来变得司空见惯的那样。Benjamin N. Cardozo, *The Nature of the Judicial Process* (New Haven, Conn.: Yale University Press, 1921), pp. 113−15; Southern Pacific Co. v. Jensen, 224 U. S. 205, 221 (1917) (Holmes, J., dissenting).

⑪ Henry M. Hart., Jr,. & Albert M. Sacks, *The Legal Process: Basic Problems in the Making and Application of Law*, tent. ed. (Cambridge, Mass.: Harvard Law School, 1958), pp. 155−60.

是事实的定夺。(一个例子参见早先提到的 55 英里/每小时的车速立法。)⑫

德沃金早期的关于规则的观点类似但是更不谨慎⑬：

> 规则以"全有或全无"的方式适用。假如一个规则所规定的事实已经明确给出，然后，或者这个规则有效。在此情况下，该规则所支持的答案 *173* 必须被接受，或者这个规则无效，由此它对裁决结果并没有任何贡献。⑭

肯尼迪追随德沃金的定义⑮，而且大多数人都追随德沃金和肯尼迪的道路。但是哈特和萨克斯承认"规则"可以表达任何类型的法律命题，从而更为接近正确。

规则应该和其他准则相区别，这要根据它们独特的体系功能，而非它们的确定性。为了了解为什么是这样，我们需要首先考虑在确定的规则的观念中的一个显著的模糊性。为了指示结果，一个法律规则必须既有确定性的内容，又有支配性的效力。也就是说，一个规则必须识别一个单独的诉讼，并且要求法官去执行那个诉讼结果。分析而言，在内容和效力之间的区分起源于法律规则的形式性的陈述：

> 当 [一个事实性的情况发生时]，然后 [一个特定的诉讼程序应该被提起]，这才是法律。

就其他的一般法律命题而言⑯，其内容由非斜体的词语所指示，这代表了

⑫　Ibid. , p. 155. See also Lon L. Fuller, *The Morality of Law* (New Haven, Conn. ：Yale University Press, 1964), p. 106 （"法律是一项使人类的行为服从于规则之治的事业"）.

⑬　哈特和萨克斯的上述材料对于德沃金的著作可能尤有影响。See Vincent A. Wellman, "Dworkin and the Legal Process Tradition：The Legacy of Hart & Sacks," *Arizona Law Review*, 29 (1987)：413-74.

⑭　See Ronald Dworkin, *Taking Rights Seriously* (Cambridge：Harvard University Press, 1977), pp. 24，36. 德沃金后期的著作不再讨论规则，而且他关于简易案件的论述不再引发对于规则的如此理解。对于德沃金早期处理法律规则的方式的批评，See Joseph Raz, "Legal Principles and the Limits of Law," *Yale Law Journal*, 81 (1972)：823-54 （哈特所涉及的法律规则能够包含德沃金所谓的作为仅仅具有初始性效力的准则的原则）；Joseph Raz, "Legal Principles and the Limits of Law," in *Ronald Dworkin and Contemporary Jurisprudence*, ed. Marshall Cohen (Totowa, N. J. ；Rowman & Allanheld, 1983)：73-87, at 81-6 （手稿中包括了出版时删除的第一部分）. 关于德沃金的回应，see Dworkin, *Taking Rights Seriously*, pp. 72-80；Dworkin, "A Reply by Ronald Dworkin," in *Ronald Dworkin and Contemporary Jurisprudence*：247-300, at 260-3. See also note 17 below.

⑮　Kennedy, "Legal Formality," at 355 n. 10. See also Kennedy, "Form and Substance," at 1687-701 （将正式的规则看作一种参与性的角色）.

⑯　See §2.2.1.

174 相关法律体系中的某一部分的法律。这些内容并没有其他东西，仅仅具有信息性而已，因为它仅仅识别一般的情形，并且将之和法律结果的想法联系起来。法律独特的效力，如果有的话，来源于斜体词语所指示的内容。在其他情况相同的情形下，当所需的事实实现的时候，它迫使一个法官采取事实上所指明的诉讼程序。

　　法律的效力具有两种类型。它可能是一个单独的法律所要求的结果的效力，正如同德沃金和肯尼迪对待所有的法律规则一样。这可以被称为"决定结果的效力"。或者它可以是一个理由和其他理由群之间权衡的效力，这正如德沃金对待原则的方式。只有规则既具有确定的内容又具有决定结果的效力时，根据规则的确定性来区分它们才讲得通。在许多案件中，很多规则事实上确实具有与决定结果的效力有关联的确定内容。例如，就是否要提起有关所得税回报的诉讼，很少有人面对如此的一个疑难案件。很可能的是，在通常时间内，大多数人面对的是确定的关于联邦税收责任的规定。假如我们将所有的——明显地并不符合对 1986 年修正的《国内税收法规》"收入"一词的适用——东西都包含在"收入"一词中，内容确定的规则的数量将会无限地增加。在司法裁判中，每一个案件都包含有过多的法律问题。迄今为止，最好的部分已经没有任何难度地被解决了。

　　然而，规则也可以具有仅仅承载理由效力的确定内容，但就结果而言，规
175 则是不确定的。[17] 在里格斯诉帕尔默一案中，这个案件在上面被讨论过[18]，那个成文法规则已经决定了内容，因为通过其一般的含义，该成文法规则已经产生了一个将遗产转移给作为谋杀者的祖孙的理由。然而，在该事件中，规则并没有产生决定结果的效力，因为它没有成功，而这又是因为对原则分量的更大程度的考量。这并不意味着规则毫无意义。这仅仅需要标明的是，考虑到案件整个事实，规则没有足够的效力去决定结果。即使规则不能导出结果，通过提供体系功能和提供对于行为的决定性理由，规则可以引导行为。[19] 来源于规则

---

　　[17] 例如，一个典型的法律规则规定，由建筑商的原因导致违反建筑合同所造成的损害要和所允诺的完成工程的成本比较，但如果工程的完成将造成"不合理的经济浪费"，那么损害将在所允诺的和所收取的价值的差别之间衡量。*Restatement of Contracts* § 346 (1) (1932). 以上的规则并没有消除对法律理由——这些法律理由来源于每一个法律规则的分支——的衡量的必要性，从而决定是否存在"不合理的经济浪费"，将如上的规则都视为"准则"或者"原则"将会大幅度地减少规则的数量，并且可能丢失它们本身有价值的体系功能。就我的经验来看，无论何时它们相关时，都很少有规则是机械般地适用的。

　　[18] See § 2.3.1.

　　[19] See §§ 2.2 and following.

的理由可能被来源于其他类型准则的更强有力的理由所压倒。

　　当德沃金提出由一个有效的规则所支持的结果必须被接受，或者它对于结果没有任何意义时[20]；当肯尼迪断言，从定义上讲，法官或者遵循一个规则或者这个规则"不再有效力"[21] 时，隐含的意思是指一个规则必须有决定结果的效力，因为不管是否有其他方面的考量因素，法官必须按照规则所指示的行动。假如你因为像里格斯案并非例外而接受此种规则的观点的话，它们对于作为明确规则模式的法律的批评是非常醒目的。[22] 然而，我们没有必要接受他们关于规则的观点、随之而来的在规则和其他准则之间的区分，以及隐含的抛弃规则的请求。对于里格斯案更好的解释，是成文法规则具有明确内容，但没有决定结果的效力。规则为一个结果提供一条理由，从而阻止与该规则适用的竞争性理由相抗衡。规则、原则和政策都具有明确内容但没有决定结果的效力。

　　这一规则的理解对于美国法律理论具有重要的意义。德沃金和肯尼迪都主张，法律在法理上是深度复杂的，从而导致将法律和司法裁判理解为政治斗争的另一个战场。对于德沃金而言，法律是一个概念，其允许竞争性的概念，比如惯习主义、实用主义和他所赞成的整全法，这个整全法将法律作为一个原则而非规则的事物。这三个主要的思想贯彻了竞争性的政治图景，而且产生了关于司法裁判的竞争性理论。然而德沃金能够赞成整全法，仅仅是因为他依据他自己的作为解释的法律的思想——这无非是一个更加抽象的法律自身作为整全的版本——来评估其竞争对手。在德沃金的帝国中没有共同的标准——从中抉择可以被法官明智地予以比较；中肯的选择存在于社会的多种深刻冲突之间。同样，对于肯尼迪（至少在其早期作品中），法律包含规则和准则——其可以分别引发个人主义的政治和利他主义的政治。再一次，在任何一个案件中，对于赞赏一个竞争对手而超越另外的竞争者，这里没有任何共同的理由。法律被视为深刻复杂的，原因在于其包含处于重大矛盾之中的规则和准则。只有政治能够确定裁判案件时的形式。[23]

　　这些关于深刻和不可避免的冲突的有影响力的主张是被误导的。一个切实可行的法律准则的体系不能表明法官必须在同样的问题上，就原告和被告，给出一个裁判；在一个案件中，只有一个作为结果的诉讼是可能的。考虑到这些

176

---

　　[20]　See note 14 and text accompanying above.

　　[21]　Kennedy, "Legal Formality", at 355 n. 10.

　　[22]　See, for example, Schauer, "Formalism," at 515–19.

　　[23]　Kennedy, "Form and Substance." See also Pierre Schlag, "Rules and Standards," *UCLA Law Review*, 33 (1985): 379–430.

事实，德沃金和肯尼迪之间的深层次矛盾源于以下三个假设：其一，预设关于规则的必要体系功能。其二，指明规则必须指示结果。其三，引人注意到其他的准则可以优先于规则。考虑到这三个前提，这有一个推论是可能的：规则和

177 其他准则必然处于深刻的抵触之中。假如规则在法律中是必要的，并且必须指示结果，其他类型的准则就一定是多余的。但是另外的准则并非是多余的。因此，另外的准则必须和规则抵触，从而强迫在任何的抵触情形下，以法律之外的理由作出选择。假设如下的情况看起来是融贯的：法律是一个原则而非规则的事业，规则而非原则或者准则在几乎任何案件中，足以证成对抗规则的结果。

相反，对于规则必然导出结果的想法的拒绝，允许规则起到体系功能，并且对于司法诉讼提供决定内容的理由。另外的准则可以提供支持性或者竞争性理由——其和规则支持的理由相关，但并没有要求法官去做不可能的事情。所有类型的法律准则都能为法官以不同方式裁决提供理由，留下由自由裁量性的审慎决定的结果，这正是诚信命题所关注的。当以它们的功能而非效力来区分时，在规则和其他准则之间不存在深刻的冲突。进一步而言，在规则法律体系和原则法律体系以及其他准则的法律体系之间没有深刻的对立。由于没有必要在一个无所不在的法理学问题中采取立场，法律可以被理解成为一个如下的事业，即其并不是政治斗争的另一个场所。

一个需要谨慎对待的信息是：规则并不必然指示结果的主张被小心翼翼地定义为一个概念的主张。在实践中，规则可以偶然地指示结果的原因主要有三。[24] 第一，一个规则可以提供一个行动的理由，并且排除其他理由或者所有竞争性的理由，由此指示作为实践问题的法律论辩的结果。法律要求所有超过一定收入的居民去提起一个收入税收盈利的诉讼接近那个理想。第二，通过预

178 先排列它们的分量和排除一些竞争性的考量，一个权威的优先规则可以为两个冲突性规则中的一个提供决定性的效力。成文法规则由此隶属于美国宪法的规则。第三，按照在一个法律共同体中盛行的解释性惯例，一个规则可以具有显著优势的分量。如下的主张可能并不合逻辑：美国宪法第一修正案会撤销针对联合抵制行为的禁止令。这种联合抵制行为是指公交车司机躺在公交站外的大街上，阻止公交车的正常运行。但正如我们大家都知道的，这是经不住检验的。规范地来讲，具有有效的决定性效力的规则基于众多的理由在以下许多情形下是非常可欲的：当法律的可预测性是尤为重要的和可以理性地达到的，当

㉔ See also R. Kent Greenawalt, "How Law Can be Determinate," *UCLA Law Review*, 38 (1990): 1-86.

法律的目的仅仅是公正地协调活动，或者当法律寻求鼓励信赖，并且有人已经合理地信赖法律的确定性。没有决定性效力的规则在其他情形下是可欲的（这里并没有主张当下美国的规则的杂糅是合适的和可欲的）。

　　总之，诚信命题拒绝如下两种法律观：法律仅仅包含规则和规则的一个本质的性质，在于它们具有确定内容和决定结果的效力。它也反对近来的建议，即规则和其他准则相互间矛盾或者规则仅仅被当作修辞术——在法律体系中没有任何作用。法律规则通过指明分类机制和经常通过在一个案件中给法律理由排序，从而发挥重要作用。和其他准则一起，通过为一个法律分类提供理由，它们可能发挥更进一步的重要作用。然而，一个关于规则的合理的法律体系并没有为，法官为履行义务而捍卫法律从而坚持一个确定性情形，提供任何理由。

6.3　哈特的法律的概念

　　哈特在其对司法自由裁量权的论述中预设了一个确定性情形。他认为法官经常具有自由裁量权——这是他的承认规则理论以及法律准则的模糊性和开放结构的结果。㉕ 为了澄清问题，考虑一下司法过程的观念模型的四个步骤：*179*
（1）法官有义务捍卫他们身处其中的法律体系中的法律；为了执行他们的义务，法官必须（2）识别他们体系中的法律；（3）解释法律；（4）通过得出一个裁判或者裁定而相应地适用这些法律。确定性情形限制在案件中——在这些案件中，在第二步所识别的法律，包括关于解释的法律，足以充分地决定第四步中的结果——裁量义务的滥用腐蚀。当所识别的法律资料库是非决定性时，法官就有裁量权。对于哈特来说，"法律"仅仅由被包含在一个法律体系中的承认规则中的准则所识别的法律规则所组成。因此，在那个法律中的难以处理的不确定性要求法官在法律之外去寻找为得出某些结论而需要的渊源。由此，

㉕ "在任何一个当代法律体系中，都会存在这样的时刻，即所确立的规则无法以任一方式指示一个结果，以至于假如法院不得不裁决如此的案件，他们必须运用有限的'空隙'的立法功能或者'自由裁量权'。" H. L. A. Hart, "Introduction," in *Essays in Jurisprudence and Philosophy*, ed. H. L. A. Hart (Oxford：Clarendon press, 1983)：1–18, at 6. See also H. L. A. Hart, *The Concept of Law* (Oxford：Clarendon press, 1961), pp. 120–32（谈论确定含义的核心意义和不确定性的阴影部分）；H. L. A. Hart, *Essays on Bentham* (Oxford：Clarendon Press, 1982), p. 161（隐含的原则不是法律，原因在于不能指示结果）. See also Joseph Raz, *The Authority of Law* (Oxford：Clarendon Press, 1979), pp. 67–8, 70–7, 90–7, 180–209（"来源命题要求，理由冲突的解决方式在某种程度上——其彻底被社会事实依法决定，这些事实也是法律来源——也被决定"）.

承认规则的理论——由于其严格限制法律——是确定性状态的一个来源。

哈特关于不确定性和司法裁量权的哲学主张，应该在他的方法和目标的语境之下来理解。哈特的方法，旨在通过给出在其中不同的——由声明所表达的——概念的用法的有效条件而阐释法律的概念。㉖ 比如，这里存在这样的法律规则的表述："这就是法律，即美国居民应该按照 1986 年修正的国内收入法案的要求缴税。"这一论断的条件被称为识别一般法律命题的理由。㉗ 这里也有具体的法律权利、义务、权力和许可；比方说，"卡斯特罗对于阿巴特享有100 美元的权利"。作出如此陈述的条件，确切地说，可能被称为司法决定的理由。哈特认为，司法语言的阐述者，当他们作出如上陈述时，在他们日常的论辩里，预设了如上的条件。哲学家的工作在于去澄清留在日常法律论辩中的隐含的条件。

正如哈特在其关于法律的主要著作中所做的一样㉘，给出识别一般法律命题的理由是关于法律体系的一般理论的一部分，这在任何情况下，对于所有可能的法律体系都是真实的。哈特从一个关于法律的一般命题的陈述开始。然后他寻找这一陈述可以在法律论辩中适用的条件，且适用本身不会引发显著的批评，也不会在法律实践中作为有效的法律通过。哈特主张，当官员识别法律时，他们的实践揭示了，对于任何法律体系而言，承认规则的存在。那一规则包含关于法律有效性的体系的标准。相应的，识别有效法律规则的一般条件在于对——关于法律有效性的标准的——承认规则的满足程度。㉙ 一个特定的承认规则可能包含针对一个法律体系的特殊的标准，例如和 1787 年修正的宪法相一致。然而，一个特定法律体系的承认规则的内容并非哈特的一般法律体系的组成部分。㉚

就当下的讨论的目的而言，哈特的方法可以被接受，但是他的目的非常异

㉖ Hart, *The Concept of Law*, pp. 1–17; Hart, "Definition and Theory in Jurisprudence," in *Essays in Jurisprudence and Philosophy*: 21–48, at 21; Hart, "Introduction," at 1–6. See also Neil MacCormic, *H. L. A. Hart* (Stanford, Calif.: Stanford University Press, 1981), pp. 12–19.

㉗ 正如科尔曼所指出的那样，识别的问题包括认识论和语义学的维度。Jules L. Coleman, "Negative and Positive Positivism," *Journal of Legal Studies*, 11 (1982): 139–64. 除非另外注明，本文所指的为语义学维度。

㉘ See Hart, *The Concept of Law*, pp. 97–107. See also Joseph Raz, *The Concept of Legal System*, 2d ed. (Oxford: Clarendon Press), pp. 187–203; Raz, *The Authority of Law*, pp. 37–162; Joesph Raz, "Authority, Law and Morality," *The Monist*, 68 (1985): 295–322.

㉙ Hart, *The Concept of Law*, pp. 97–107.

㉚ 相反，对于承认规则的限制是由拉兹的来源命题所设定的。See Raz, *Authority, Law and Morality*.

于一个裁判所实际理解的目的。法官识别法律一般命题并且接受和适用它们，从而导出司法决定。司法裁判的实际理解关注司法决定的理由。因为两个原因，这些理由并不需要和识别法律一般命题的理由共同扩张。第一，命题的不同类型体现概念的不同用法；根据证据来看，它们在一个法律实践中的不同条件下被恰当利用。㉛ 第二，几乎没有人再认为，即使是在简易案件中，特定的司法裁决也可以从一般的法律命题和明确的事实发现中推导出来。㉜ 因此，除了一般的法律准则，一个法律体系必须提供给法官解释性的渊源，比如目的。这些渊源在哈特的术语中并非一般的法律命题：我们并不这样说，"一个禁止汽车在公园行驶的成文法应该被解释为进一步加强公园中行人的安全，这就是法律"。尽管如此，它们是法律材料——法官为了辅助其法庭合议而查阅——的一部分。

尽管有相反的且广泛的印象，哈特在其著作《法律的概念》第七章中并没有呈现出一个裁判理论。㉝ 相关的篇章仅仅应该被解读为对于一个可能的反驳——针对他关于规则的论述的反驳——的回应。该书的主题是法律体系一般是关于义务的初级规则与承认、改变和裁判的次级规则的集合。第七章是作为一个防御型行动——针对可能的反驳即"任何关于规则的法律概念的阐释必定是引入歧途的"㉞ ——而被引入的。相应的在第七章，哈特仅仅寻求展示规则具有足够的力度去服务由他的原则命题所赋予的功能，却没有认可明确形式主义。㉟ 哈特非常清醒地意识到，规则适用的问题是一个"更加广泛的主题"㊱。相似的，在 1958 年那场和富勒的著名论辩中㊲，哈特的关于裁判的讨论是对

182

㉛ 例如，在一个特定的案件缺乏事实的情形下，一般的法律命题都会被立法者和条约的起草者所主张。只有在案件中事实的集合已经具体化或者被设想，特定的命题才得以向前推进理解。

㉜ See Lochner v. New York，198 U. S. 45，76（1905）（dissenting opinion of Holms，J.）（"一般的命题不能决定具体的案件"）。

㉝ See also H. L. A: Hart，"Problems in the Philosophy of Law，" in *Essays in Jurisprudence and Philosophy*：88-120，at 98-109. See also Joseph Raz，"Dworkin: A New Link in the Chain，" *California Law Review*，74（1986）：1103-19，at 1107（"所有（承认规则）在于去识别哪些行为是立法行为和哪些行为使得作出具有约束力的裁判"）。

㉞ Hart，*The Concept of Law*，p. 120.

㉟ Ibid，p. 149（"这确实是一个现存法律体系的必要条件，即并非任一规则在所有的点上都是可以怀疑的"）。

㊱ Ibid，p. 119. See also p. 124（在类比推理中，将相关性和相似性的种类进行类型化处理，也会使得法律推理中的特殊事物变得类型化）；p. 144（确实有很多在此刻想不到的事物，需要进行具体信息方面的类型化处理……在制定法或者程序法中，法律留下开放的结构，这使得法官在发挥创造性功能时，有意识地使用了不同种类的推理方式）。

㊲ Lon L. Fuller，"Positivism and Fidelity to Law: A Reply to Professor Hart，" *Harvard Law Review*，71（1958）：630-72；H. L. A. Hart，"Positivism and the Separation of Law and Morals，" *Harvard Law Review*，71（1958）：593-629.

一个可能的反驳——该反驳针对他的主要的命题，即法律和道德的分离命题——的回应。㊳进一步而言，假如承认规则被认为是提供识别司法决定的所有理由的话，哈特的观点将呈现非特征化的不融贯性。承认规则作为法律没有认定——哈特和富勒认为对于法律解释而言重要的渊源——的目的㊴，也没有认定——哈特和德沃金所寻找到的司法裁决因素——隐含的原则。㊵他的法律体系的理论仅仅提供了一个关于裁判理论的限制：除非其是一个由标准——包含在法律体系中的承认规则中——所识别的一般法律命题，否则没有任何事物可以被算作法官有义务去捍卫的法律的一部分。㊶

这个限制是错误的。发展中的一般法律体系的理论的最为显著的风险在于种族主义的错误——其将自身法律体系的特征作为所有法律体系的必要的、核心的特征而加以对待。一个相反的危险在于普世性的错误，其将在所有法律体系中法律的一个必要部分的特征——基于所有的目的——当作恰当构想的法律仅有的特征。一种一般性的法律理论界定了法官在一种法律体系中捍卫法律的义务，但是并不能强制地说，这种法律理论在所有的法律体系中都要得到适用。当宣布司法决定的时候，法律的概念也被适用，并可以在如上适用中理解

㊳　哈特后来在法律推理方面的评论是对别人成果的评论，而非对其自身的积极贡献。See Hart, "Introduction", at 6–8；H. L. A. Hart, "Problem in the Philosophy of Law," at 106–8；H. L. A. Hart, "American Jurisprudence Through English Eyes：The Nightmare and the Noble Dream," in *Essays in Jurisprudence and Philosophy*：123–44，at 132–41；H. L. A. Hart, "1776–1976：Law in the Perspective of Philosophy," in *Essays in Jurisprudence and Philosophy*：145–58，at 152–8.

㊴　See Fuller, "Positivism and Fidelity to Law"；Hart, "Introduction," at 7–8.

㊵　Hart, *Essays on Bentham*，p. 161（法官以一种特殊的方式行使自由裁量权，这种方式是"以一种个案的方式推进法律中既有的道德价值或者原则"）. 然而，从哈特的观点来看，德沃金早期在这个问题上的批评——质疑承认规则的理论不能捕捉这些原则——并非很令人烦恼的。See Dworkin, *Taking Rights Seriously*，pp. 14–45. 对于承认规则可以捕捉到原则的论点，See Coleman, "Negative and Positive Positivism"；David Lyons, "Principles, Positivism, and Legal Theory", *Yale Law Journal*，87（1977）：415–35；E. Philip Soper："Legal Theory and the Obligation of a Judge：The Hart/Dworkin Dispute," *Michigan Law Review*，75（1977）：473–519. 更进一步来讲，当运用一个普通的语言方法时，我们的确会说："一个汽车制造商，因为自身的过失，对于被其商品所伤害的购买者负有责任。这是一条法律"，要确保此类陈述的条件，当其被运用在一般的法律命题中的时候，应该阐释法律的概念。我们不说，"任何人不应该从自身的过错中获利是一条法律"，我们也不说，"法庭不会允许自己被当作不公平和不公正的工具而使用是一条法律"。由此，德沃金关于原则的两个主要的例子，对于哈特的一般的哲学目的而言，在其相关的使用上并非"法律"的一部分。Dworkin, *Taking Rights Seriously*，pp. 23–4.

㊶　哈特有充分的理由限制其关切。由法律材料所提供的解释性渊源，在一个法律体系和另一个法律体系中变化非常大，以至于这些解释性渊源不能够被一个它所寻找的那种类型的一般理论所捕捉。关于裁判的研究经常宣称仅仅解释一个当地法律实践的集合。比方说，德沃金仅仅考虑在英美法律实践中的司法决定的理由。

更广泛范围的法律素材。"查阅法律"的法官并非仅仅查阅一般的法律规则。他或她会查阅法律素材的全部范围的内容，包括先例、隐含的原则和政策，以及法律社群中的惯习。这些解释性渊源一般不提供决定结果的法律准则，去解决在一般规则中的模糊性、歧义性或者删减内容；或者在相互竞争的法律规则之间斡旋。相反，这些解释性规则，通过提供附加的法律理由——这些理由需要在一系列由规则所指示的案例的集合中去为一个问题案件分类——巩固一般规则。

在上文中所述的模型[42]的第二步中所识别的法律规则是那些在所有成熟法律体系中所必要的、为体系功能服务的规则。在那个功能中，法律规则可能是一般地连接——在一个像哈特的框架内的——法律体系。然而，在对裁判的实践性理解中，如此的一个法律概念太劣质而不能胜任工作。在裁判的第二步中所识别的法律可能包含法律规则——在它们的体系功能中被理解。而且，更为广泛的法律素材的范围——包括法律规则的内容——可能通过允许和排除司法裁决的理由但不必然地决定结果，从而引导解释和适用。被允许的理由将会如诚信命题所关注的那样被衡量。结果，在一个裁判理论中，承认规则的理论没有给确定性情形提供理由。

6.4　正确答案命题

由德沃金所发展的正确答案命题主张，法律原则上决定了一个唯一的正确法律结果，并且法官的法律义务就是得出那个结果。[43] 就上文所述的关于裁判的四步骤模型而言，德沃金赞成法官受法律的约束，但这仅仅当第二步所识别的法律（原则上）决定结果时。也就是说，他接受或者预设了确定性情形。然而，德沃金关于如此识别的广泛法律概念，使得他主张法律在几乎所有的案件中，通过决定正确法律答案而约束法官。广义而言，德沃金主张特定类型的道德原则是法官有义务去捍卫法律。尤其，政治道德原则就是法律，当它们通过与社群法律实践的"符合"要求的门槛和当证成国家在使用胁迫方面比其他符合的竞争者在道德上更加有吸引力时。对于一个生命力旺盛的法律传统的最好解释支持有吸引力的原则，这些原则在疑难案件中具有

㊷　See text following note 25 above.

㊸　德沃金在这个问题上最完整的论述，See Ronald Dworkin, *A Matter of Principle* (Cambridge：Harvard University Press, 1985), pp. 119-45.

不兼容的含义。然而，原则具有分量的特性并且某些将比其他更具分量。法官的义务就是按照最有分量的原则行动，考虑到在最好的角度显示社群整体实践的判断而推翻过去错误的司法裁决。尽管平局的情况是可能的，德沃金认为，在所有其他案件中，法律原则的集合决定了一个独特的法律结果。

如果以上的观点是合理的，德沃金的命题将会挑战诚信命题，因为其需要确定性情形。如果法官有义务去捍卫法律——如德沃金所倡导的——决定正确结果；然后，法官捍卫法律的义务，只有通过得出由法律所确定的结果才能得以满足。这将会取消显著的司法自由裁量权被允许的可能性，磨灭诚信命题的意义。确切地说，德沃金拒绝"法律的语义学理论"，这一理论要求将案件的确定性判决作为法律意义的自然结果。[44] 他拒绝解释性的惯习主义，其要求确定的法律结果，透过隐含规则所投射其上的词语含义，从而解决期望。[45] 然而，他并不挑战如上的确定性情形。他利用正确答案命题，部分在于展示其可以被满足。

我将在这里提出一个抵制德沃金的正确答案命题——其关于司法裁决的立法属性的命题——的理由。德沃金的观点主要依赖于他的原则的观念，尤其是原则的分量。[46] 然而，他还没有特定就分量的理由论述很多。[47] 只有分量的理由全部必定都在针对法律的理由中，法律确定了一个唯一正确的答案的主张才是合理的。结果将由法律和其他事物所决定。相应的，德沃金的正确答案命题看起来主张，识别抽象原则的理由和衡量它们的理由是相同的。[48] 例如，研究"法律命题"基础的《法律帝国》载有：

> 所有不同的陈述和主张，即人们声称法律所允许、禁止或者赋予他们
> 去做的事情。法律的命题可能非常一般，如"法律禁止国家拒绝在第十四

---

[44] Dworkin, *Law's Empire*, pp. 31–46.

[45] Ibid., pp. 114–50. 德沃金的惯习主义命题失败了，但是它可以作为我们在第 6.2 节和下文所讨论的一个关于决定结果的规则的解释性版本。

[46] 法律的相关原则，和德沃金所定义的规则是相反的，是被考虑进来作为支持一个倾向或者另一个倾向的因素，这在某种程度上取决于其分量。Dworkin, *Taking Rights Seriously*, pp. 26–7, 71–80. 较之其他任何人，德沃金已经构筑了一个建立在具有分量的原则的基础上的法理学。

[47] 德沃金早期的观点是分量依赖针对原则的"制度性支持"的数量，正如案件和成文法出现率所表明的。See Ibid., pp. 14–45. 对于这一观点的批评，See §2.3.2. 相同效果的情况没有在《法律帝国》一书中出现。

[48] 他的著作没有充分地论述到我们可以自信地肯定德沃金特意致力于在这个问题上的立场的程度。

修正案的含义之内提供平等保护"；或者更加不一般，如"法律确实对受同一雇主雇用"的雇员的损害提供补偿"；或者非常具体，如"法律要求阿克米公司对约翰·斯密斯在去年2月份在其被雇用期间所遭受的损害进行赔偿"[49]。

没有区分一般和具体的命题，德沃金说，"每个人认为法律命题——因为另外的、更熟悉的命题的类型——对或者错（或者都不是）"[50] 是法律的基础。因此，看起来抽象和具体的法律命题的基础是一样的。

当德沃金的英雄法官赫克利斯决定疑难案件时（在其中竞争性的法律原则指明不兼容的结果），对德沃金立场的如上理解就可以被确信了。按照德沃金的理论，法律的根基来源于漫长的法律实践过程，以及政治道德的正当性。这些正是寻找对法律的最佳解释时，最需要依据的东西。然而，在疑难案件中，"符合"和"证成"失去了它们的平等地位，"符合"被卷入了证成之中。[51] 再次，在最好的一般解释中的竞争性原则可以"要求某些非任意的优先框架、衡量或者调适……这反映了它们在政治道德更深刻层次方面的各自渊源"[52]。到头来，赫克利斯没有给出任何理由而仓皇地得出结论："我认为尽管在两个原则的每一个背后的冲击力都是吸引人的，但第二个在此环境下是更加有力的。"[53] 由此，德沃金在如下两个方面划清了界限：一是被用来识别抽象法律命题的浅层次的政治道德；二是当它们竞争时，被用来衡量它们的更深层次（的政治道德）。更深层次的本质以及分量的理由却留下来没有被解释，仍然保持神秘。

关于这一简短但重要的章节，有两种解读。一个是分量的理由从法律转移到位于法律之外的独特政治道德，这可以提供非恣意的正确答案命题所要求的基础。然而，这是一个并不吸引人的解释，原因在于，它仅仅将分量问题向后推移了一步而已。在疑难案件中，那"更深层次的政治道德"也会针对赋予的分量而产生竞争性理由；这些竞争性理由也将需要被衡量。向道德或者任何其他超法律的准则的移动，形成了一个倒退；只有通过或多或少地衡量当时所识别的理由——正如诚信命题所表明的那样，倒退才可以被阻止在任何一点

188

---

[49]　Dworkin, *Law's Empire*, p. 4. See also pp. 109–11（区分法律的理由和效力，把后者从考虑中排除出去）.

[50]　Ibid.

[51]　Ibid., pp. 257, 263.

[52]　Ibid., p. 269.

[53]　Ibid., p. 271.

上。没有任何理由进入倒退之中。在疑难案件中，不管理由多具有竞争性，在我们识别由惯习性法律所保证的理由（作为司法裁决的理由）之后，我们能阻止倒退。

第二种解释是"深层次的政治道德"在某种程度上位于识别法律的理由之中。德沃金不会进入倒退之中，这是为什么当赫克利斯就分量得出自己的最终结论时，他不再给出理由了。德沃金必须保证那些被衡量的原则的依据，恰恰是使它们成为法律的依据：重复一下，如果衡量的依据与抽象法律命题识别的依据不一致，那么正确答案命题就不可能被维系。就第二种解释而言，德沃金的正确答案命题对诚信命题提出了挑战。基于上面给出的理由[54]，诚信命题拒绝承认所有衡量的基础位于识别法律的理由之中。相反，它特别主张理由的集合体就是衡量的基础，这种集合体反映了法律标准因其规范性而独立于案件事实本身，同时也独立于混合了法律标准和案件事实的法律理由。

诚信命题是优越的，原因在于法律理由的分量确实在（由案件事实所引发的）原则发挥作用过程中变化。分量并没有作为抽象原则的特征而确定下来，因为没有任何法律原则，在它们竞争的任何时候，都优先于另一个。如下的假设也是不合理的：作为一个整体的法律原则体系，为每一个法律理由在所有可能的理由的集合——其产生于所有可能的世界——中确定分量。[55]缺少如此的假设，采取信念或者仅仅假设作为一个关于法律的先验真理，我们难以想象一个深层次的政治道德如何能够包含非恣意的基础，因为在案件中随着理由的集合而有不同的分量。因为任何理由的分量都依赖于理由的集合，法律不能够预先决定所有的分量，并且由此原则上不能决定结果。法官拥有自由裁量权，因为在法庭上才能够实现事实混合的如此多变。

作为回复，这里的不同是非常微小的。在裁判中，有关系的唯一的法律是那些与案件有关的法律。任何法律的相关性依赖于——在案件援引法律的——事实的存在。然而，规范性效力和分量拥有它们的渊源，该渊源存在于抽象的规范性准则，而不在简易的、懒惰的事实之中。因此，我们可以得出结论：分

54　See § 2.3.2.

55　在德沃金的理论框架之内，如此的理解可能仅仅在付出如下的代价时才能形成：放弃正确答案命题或者丢弃这样的法律观念，即它至少给一些固定的先例以特定的分量，即使先例是被误解的。See S. L. Hurley, "Coherence, Hypothetical Cases, and Precedent," *Oxford Journal of Legal Studies*, 10 (1990)：221–51, at 244–51.

量的理由被证明竟然存在于抽象的法律准则之中，仅仅归属于预设的要求，这些要求可能在案件中有关联。

　　澄清以下的观点是有益的：分量以案件中理由的集合为基础。理由分量的　190
渊源并非仅仅在于抽象法律准则——其是同样的理由的一个组成部分——之
中。在里格斯案件中，仅有的孙子杀死其祖父的事实是一个不允许他继承的理
由——基于尊重立遗嘱人的自主原则，我们有理由相信，假使祖父知道他将会
死于其孙子之手，他将不会将其孙子选定为他的继承人。然而，假如孙子杀死
祖父而去阻止遗嘱意志的改变，这里会有另外的理由阻止孙子继承遗产。那是
一个法律理由，因为，根据一个熟知的法律格言，法庭不应该允许孙子故意从
自己的过错中获利。非常重要的，额外的理由凭自身的资格而具有分量，并且
也促进基于尊重立遗嘱者自治原则的理由的分量。在后一种情形下，祖父已经
形成一个剥夺孙子继承权的意愿，并且其被孙子阻止形成此意愿。相反，假设
祖父是不可救药地生病并且遭受痛苦。孙子主张其实他是辅助自杀，尽管这可
能是安乐死。现在，基于上述格言的理由的分量在减少。基于立遗嘱者自治的
理由的分量，在孙子的行为是安乐死的情况下被减轻了，而在辅助自杀的情况
下消失了。

　　理由的分量——孙子杀死立遗嘱者——由此根据案件中另外的理由而产生
变化。结果，如下的说法是误导人的：衡量的理由包含在法律的理由之内，好
像已经识别了法律全集中所有的抽象的法律准则，在几乎所有可能的案件中，
正确答案由此已经被预先决定。就我看来，如果正确答案命题要取消司法自由
裁量权，并且使得诚信命题没有意义，那就是正确答案命题所必须主张的。被
承认的裁量权命题是一个更加合理的选择。被承认的裁量权命题允许两个或者
更多的选择性决定在同样的案件中都可能是合法的。从一个批判的立场来看，
没有被任何捍卫法律的义务所阻挡，这个或者那个选择都是正确答案。但是在　191
司法义务中作为一个实践问题，所有的决定都是合法的，也是重要的。

　　诚信命题尊重司法裁判的特殊性，这是一个在法律之下解决特定纠纷的过
程，因此将法官与立法者或道德哲学家区别开来。诚信命题更好地考虑到事
实——即从司法的立场来看，法官的义务在于解决具体的法律问题——产生于
具体的个案之中。诚信命题没有混同衡量的理由和识别抽象法律准则的理由，
由此将原则的地位和它在具体的司法决定中的效力相混合。诚信命题慎重地将
裁判的独特特征视为一个依法解决特定纠纷的过程，由此从立法者和道德哲学
家中将法官区分出来。

6.5　语义自然法

麦克·摩尔的哲学表明了另外的由于法律的本质搁浅确定性情形争议的途径。⑤ 然而，摩尔的法理学与诚信以及可承认的裁量命题之间不完美地吻合。这些命题关心这些条件，即在其中法官履行捍卫法律的司法义务——司法决定的依法作出的特征。它们不关心这些条件，即在其中一个司法决定是道德上正确的，而这是摩尔的哲学兴趣所在。⑤ 尽管如此，摩尔的语义自然法路径可能证实法律结果只是抽象确定而已。如果是这样，捍卫法律的司法义务将要求法官去寻求如此被决定的结果。反过来，由于法官有义务去捍卫法律的本质，这将使得确定性情形变得必要。

基于语义学的最新发展⑤，摩尔论述道，法律涉及具有本质属性的事物的真实类型。例如，使用"死亡"一词的成文法可能被理解为描述死亡真正所指的任何事物，甚至当成文法包含一个——根据惯习或者制度性的理解——关于"死亡"的特定定义时。⑤ 根据一个老的成文法关于死亡的定义，当一个人的大脑已经停止运行，但是他的心脏和呼吸功能尚未停止运行时，这个人可以不被视为死亡。然而，假如关于死亡到底是什么，当下我们最好的理论定义其为大脑功能的停止，那么一个法官可能就有义务去认定那个人已经死亡，尽管有老的成文法解释（或者起到同样效果的更加流行的惯习）。死亡可能是一个事物的真正类型——一个"自然类型"，对此我们拥有更好或者更坏的科学性理论。成文法可以指涉我们拥有本质属性的那一类型。在所有其他事物相同的情况下，成文法的恰当适用可能自然地确定，即使我们关于它们的指涉是不确

-----

⑤　Moore, "A Natural Law Theory of Interpretation"; Michael S. Moore, "Precedent, Induction, and Ethical Generalization," in *Precedent in Law*, ed. L. Goldstein (Oxford: Clarendon Press, 1987); Michael S. Moore, "The Interpretive Turn in Legal Theory: A Turn for the Worse?," *Stanford Law Review*, 41 (1989): 871-957. See also Michael S. Moore, "Moral Reality," *Wisconsin Law Review* (1982): 1061-156; Michael S. Moore, "The Semantics of Judging," *Southern California Law Review*, 54 (1981): 151-294.

⑤　Michael S. Moore, "Three Concepts of Rules," *Harvard Journal of Law § Public Policy* 14 (1991): 771-96, at 793. See §§ 7.1 and following.

⑤　See generally Saul A. Kripke, *Naming and Necessity* (Cambridge: Harvard University Press, 1972); Hilary Putnam, "The Meaning of Meaning," in *Mind, Language and Reality*, ed. 2 vols. (Cambridge: Cambvidge University Press, 1975) 2: 215-71.

⑤　Moore, "A Natural Law Theory of Interpretation," at 322-38.

定的。⑥ 根据摩尔的观点，成文法定义只是被假设为关于死亡真正是什么的一个理论而已。解释者应该按照当下他或她所掌握的最好的理论去解释，即使惯习性理解指向了相反方向。而且，摩尔相信，存在一个包含"道德类型"的道德实体，法律规则中的道德术语以相同的方式被提及。进一步而言，某些法律词语指涉"功能类型"，其可以互相比较地来运行。⑥

193

　　然而，接受此解释理论需要跨越几个障碍。第一个障碍是形而上学。这对于大多数律师和法官来说很难去认真对待，尽管专家型的哲学家对此的兴趣近来有所回暖。⑥ 这里并不是从事那种——对于彻底解决形而上学问题而言必要的——哲学论辩的地方。然而，就论点包含了非自然的类型和其来源于希拉里·普特南的原创工作而言，两个生物的观点证成了怀疑。⑥

　　根据普特南的观点，事物的自然类型具有一个"隐藏的本质"，这在所有可能的世界中都是相同的。由此，他貌似可信地论述道，水在所有可能的世界里都是 H_2O。⑥ 语义自然法预设道德概念也有一个隐藏的本质，但是非常难以想象和水对应的事物是什么。最近的一个去解释它的努力看起来似乎是自我反

194

　　⑥　即使当所有的其他事物不相同时，摩尔也认为每一个相关因素具有一个"正确分量"，而且它们可以联合起来产生"正确决定"。他没有详细阐述此一论断。Moore, "A Natural Law Theory of Interpretation," at 370-4; Moore, "Three Concepts of Rules," at 793-4.

　　⑥　摩尔将规则中的术语归类为指涉自然类型、道德类型、人造类型、功能类型和法律类型。他将他的唯实主义语义学运用到自然类型、道德类型和功能类型，他怀疑人造类型（像"单桅帆船"）的存在，并且拒绝将他的语义学运用到法律类型中。Moore, "A Natural Law Theory of Interpretation," at 322-8；328-33, 300n. 39, 301n. 44；Moore, "Precedent , Induction, and Ethical Generalization," at 206；Moore, "The Interpretive Turn in Legal Theory," at 881-90. 布林克教授明显地比摩尔走得更远，并且根据同样的语义学理论对待法律规则中的所有术语。See David O. Brink, "Legal Theory, Legal Interpretation，and Judicial Review," *Philosophy and Public Affairs*，17 (1988)：105-48, at 116-21. 至于批判意见，see Stephen R. Munzer, "Realistic Limits on Realist Interpretation," *Southern California Law Review*，58 (1985)：459-75；Dennis M. Patterson, "What Was Realism? A Reply to David Brink," *Canadian Journal of Law and Jurisprudence*，2 (1989)：193-5.

　　⑥　法律学者们对形而上学唯实论的冷淡回应在摩尔的如下著作中被考察：Moore, "The Interpretive Turn in Legal Theory"，Note, "Relativistic Jurisprudence：Skepticism Founded on Confusion," *Southern California Law Review*，61 (1998)：1417-509（by Heidi Hurd）。

　　⑥　在克瑞派克的唯实论语义学版本中，当某人用一个词语来给特定的事物命名时，一个词语首先就和事物的物理类型历史地联系到一起了。他认为在起名和流行的适用之间存在因果链。在所有可能的世界中，词语最终僵硬地固定于——由最初事物所示例的——事物的类型。由此，他论述道，我们用"老虎"一词去指称同样类型的事物，而这也是，自原初的命名之后，每一个人通过那个词语都指涉的事物。Kripke, *Naming and Necessity*, at 91-7, 116-29, 134-44. 摩尔没有提及原初命名。自从原初命名之后，是否每一个人都用像"该受责备的""尊敬""义务"和"善"，更少的"担保物权"或者"公司"等词，来指涉相同类型的事物。

　　⑥　Putnam, "The Meaning of Meaning," at 223-35.

驳的:"正如水事实上是 H_2O……错误事实上是不公;并且苛责事实上是自愿。"⑥ 而且,这个道德类型的唯实主义理论如何能讲得通与可能世界——在这里存在物所拥有的道德兴趣和我们自己的非常不同——的关系?例如,在一个并不匮乏的世界中,财产权将会和在我们的世界中的大大不同。⑥ 进一步而言,在我们的文化中,对于个人尊重的道德要求禁止同类相食。然而,世界上存在这样的文化:在其中吃掉被打败的敌方战士的尸体,是一种表示尊敬的行为。对于人尊敬的道德原则可以是普世有效的,尽管在所有可能的世界中,其例子变化太大,以至于道德类型无法拥有本质特性。

另外一个障碍在于这样一种观点:法律准则或者它们中的许多部分,事实上指涉独立实在的特征,并且法官有义务如此解释它们,尽管有权威的立法者、法律解释者和实践律师惯习的理解的观点。由此,一个人可以为了谈论的目的而接受一般的语义学立场,但是还是表示异议。即使形而上学是正确的,也不能推导出社群的法律指涉道德和功能的实在。毕竟,形而上学的问题是模糊的,并且是长久有争议的。一个社群中的法律的主要功能在于为生存提供一个可操作性的框架体系,从而避免关于存在的术语的无尽争论。相应的,法官应该协调他们的裁决。通过怠慢此功能和实际的认识论困难,在将他们归入到孤独的形而上学学者中之前,我们应该谨慎。

195

一个主要的可供选择在于认为,法律术语指示案件类属——惯习地被创造和解释(即使有一些与独立存在的事物类型相重叠)。也就是说,成文法术语像"担保物权"或者"公司"可能指示情形的类属——在我们法律世界的法律中,上述情形中存在一个担保物权或者公司。然而,那个类属,就独立于我们的惯习性实践和控制方面而言,可能并不存在;并且只要这些实践缺席的地方,那个类属也不存在。如果是这样,在有关那个类属的案件中,当事人将依靠惯习性标准。⑥ 法官的义务可能在于同相关的惯习一致地去裁判,即使惯习异于独立于惯习的实在(在此案中,法官可能被恰当地以唯实主义理由批判⑥)。存在没有给法律规则的确定性提供基础。

思想实验不会解决形而上学唯实论者和惯习主义者对法律术语指涉的理解之间的争议。对于假设的案例的直觉反映以此种方式发生变化,其拒绝了一个

---

⑥ See Heidi M. Hurd, "Sovereignty in Silence," *Yale Law Journal*, 99 (1990): 945-1028, at 1001-2 (emphasis in original).

⑥ 我非常感激希拉里·普特南在一次谈话中提出这些问题。

⑥ Burton, *Law and Legal Reasoning*, pp. 125-64.

⑥ See §§ 7.1 and following.

决定性理由的任何一面。进一步而言，对于一个可能如唯实论者所设想（像"死亡"）的那样运行的术语的每一个例子而言，也存在看起来像惯习主义者所设想（像"担保物权"）的那样运行的另外的例子。唯实论者可能认为，人工法律术语（像"担保物权"）仅仅是事物（像"财产"）更加一般的类型的例子而已，或者他可以想象新的实体，从而避免反对意见。⑩ 然而，惯习主义者有几个回应：即使像"死亡"这一术语也被立法者在一个文化——其多年没有认真对待道德唯实主义——中习惯地适用。由立法者承担责任并且作为法律制定 196
者而拥有权威，他们的词语应该以他们所承认的方式来被解释。美国国会的政客们并没有按照道德实在行事，我们不应该视他们的行为为非他们自己的行为。而且，法官捍卫法律的誓言，是他被授予权威的正当性来源，民众也因此诉诸法律。民主、分权、可预测性、注意和法律之下的平等对待的必要条件，都反对违反法律，即脱离对其含义的惯习性理解。社群中运行的法律完全不需要一个法官，甚至表面上，去寻求结果——没有任何其他人认为是正确的法律结果。

根据惯习主义者的论述，法官的法律义务是以和相关解释性共同体的社会实践和倾向一致的方式解释法律，即使当结果异于道德实在时。⑰ 之所以如此，有三个原因。第一，道德对于许多社会问题允许有广泛的解决途径。在被允许的范围内惯习主义部分被包含在——不能以语义自然法形式解释的——法律中，因为法律指涉当地实践，像不动产登记中的不同的登记类型：竞赛型登记、通知型登记、通知—竞赛型登记、托伦斯登记等。⑪ 此类案件中这些人工法律术语将指称，可以这么说，"法律类型"，而这连摩尔本人也拒绝支持。⑫ 解释的惯习性理论应该很确定地被采用。一旦人工法律术语被引入，如下的问题将是一个公开的问题：多少法律包含此术语，包括哪些具有道德或者 197
其他用法但在成文法或先例中被特别界定的术语。第二，道德要求或者禁止某

---

⑩ See Moore, "The Interpretive Turn in Legal Theory," at 881-90（提出人造法律术语指涉"功能性类型"）.

⑰ See Chap. 2, notes 1, 38, 55.

⑪ 此观点包含了，比方说，把法律作为协调问题（和更多）的途径的重要观点。See generally Finnis, *Natural Law and Natural Rights* (Oxford: Claredon Press, 1980), pp. 231 – 51; Edna Ullman-Margalit, *The Emergence of Norms* (Oxford: Claredon Press, 1977), pp. 74 – 93; Leslie Green, "Law, Coordination and the Common Good," *Oxford Journal of Legal Studies*, 3 (1983): 299-324; Gerald J. Postema, "Coordination and Convention at the Foundations of Law," *Journal of Legal Studies*, 11 (1982): 165-203.

⑫ See note 61 above.

些解决办法，在哪些情况下，被惯习地解释的法律可能被误解。我将在下一章论述，在那种情况下法官的法律义务，是去捍卫法律的惯习性理解，而不管法律体系普遍上是否是公正的。在一个邪恶的法律体系之下，忠诚和尽职的法官和该法律体系的邪恶是充分地串通一气的，并且其理应受到可能的严厉批评。法官的道德义务可能是辞职或者参与到来自法官席的不服从中，在每一个可能的机会中，向那些行为扔去破坏性的东西。道德义务并非是去给邪恶的法律蒙上一层道德的光泽，佯称它们比真实的它们更好，并且作为一个为邪恶辩护的辩解手。第三，道德作为评价法律的理由而发挥作用，当法律有道德上的缺陷时批评法律，尽管法律仍是一个惯习的东西。[73] 保持法律的惯习主义的观念使得道德批判更加彻底。道德批判不应该被立法者在宣布法律时所使用的词语所牵制。

语义自然法理论家可能如此回复：当法官认为，在一个大致公平的法律体系中，在特定法律问题上，惯习被误解时，问题更加相关和困难。可以这样认为，法官为了公平，应该遵照他或她自身的信念并且纠正错误。这可能是摩尔的立场[74]，尽管这必须要翻越另一个障碍。在对裁判的实践理解中，如果没有越过认知上的疏漏，法律的形而上学不能支持确定性情形。假如法律社群中的成员可以在诚信下用所有适合于律师的技巧，在一个案件的全部裁判中，轻易地不赞成一个结果；那么，坚持法律结果被形而上学地决定，这并不服务于实际的目的。

而且，排除认识论因素并没有得到证成，因为认识论的谦卑可能对于作为一个实践性事物的司法行为而言是一个理由。考虑一下法官被要求就如下情形作裁决：律师在破产案件中是否可以通过在破产客户的个人财产上设定一个担保物权，而确保他或她自己的律师费用的安全。问题是很明显的，若律师在商业行为中是并且有能力对有利益关系的财产作优先的处理，则不利于其他债权人的利益。在此类案件中，律师的义务是相当清楚的。设定一个抵押担保——附随有对其在抵押权范围内的财产上给予平等地位的义务，原则上讲，这并没有错误。然而，法官可能担心利益冲突。他或她知道财产的优先性处理可以采

---

[73] 例如，Hart, *The Concept of Law*, at 181-2-7；Hart, "Positivism and the Separation of Law and Morals," at 594-600；§ 7.2.1. 法律和道德的重要性都被法律实证主义者和自然法哲学家所肯定。例如，See, John Finnis, *Natural Law and Natural Rights*, pp. 351-6. 认为法律实证主义者一般都寻求以法律代替道德的假定是一个普遍和严重的错误。

[74] 摩尔认为法官永远不应该使自己成为不道德的工具。See Michael S. Moore, "Authority, Law, and Razian Reasons," *Southern California Law Review*, 62 (1989)：827-96, at 859-73. See Chap. 7.

取隐晦的形式，这是很难发现和证明的。这些认识论上的关切是法官采取如下观点的理由：在破产案件中，没有一个律师能为了确保自己法律费用的安全而设定一个担保物权。它们是法律政策——其可以恰当地改变结果而去防止可预见的错误——的理由，而非原则的理由。[75]

当"做哲学工作"时，如下的做法是合适的：区分认识论和形而上学问题，并且在形而上学层面处理这些重要的哲学问题。相反，当一个法官身处法官席之上时，很尖锐的区分是不合理的。法官可能是一个坚定的道德唯实论者，并且对他或她个人的道德判断有信心。然而，人类判断的集聚和惯习，这些我们一般称作"法律"的东西，就能抵挡错误，当法律体系大致是公正时。任何一个法官都至少和法律共同体的规范一样容易犯错。易误性劝告尊重反映在其解释性规范中的法律共同体的集体判断。如此的协调，即对司法自我正义性的制衡，退一步说，看起来是高度可欲的。

法律解释的惯习主义者的理论没有要求确定性情形。这并不需要拒绝如下的观点：存在一个包含事物真实类型的实在，或者甚至道德实在在原则上搁置关于法律是否合理的道德批判。其确实拒绝如下观点：法律规则一般指涉事物的独立惯习的类型，并且法官应该在法律共同体的解释性惯习之外去解释法律。即使语义自然法在形而上学意义上是正确的，其对于将法律规制的裁量权视为一团糟的观点，并不能产生充足的理由。像其他许多法律理论一样，语义自然法集中关注案件中的结果和法律与这些结果的关系。对于诚信命题如下的主张——法律为司法结果提供了理由，而不是必然提供结果——语义自然法并没有提供有说服力的论证。

总结一下第二部分，对于诚信命题主要的反对意见在于，关于法律规制的裁量权的观点是一团糟的，因为当法律是不确定时，法官没有任何法律义务。这一反对意见在多个不同的方面依赖于确定性情形——主张只有当法律在每一个案件中产生一个正确结果，并且法官寻求那个结果时，法官才能履行捍卫法律的司法义务。然而，确定性情形并非不证自明般合理；它需要证成。我们已经考察了为确定性情形辩护的最为著名的理由：认识论理由，包括逻辑实证主义和经验的实用主义；政治理由，包括法律或者"自由的法条主义"的主张；哲学理由，包括规则的法理学、法律体系的理论、德沃金的解释主义和语义自然法。我们发现所有这些都是不够格的。确切地说，拒绝了一个有限数量的可能理由，并没有表明确定性情形是没有根据的。然而，这个讨论应该激发明确

199

200

---

[75] I thank Elizabeth Warren for the example.

的讨论，代替令人困惑和曲解的隐含作用，即确定性情形在大多数美国法律理论中所起的作用。目前，论辩足以证成放弃确定性情形并且支持可承认的自由裁量权命题。授权链条的想法使我们有良好的理由去坚信，司法自由裁量权兼容于一个宪政民主政体中的合法裁判。

第三部分

法律、道德与政治

第七章　法律义务和道德义务

7.1　践行正义

　　另一种对于诚信理论的否定，并没有坚定的条件基础，这就决定了为达到公正的决策，法官依赖于被法排除的道德理由是违背诚信的表现，因此它意味着对惯例和法律的盲目服从。通常认为，一名法官的一般性道德义务是在每一场案件中都维护正义，因为相对于惯例和法律，道德才是绝对的权威。当法律不能产生公正的判决时，就应该将道德公正纳入考虑范围。这样，法官就可以出于义务感，在必要的情况下对法律、法规作出调整，以达到道德规范的要求。诚信理论有它自身的不妥之处，因为该理论会使法官成为行使不义的工具。

　　诚信理论表明，一旦适用的法律会导致一种不公正的结果，并且能够证明该法律不公正性的理由没有得到司法上的考虑和采纳时，道德和法律将对法官的判断产生不同的引导。法律经常会排除一般的政治道德因素，即政府官员在履行职能时所受到的特殊的道德约束。法官正是处于这条约束政府行为的权利锁链的终端。诚信理论因此持有这样的观点：如果一个法官在作出判断时没有按照法律对公正决策的要求的话，那么他/她就没有尊重和履行法律义务。甚至更让人惊讶的是，有时法官作的决断在道德上无可挑剔，却同时违反了法律义务。①

7.2 法律和道德的冲突

道德与法律之间存在冲突的原因是"合理"与"合法"有各自不同的支撑依据。由此，对于"合乎法律"与"合乎道德"的判断可能是不同的，这就造成了两者之间的分歧和矛盾。然而，就这方面而言，诚信理论并没有作出明确的区分：比如说，哈特和拉兹认为，区别这两者的辨析方法为法律的基本定位提供了标准。辨析法则是一种旨在分析具体社会实践中存在的社会法则的方法。它通常需要借鉴历史上的立法实践（比如说立法机构制定一项法律规范）。由于这些行为是由人自身来完成的，二人的意志可能是有错误的或是不符合道德标准的，所以，这些"合法"标准的设定可能与道德标准不完全契合，有时甚至互相违背。哈特和拉兹的实证主义观点的核心是在社会群体中有效地控制和清理对法律的道德批判。罗纳德·德沃金同样考虑到了法律与道德的分歧。在他看来，法律是对历史经验的解释和总结。在特定的社会群体中，实践可能无法用法律解释，但在道德上却是可接受的，其仍在某种意义上成为后世遵守的"法律"或"惯例"②。甚至对于一个完全合法的实践，其解释法律的程度也远低于预期。③ 一个决策，即使以对道德和惯例作出的最好解释为依据，也可能会与一个完全符合道德标准的决策有偏差。由于历史和制度上的偶然性，这些情况实难避免。④

讨论这样一个司法审判的案件：法官对一个性歧视案件的起诉进行审判，依据的法律（第7条）是在社会雇佣关系中的等价交换原则。假设法官，姑且称她为雷切尔法官，坚定地相信等价交换在道德上是正确的准则，在本案件情

---

① 将会看到，此处的法律义务和道德义务的区分，并不遵照德沃金的区分理论。Ronald Dworkin, *Law's Empire* (Cambridge: Harvard University Press, Belknap Press, 1986), p. 135 (在这一页讨论了使用"法律权利"这一词汇的语义学理论，这种理论不应该被用于描述：人们基于原则的一贯性而拥有的权利).

② Ibid., pp. 101–8. See also Steven J. Burton, "Ronald Dworkin and Legal Positivism," *Iowa Law Review*, 73 (1987): 109–29.

③ Dworkin, *Law's Empire*, pp. 400–13.

④ 最新的不同视角的自然法理论，See Heidi M. Hurd, "Challenging Authority," *Yale Law Journal*, 100 (1991): 1611–77 (认为法律有理论性权威，但没有实践性权威); Donald H. Regan, "Authority and Value: Reflections on Raz's Morality of Freedom," *Southern California Law Review*, 62 (1989): 995–1096 (same)。菲尼斯在文章中并不否认所描述冲突的存在。See John Finnis, *Natural Law and Natural Rights* (Oxford: Clarendon Press, 1980), pp. 351–70.

形下也是对法律的合理解释。然而，摆在她面前的是最近的先例，在这个先例中并没有将第 7 条解释为等价交换。不仅如此，还将该法律解释为：如果薪酬价格符合市场价，并且其中不存在蓄意的性别歧视，那么这种雇佣关系也是合理的。⑤ 若没有先例，雷切尔法官毫无疑问会支持关于性侵犯的控诉，法官相信道德和她个人对第 7 条法令的解释要求她支持原告；然而，从法律意义上来讲，她应该否决原告的指控⑥，因为"遵循先例"制度要求她根据先例，否决原告的起诉。

雷切尔法官此时就面对着道德和法律对她决断产生的矛盾的引导作用。于法律，有两点理由来否决起诉，就是遵循先例规则和判例规则提供的理由。于道德，正如她所判断的，有两个理由来否决起诉，这两点理由是直接的等价交换原则、法律制定和解释所依赖的道德原则。雷切尔法官的第一反应可能是尝试着寻找道德和法律的平衡点，从而解决道德与法律之间的分歧，但这并不简单。权衡这四个理由过后，她的维护法律的义务使得她减少了对道德的考虑，依赖于等价交换原则的两点理由被排除在合法性考虑之外了。她对法律理由的谨慎思考和遵从，最终使得她的法律义务得以实现。与之对应的道德理由可以实现她的道德义务，当然，假设她的看法是正确的话。

雷切尔法官可能认为她的法律义务应该与她的道德义务相互平衡，这样的话，她不顾无用的先例从而支持原告的起诉也就顺理成章了。然而，经过再三的考虑，她可能仍会对道德与法律之间能否平衡存在疑问。法律义务和道德义务是难以完全匹配的，甚至无法用同样的标准来衡量二者。平衡意味着对道德与法律二者孰轻孰重的权衡和考量，这样的职能应由特定情况下的根本规范标准来履行。法律理由是由传统的法律标准规定的，这些法律标准很多是前人有缺陷的、妥协的判断的产物。这些法律无须包含道德性，因为没有人必须遵从别人的错误观点，而且也没有理由重复一个在道德上有缺陷的先例或决定。相反，真正的道德理由是由道德标准规定的，这些道德标准是独立于前人的经验传统的。被人最广泛接受的前人惯例，也可能有不符合道德标准的地方。然而，这些道德标准的影响力不会因为先前的法律惯例而被削减。最终考虑完所有因素之后，雷切尔法官听从了道德的指引。因此，在遇到法律与道德之间的冲突时，雷切尔法官既可以另找一个角度来看待道德与法律之间的矛盾，也可

206

---

⑤　See AESCME v. Washington，770 F. 2d 1401（9th Cir. 1983）（Anthony Kennedy，J.）.

⑥　California State Employees' Assoc. v. California，724 F. Supp. 717（N. D. Cal. 1989）（Hall Patel，J.）.

以在道德与法律之间寻求一种更复杂的平衡。

207   有三种方式来看待道德与法律之争。第一种方式：对法官来说，在任何情况下，法律都比独立的道德评判更胜一筹。这种"角色伦理"观念可能会导致对法律的盲目服从。鉴于历史上因法律不公正造成的悲剧，这种"角色伦理"观念并不是一种令人愉快的解决问题的方式。第二种方式：在任何情况下，道德都优先于法律，这样就使得当道德与法律关系不明确时，惯例总显得多余。可以预见到，这种方式极有可能会以一个错误的分析为基础。第三种方式：立法者有权在规定的范围内（至少在某些事件、某些个人上）陈述道德理由。这种方式是对法律义务和道德义务的重新思考。我想建议，我们谈到的这种道德与法律的平衡，是以假设法官有遵守法律这样的道德义务为前提的。如果假设成立的话，那么惯例将被填充入道德义务的范畴之内，由此使二者得以兼顾——道德得以保持它至高无上的地位，而法律也不会被嫌多余。可以预见，对于公正的判断和定义仍有很重要的考虑的空间。

7.2.1　角色伦理

对法官而言，支持法律优先于道德的最常见的观点当属角色伦理的观点了。这种观点假定雷切尔法官的法律义务可以从道德义务中分离出来，就像诚信理论所支持的那样。但是与诚信理论不同的是，角色伦理理论表明它的观点是这样的：法官不只是一个普通的人，更是一个受各种义务约束的人[⑦]，法官的中心义务是维护法律和惯例，正是这种义务代替了道德，指引了雷切尔法官

208 的行为。一个看重"角色伦理"观念的法官可能在惯例的指引下作出不公正的抉择，因为这种角色伦理观念排斥任何一种形式的道德与法律的平衡，角色伦理使得司法机关的誓言成为了"魔鬼的契约"[⑧]。

这种基本观点存在两个问题。第一，Serena Stier 在一篇类似的文章中说得很明白[⑨]，我们的义务并不会因为我们的社会角色的不同而有差别。无论我们扮演律师、法官、商人、父母还是其他的角色，我们都有平等的法律人格。

[⑦] 这一论证在律师伦理的语境中得到较好的发展，在这种情景中，它发挥衬托作用。See generally David Luban, *Launders end Justice: An Ethical Study* (Princeton, N. J.: Princeton University Press, 1988); William H. Simon, "The Ideology of Advocacy: Procedural Justice and Professional Ethics," *Wisconsin Law Review*, 1978 (1978): 29–144, at 39.

[⑧] Duncan Kennedy, "Freedom and Constraint in Adjudication: A Critical Phenomenology of Judging," *Journal of Legal Education*, 36 (1986): 518–62, at 555–7.

[⑨] Serena Stier, "Legal Ethics: The Integrity Thesis," *Ohio State Law Journal*, 52 (1991): 551–609, at 560–4.

然而，人们在不同场合中的行为有着不同的理由[10]，我们的角色和分工就是由我们所处的场合决定的。法官这个身份就赋予了人独特的道德义务，好比红灯有让机动车停止前行的功能，或是诺言赋予许诺者履行特定职能的道德义务。单单是一个人作为法官这个事实是不够的，这并不伴随着任何的道德义务，道德准则给予社会角色更丰富的内容。后文中会讲到，有充足的理由认为，法官行使法律职责、维护法律独立性也是道德义务的一种体现。[11] 然而，法律义务不需要像角色伦理观念那样排斥或取代道德义务。[12]

第二，角色伦理观点可能源于法律学上一个常见的误解——法律实证主义。法律实证主义观点把法律和道德完全分裂开来，并且任由法律凌驾于道德之上。[13] 这样的话，法官的法律义务将会取代任何与之相对的道德义务。据我所知，当前没有哪个重要的法学理论家完全接受这样的观点。法律实证主义的先锋代表人物哈特和拉兹也并不完全认同。哈特解释得很明白，法律实证主义的观点不是道德与法律之间毫无联系，而是二者之间不存在必要的或概念性的联系。因此，哈特说：

> 边沁和奥斯丁急于断言的是两个简单的事情：首先，在没有具体的宪法和法律条款可遵循的前提下，就不能说一个违反了道德标准的规则就不是法律规则；相反的，也不能说一条法律规定在道德上一定是令人满意的。[14]

对于法律实证主义来说，在某些情况下，道德和法律可能存在或确实存在某种偶然性的联系。[15] 因此，道德和法律可能会有所重叠，比如抵制虐待儿童方面的共识。对于法律实证主义者来说，法律可以体现道德内容，比如美国宪法第八修正案。法律可以给政府官员一定的自由裁量权，也允许他们引入道德的评判标准。除此之外，好的法律可满足道德需要。公民不尊重法律的行为也可以被道德证明为正当。哈特写道：

> 要让人们有效了解政府对权力的滥用，人们最应该做的就是保持对两

---

[10] See § 2.2.1.

[11] See § 7.3.

[12] See § 7.4.

[13] 例如，See Simon, "The Ideology of Advocacy," at 39（讨论了律师的角色伦理）。

[14] H. L. A. Hart, "Positivism and the Separation of Law and Morals," *Harvard Law Review*, 71 (1958)：593-629, at 599. See also H. L. A. Hart, *The Concept of Law* (Oxford：Clarendon Press, 1961), pp. 181-207.

[15] 例如，See Jules Coleman, "Negative and Positive Positivism," *Journal of Legal Studies*, 11 (1982)：139-64.

件事情的敏感度：其一是合法性的证明与遵守法律并不冲突；其二是无论政府或君主的权威是多么强大，权威的需求最终必须接受道德的监视。⑯

210　　一些思想深刻的法律实证主义者认为，当道德与法律面临冲突时，道德确实处于优先地位。综上所述，伦理道德的观点尽管应该依附于法律实证主义哲学下，但其确实缺乏一个坚实的理论基础。

7.2.2 模糊的规则

另一种理解雷切尔法官处境的方式是先要认识到普通的规则，比如遵循先例规则，都不是正确的。这个认识的假设条件是当道德与法律之间有冲突时，道德一定优先于法律。由于各种原因，任何一种法律准则（如上文列举）都可能会消失，或是相对于道德获得较少的尊重。⑰ 在某些情况下，尽管法律规则产生的结果是错误的，这些规则仍是适用的。在另一些情况下，即使这些事例与法律规则所能规范的事例之间差别不大，这些法律规则也不能适用。比如说，雷切尔法官可能认为遵循先例原则是被证明过的合理规则，毕竟在多数时候，法律应该是稳定的、可预测的、始终如一的。她也可能认为，遵循先例原则毋庸置疑是正确的，因此先例必然控制了她的决策。⑱ 然而，她也相信在这个案件中遵循先例原则将引导她遵循一个错误的先例。⑲ 所以在她看来，对公正结果的尊重是过度涵括的。

雷切尔法官可能觉得她处在一种进退两难的境地，摆在她面前的只有两个
211　选择：跟从法律，或者跟从道德。一些人很快就发现法律条文中难解的法律矛盾和政治矛盾，这些人也就看出了事例中的问题。这场抉择似乎只是取决于人们是接受基于角色伦理理论的法律实证主义观点，还是相信道德比法律、先例更重要的观点。这两种规范都有各自不同的理由作支持，而且都无法在二者中找到有效的平衡。因为就这个问题，法学界争论了许久，这就给这个问题在法学和法理学上的解决带来了难以处理的不确定性。雷切尔法官的选择必然会与

---

⑯　Hart, *The Concept of Law*, p. 206.

⑰　例如, Duncan Kennedy, "Legal Education as Training for Hierarchy," in *The Politics of Law* , ed. David Kairys (New York: Pantheon Books, 1982): 40-61, at 47 ("没有比道德和政治途径更好的法律途径来解决法律问题")。

⑱　Duncan Kennedy, "Form and Substance in Private Law Adjudication," *Harvard Law Review*, 89 (1976): 1685-778, at 1687-701.

⑲　不精确性可以依据以下因素进行衡量：上位的实证规则（宪法而不是制定法）、规则背后的正当性（规则的目的或者理性）、日常道德（种族歧视的错误性）。针对这一讨论，规则不精确的问题没有得到关注，因为这里的论证同样可以发挥作用。

政治相关，因为这反映了她是更看重女性雇员的利益，还是支持雇主自主权所获得的效率，也可能反映了她支持执政党还是在野党的政见。

错误规则的问题主要在于何时作出这两个条件假设，即法律包含着遵循先例这样的规则，以及这些规则不仅可以决定判决，而且可维护判决执行的强制力。[20] 一旦这两个假设得到了满足，法官将不会有自由裁量的权力来避免非理智的、不公正的决策。然而，根据第 6.2 章给出的理由，诚信理论对这两个理论都予以排斥。当规则只是用来提供法律依据而不是规定判决结果时，法官就可以自由裁量，从而避免盲目服从呆板的法律条文。他们可以恰当地辨别各种相关的法律理由，明智地作出决定。这种方法将注意力转移至规则的概念，仍不能解决法律与道德的矛盾。当然，对规则的重新定义表明了法律与道德发生冲突的现象并非大规模存在。尽管如此，当冲突发生时，解决起来并不简单。

道德与法律的冲突会导致政治上的矛盾，因为案例可能以一种不恰当的形式出现。通常的案例架构会带来两个令人困惑的问题。遵循先例原则规定，下级法院的法官遵循高等法院作出的先例。在雷切尔法官看来，这条规则是过度涵括的，因为它要求她去遵循一个错误的先例。那种过度涵括可能正是她不同意将这种普遍规则应用于立法和决定性环节的理由。比如说，遵循先例原则在一定范围内也有例外，下级法院的法官可能认为案例中有纰漏，然后将问题反馈至高级法院，直到高级法院坚持原判为止。然而，雷切尔法官并不处于立法和决定性环节，也没有权力去确立一个新的规则，她无法根据道德评判在先例中作出选择，这样做会使法律的质量丧失。法律要求法官做一揽子交易，或者什么也不做。

分析来看，维护法律公正的司法义务并不通过某项具体的法律条文体现出来，而是通过序言性的术语（通常并不直接阐明）体现，如"……是法律"这样的句子代表规则的法律意义。然而，法律意义不能有任何过度涵括和涵括不足的倾向。这种法律可能正是错误所在，比如当规则不被法律遵循的时候。规则有时不能控制当法律被适用时法官应该作出怎样的判决，比如当其他法律提出例外情形和其他理由时，或者当完全不顾道德考虑而盲目服从法律先例时。司法上维护法律的职能，是在"规则独立"的情形下运行的。[21] 雷切尔法官维护法律的职能要求她维护法律的原因就是法律。对她来说，规则适用错误并不

---

[20]　Kennedy, "Form and Substance," at 1687–701.

[21]　关于内容独立的思想，see H. L. A. Hart, *Essays on Bentham* (Oxford: Clarendon Press), pp. 254–61.

是核心问题，因为只有规则的内容发生错误，以致影响个案的公正判决，才是核心问题。无论规则的实用性上有怎样的错误，遵循先例原则都要求她根据先例作出判断。

213　　此外，法律规则对法官的影响力不取决于规则的内容与道德独立的要求相一致。如果一致的话，这二者的一致性说明法律先例不影响雷切尔法官的判决。任何一种规范的指引都有可能排斥道德。司法权力，不应该和政府法律走得太近，这样法官就有权宣称不公正的法律无效，好比最高法院可以宣布任何违宪的法律无效。在民主法治社会中，法官不应该有任何此类的统治权力。

7.2.3 规范性力量

　　角色伦理和错误规则的观点都没有带来有意义的结论。单纯考虑道德与法律二者的选择，就会忽视其他更复杂的选择。另外两种选择就涉及诚信理论，而且都包含了重要的规范性强权理论。该理论提出了一方可以改变另一方行为的理由。[22] 举个例子，一个商人承诺按照买方要求运送一些产品，那么买方就因此有了规范性强权来决定卖家有什么义务。在这种强权被实施之前，卖方无权运送任何形式和数量的产品。而当规范性强权被实施之后，卖方就有理由运送规定的产品。相似的，大致回顾一下，若先例没有发生，雷切尔法官的义务就是根据她自己对法律的解释判决案件。然而，在先例中，上一级的法院行使了规范性强权，根据遵循先例原则，影响了雷切尔法官在本案中的行为。只有

214　当有人能否认雷切尔法官的维护法律的义务，或是否认遵循先例原则对下级法院的约束力时，先例才不是一个支持雷切尔法官独立判断的理由。

　　既然遵循先例原则确实是个指导判决的理由，雷切尔法官的想法应该由于高级法院的判决而发生改变。由此，她的法律义务和道德义务产生了分歧和冲突。她将要面对这样的问题，她是应该遵循先例，还是应该遵循她对第 7 条的充满道德正义的解释。仔细观察遵循先例原则的法律地位对第 7 条的行为的影响，将会对理解这个问题有所帮助。有两种方式来分析这一问题，这两种方式都部分体现了诚信理论的观点。

　　第一种方式着眼于立法权威。它表明，立法机关的规范性强权可以说完全是一种道德权力。在行使这种强权的过程中产生的规则即使是由人制定的，是

---

　　[22] 关于规范性，see Hart, *Essays on Bentham*, pp. 243-68; Joseph Raz, *Practical Reason and Norms* (London: Hutchinson, 1975)。

可以改变人们行为的原因，也仍完全是道德的规则，可以取代任何独立的正确行为的评价标准。如果法律给她提供了道德理由，并包含了所有其他的相关理由，那么雷切尔法官的道德理由也仅仅是法律提供的这些（道德）理由，她的任何其他义务与法律义务固然有差别，但这些差别都是没有意义的；她的任何其他理由与法律理由固然有差别，但这些差别也都并不影响。此外，立法机关制定的规则也不一定包括其他的理由，只会在一定程度上提供一些道德理由。[23] 再次申明，不同理由的差别并不影响什么，因为法律理由也可以是一种道德理由，而且可以在诸多理由中找到道德与法律的平衡。

这种方式强调立法机关的权力是一种道德权力，这就为法律规则赋予了必要的道德强制力。这种方式在一开始就支持了这样的理论，规范性强权是唯一可以拥有偶然强制力的法律权力。然而，令人难以置信的是，确实有理论能够证明"立法者的规范性强权是完全道德的"这个含糊的结论。事实上，我们甚至难以想象这样的理论是什么样子。仅仅是某个个人或团体（即使是最高法院或是民主选举出来的立法机关）就人们应该做什么的问题发布一个观点，还不能成为人们就应该这样做的理由。只有人们同意接受这样的观点的引导，或者这样的引导正是公平、正义的要求，或是其他任何的理由使得遵守法律成为法定职权和道德义务，人们才应该这样做。然而，任何一种政治义务都不能要求人们出于"法律就是法律"的道德义务去遵守它。[24] 此外，当我们着眼于立法机关赋予人们的道德义务的时候，就引出了第二种方式。

正如拉兹所说，立法者高于理性的行为权力只有单从法律的角度才能被看作是道德的权力。[25] 那就是说，法律可以提供与道德理由相差无几的法律理由给理想化的绝对顺从法律的公民，以及无论如何都会遵从法律的人。在拉兹看来，法律不允许任何基于政治道德的对违反法律的行为的评价。[26] 对违反法律的行为的评价和理由必须仅限于一些特定的法律原则，如刑法中的自我防卫或

---

[23] Stephen R. Perry, "Second-Order Reasons, Uncertainty and Legal Theory," *Southern California Law Review*, 62 (1989)：913-94；Stephen R. Perry, "Judicial Obligation, Precedent and the Common Law," *Oxford Journal of Legal Studies*, 7 (1987)：213-87.

[24] See R. Kent Greenawalt, *Conflicts Between Law and Morals* (New York：Oxford University Press, 1987), pp. 47-203；Joseph Raz, *The Morality of Freedom* (Oxford：Clarendon Press, 1986), pp. 70-105；A. John Simmons, *Moral Principles and Political Obligations* (Princeton, N. J.：Princeton University Press, 1979)；M. B. E. Smith, "Is There a Prima Facie Obligation to Obey the Law?," *Yale Law Journal*. 82 (1973)：950-76.

[25] Raz, *Practical Reason end Norms*, pp. 170-7；Joseph Raz, *The Authority of Law* (Oxford：Clarendon Press, 1979), pp. 132-45, 153-9.

[26] Raz, *The Authority of Law*, pp. 233-7.

其他的必要内容。对于那些并不站在法律立场上的人来说，这种方式中的法律理由与道德理由的唯一区别，只是法律理由在某些情况下可以实施强权。法律声称包含道德强制力，为裁决提供道德理由，却不能决定这样的观点是有效的。当然了，这个观点的有效性，即法律权威的合法性，取决于政治道德的看法。根据分析，法律不能够要求人们必须站在法律的立场上，除非这个人是无条件顺从法律的公民，或是出于对相对公正的法律的尊敬。然而，遵守法律的义务因人而异，因为"法律就是法律"并不是遵守法律义务的原因。㉗

第二种方式与第一种方式在一些情况下是很相似的，因为二者都认为法律包含道德含义。不同于第一种方式的是，它不同意赋予法律理由以道德强制力，因为只有站在法律立场上，立法者才有道德权力。在拉兹的理论中，雷切尔法官的任务就是决定她是不是，或者说该不该，站在法律的立场上，并且赋予法律理由以道德强制力。她不需要依靠任何立法者的道德权威或是依靠规则的法律意义。法律提升自己的地位不能通过辅助程序，也不能通过指望雷切尔法官成为无条件顺从法律的公民，或是决定尊重法律的总体正义性。㉘ 当然，雷切尔法官的决定取决于她对政治道德中要求如她这类的法官将遵守法律作为道德义务的思考。

对第一种方式的批判帮助我们从思考立法者的道德地位转向考虑法官的道德义务。第二种方式说明我们应该寻求法官身上背负的道德义务，因为法官身处法律体系之中。如果雷切尔法官身负道德义务的话，那么此次道德与法律的冲突也就不是什么问题了。法律和先例本身并不包含有道德强制力。然而，由于雷切尔法官有维护法律的道德义务，所以可推导出如果（1）雷切尔法官有遵循法律和先例的道德义务，（2）法律要求雷切尔法官遵循先例，即使先例是错误的，那么（3）雷切尔法官在先例是错误的条件下仍去遵循先例的行为是符合道德义务的。因此，法律与道德义务相结合，将为她的司法判决提供道德理由。这些道德理由将与其他相关的道德理由（即使这些理由否认先例的正确性和法律的公正性）相一致。

当我们说法律对法官有道德强制力时，不需要说出全部的理由。尽管如此，分析表明，法律权威有道德强制力来改变雷切尔法官行为的理由，并且，雷切尔法官可能认为自己有义务站在法律的立场上。如果这样的话，角色伦理观念和错误规则理论就变得不怎么重要了，因为法官维护法律成为其道德义

㉗ 拉兹观点的最终表达，see Raz, *The Morality of Freedom*，pp. 23-109。

㉘ Ibid., pp. 88-105.

务，只因"法律就是法律"。为了确定自己确实承担这样的义务，雷切尔法官必须重新审视政治义务的范围，看看自己是否负有遵守法律的道德义务，即使是去遵守"遵循先例"原则。

7.3 维护法律的道德义务

至少有两种观点支持法官有维护惯例法的道德义务。[29] 第一种观点，也是最明显的观点，是大家一致认同的。近来政治学方面的研究明显地表明，与美国政府的标准观念不同，并不是所有的公民都赞同美国法律的管理[30]，当代人 *218*
并不愿意服从于开国先辈制定的法律和之后的法律。几乎没有人自愿表明自己顺从于所有的法律的管理。[31] 然而，法官自宣誓就职起，就承担起了维护法律的义务。法官的判决绝不能受任何人的意志的影响，法官只有受过良好的教育，有坚实的经济基础，才能作出公正的决断。他们当然知道自己从事的是怎样的职业，在接受任命之时就知道自己将与法律相伴终身。为大家一致认同的法官有永远遵守法律的道德义务的观点是错误的。

第二种观点及其相关的观点是义务委托的观点。法官自宣誓就职起，就应该恪守法律。在一个法治国家，公共机关和仲裁机构自就职起就理所当然地依赖于法官对正义的维持。在司法独立的情况下，法官作为人民公仆就有了相应的满足公众理性需求的义务。司法机关里并不只有法官，它是一个只能用于倾听群众诉求的公共机关。与普通公民可以随意发表自己的观点不同的是，法官作判决时负有一定的道德义务，而不能随意妄为。法官遵守法律体现的是法官被授予的维护正义的神圣义务。而且，赋予法官权力的主要法律是美国宪法、联邦法典、行政法、习惯法以及诸多的各州法律。即使是一些法律在某些情况 *219*
下因道德压力失去效力，也几乎没有人会质疑：对法官来说，法律仍然举足

---

[29] 法官捍卫法律的道德义务的第三种基础可能是捍卫制度正义的义务，这一义务由罗尔斯在正义论中发展出来。John Rawls, *A Theory of Justice* (Cambridge: Harvard University Press, Belknap Press, 1971), pp. 333–42. 这种义务在这里没有约束力。例如，要求法官在南方州捍卫旧的歧视黑人的法律。假设法律普遍地有效力但不是有相似的正义，对这种假设似乎是要保持警惕的。因为这个原因，我追加第三个道德性基础。

[30] Sources cited, note 24 above.

[31] 投票并没有这样的意义，确实有很多人选了落选的候选人，或者根本没有投票，而这些人可以被视为同意。试图将同意从其他日常行为中推导出来的想法是错误的，例如居民继续在某地居住。错误的理由在于：第一，这种行为没有通常理解的法律意义；第二，对于很多人来说，迁徙也不是如人所愿的。

轻重。

维护法律的法律义务与相应的道德义务是相互独立的。不同于以共识和委托关系建立起来的维护法律的道德义务，法官的法律义务是以一种概念真理为基础的，这个概念真理就是，处于一个法律系统中的法官有维护该系统的规则的法律义务。③ 我们难以想象一个系统中的法官竟不负有维护这个系统的义务。在否定这样的义务的同时，这个法律系统就丧失了在这个复杂社会中必需的系统的质量和效率，而且，法律在协调社会关系、指引社会运行方面的功能将难以为继。两种义务的内容是一样的：根据诚信理论，二者都指引着法官在法律理由指引下作出决断。然而，最重要的是，两种义务的强制力是不同的。法律义务的强制力只是法律的力量，也就是说，法官维护法律的义务就是对"根据法律，法官应怎么做"这个问题给出总结性的回答。诚信的思考方式就是告诉法官具体的法律义务的内容。站在法律的立场上，如果这样做有实际意义的话，我们可以说，只考虑法律的结果就是绝对的法律强制力。但是，除非法律义务能够成为学术研究的主流，否则，我们认为法律义务无论如何也不能产生道德义务。相比之下，维护法律的道德义务则只是要求单纯的道德强制力，这种道德强制力几乎绝对也不起决定性作用。道德义务只留下了对是否法律的规定必须要被执行的问题的思考。

具体来说，我们拿一个普通公民来说，假设他叫迈克尔，他应该根据法律采取某个行动，他明白自己的法律义务。这并不代表他必须这样做。初步来看，迈克尔不需要因为"法律就是法律"而负有遵守法律的道德义务。甚至这样的道德义务会因道德原因被割弃。比如说，法律规定，机动车驾驶员看见红灯应该停下来；迈克尔看见了红灯，出于法律义务，他应该停下来。与之相关的法规是法律的主张。结果是，一次，迈克尔在凌晨3点载着怀孕待产的妻子飞驰驶向医院，经过交叉路口时，遇上了红灯，月光很亮，路上没有人。当然，他的法律义务要求他停下来（除非惯例法中有关于必要性防卫的规定）。然而，他自己的道德义务则有不同的要求。权衡二者，迈克尔该停下。"从法律意义上讲，迈克尔应该停下"和"迈克尔应该停下"之间有所不同。

在雷切尔法官审判案件之前，根据法律，她应该遵循先例，这几乎没有疑问。至于她是否应该按照遵循先例原则作出判决，至今没有一个完全符合法律的答案：这取决于她对法律的道德强制力。看起来她应该找到先例和她所面对的案子的不同点，纠正先例中性歧视的错误判决，然后等着上诉法院重新思考

---

③ See § 2.1.

这个案件，或是继续上诉维持的判决。法律据称可以将政治道德的观点从法官的观点中剔除，但这并非长久之计，因为道德是对人们行为的最常见的、最普遍的引导，包括具有专业身份的法官。

然而，对于以上给出的两点原因，法官既有维护法律的法律义务，也有道德义务。两种义务有相同的内容，却有不一样的范围和不同的道德强制力。它们也有不同的功能。如果法律为行为提供真正的理由的话，那么道德义务起着至关重要的作用。法律通过提供道德义务的内容从而为行为提供理由，由惯例法衍生出了道德强制力。如果我们要将维护法律的道德义务的内容确认为一种有别于普通的正常行为的道德义务，那么法律义务就起着至关重要的作用。从道德意义上讲，法律对于指导法官的行为产生了积极的作用。这两种义务方式让我们看到二者究竟为何物。③

7.4　通盘考量

现在我们可以对诚信理论作一全景式考察。诚信理论并不认为法律总是公正的，也不认为法官在任何情况下都要依照法律行事。诚信理论的紧要之处在于，当法官确实没有依照法律行事的时候，他们应该明白自己的权限，并应当知道这一不服从举动必须能够在最终意义上在道德层面被正当化，这一不服从举动必须建立在对所有相关的道德理由进行通盘考量的基础之上。这意味着法官需要对某一个案中法律为何的问题有清晰明了的理解，并且这一理解独立于所有那些由作为案件裁判依据之法律所保障的道德理由。在法律无法满足确定性情形，（单纯的）法律权衡又无法保证最终结果的合理性的情况下，一个法官可以通过诚信的法律权衡来达至这种理解。在这样的一种理解中，为法律所排除的政治道德理由可能进入到司法权衡之中，以某种方式提供对抗不公正法律的依据。

司法权衡主要包括两个部分，我们可以将其称为法律权衡和道德权衡（它们并非相当于遵守法律的两个义务）。法律权衡，指在一种坚守法律的义务下去识别和考虑法律规定，或者换一种描述，在坚守法律的道德义务下去识别和考虑某一或某些特殊的道德理由。法官所作的法律权衡，可以被更加简化地理解为一种包括由于法律规定而被司法审议所吸收的道德理由的子集。举例来

---

③　这一进路的一种后果就是允许法官的义务与一般公民的义务相分离。因此，我同意拉兹关于"服务性权威观"的概念，不关注此时的政治性理论。See Raz, *The Morality of Freedom*，pp. 38–69.

说，一个人依照法律有靠右行驶的法律义务，同样一个人也会有一个遵守法律的道德义务，此时这两个义务就在靠右行驶这个问题上有了交集。这意味着，如果道德要求一个人遵守法律，而法律要求人们应该靠右行使，那么道德也就要求人们靠右行驶。其他的情形也是一样的。

道德权衡中包含所有相关的道德理由，这意味着道德权衡所依赖的有些道德理由可能并不依赖于法律的规定。一般的道德义务依赖于任何一种理论视野下重要的政治道德原则。这些原则，具有相当程度的广泛性，体现于结果导向、非结果导向、古典自由主义、功利主义、新派自由主义、社群主义、完美主义等不同的理论主张之中。在所有相关理由的规范性力量能够在共通的范围内被平衡（整合）的背景下，当下的具体目标的重要性就被淡化了。这意味着，这些相关理由都具有规范性力量，并且这些规范性力量从长远来看都是相当有力，尽管在具体的种类上它们并不相同。

那么如何在一种更加宏大的司法权衡视域中将一个法官的法律权衡与道德权衡整合起来呢？显然，我们有理由认为法律权衡与道德权衡同属于一个更加宏大的司法权衡过程，并且法律权衡要从属于道德权衡的结果。这种理解强调法律权衡的结果在规范性上要弱于道德权衡的效力。雷切尔法官的司法权衡并不因法律权衡的结束而终结，反而是一直在继续。她关于妥当行动的道德义务使她不得不弱化自己在性别歧视上的主张，并导致她在道德义务和法律义务上的冲突。法律权衡的结果于她而言是一个道德理由，因为基于人们的同意和委托，法官有道德义务去遵守法律。诚信法律权衡支持了她遵守法律的道德义务，促使她拒绝那个雇员的主张。这种依法行事的道德义务可以平衡她所坚持的依最终权衡结果行动是一种妥当行事的道德义务的说法。

人们可能认为，如果已经被排除出法律的关于政治道德的普遍观点，进入了司法考虑范畴，而且最终引导法官的决策，那么诚信理论就失去了它的价值。看起来似乎没有必要按照维护法律的法律义务来区分法律审议。也没有必要根据道德原则来做这些。这就产生了一个这样的窘境：如果政治道德的普遍观点被排除在外的话，法官就必须盲目遵从法律。那么，在司法审议中，公正就无法起到任何作用，这确实让人难以置信。然而，如果该观点被包含进来的话，可能又没有理由区分建立在诚信的法律理由之上的法律审议。

然而，如果只考虑是否将道德审议纳入司法审议之中，就把问题过于简单化了。尽管法律的司法评价允许将法律未规定的道德理由引入司法审议中，但这并不会损害诚信理论。通盘考虑之下，只要我们区分出最终决策的两个最重要的组成部分，案件就明晰了。

当我们把一个司法决策看作道德决策时，更进一步说把它看作一个法律决策时，道德审议和法律审议各自都有很重要的地位，因为二者都包含有不同种类的原因。在我们的例子中，法律审议的结果，以及维护法律的道德义务的内容，都不依赖于支持雷切尔法官等价交换的道德定罪的理由——公平与正义。法律结果依赖于法律提供的作为司法审议依据的理由，主要是高级法院在权限之内作出的最近的权威决策。雷切尔法官支持等价交换原则的理由属于平衡的另一边（道德），因为这些理由是对高级法院精心制定的法规持批评态度的。诚信的法律审议的结果表明，法官的行为无须背负任何道德义务。一般考虑的 224 政治道德包含法治理念中的道德价值，这就要求法官去遵循法律。为了清晰地理解法官维护法律的道德义务，尽管法律审议并不决定行为是否合格，法律审议的完整性仍应该被保留。道德审议的完整性也应该被保留，它可以提供一个植根于政治道德的基础，以便在法律不公正时推翻不公正的法律。

对于自然法的标语"恶法非法"的普遍理解并不认同这样的观点。如果法律和道德之间存在必然的联系，而且如果这种联系要求法律规范是符合道德的（道德性是法律形成的一个必要条件），那么不公正的法律就是无效的，在司法审议中不能发挥任何作用。对法律实证主义的普遍理解则反对存在这样的联系，该观点坚持称法官应该无条件地遵从法律，即使法官发现自己是在助纣为虐。这两种观点都不够吸引人，或者说都不能让人对它们的观点有长久的兴趣。此外，在法律的范围内定位这个问题未免有失妥当。这只能产生两种结果中的一个：法律是有效的，可以指导法官的行为；或是，法律是无效的，不能够指导法官的行为。司法的困难性和复杂本质因此被掩盖得含混不清。一则，当可使用的法律在大体上是公正的，但在本案中却不能产生公正的结果时，法官的矛盾就可能变得极其尖锐。再则，为法律的范围、内容和规范权力松绑将更有成效，这样更多的其他的解决方式就可以被纳入考虑之中。

对道德义务和法律义务的不同的思考，对于培养清晰的思路和批判性思维有很大帮助。比如说，法律的道德强制力对法官的行为有着具体的实际含义，这既有积极意义，又有消极作用。道德义务提供的理由通常是为使人们的行为 225 符合相关道德规范而提出来的道德理由。如果道德规范要求迈克尔安全驾驶他的汽车，迈克尔也就有了一个安全驾驶汽车的理由。在这一方面，无论是在法律考虑还是在道德考虑（在法律符合道德的前提下）之内，法律义务都是相同的。然而，对于违反道德的法令，就会产生被相关道德详尽解释的反对法令的道德理由。种族隔离的法律不仅不能给人们提供实行种族隔离的道德理由，还给了人们反对它的理由。法律对于社会道德如此重要，以至于道德必须将法律纳入考虑范围之内。因此，如果法律是非道德的，那么最终对它的批评性评价将会极大地折损法律的权威。

法官，有时也可以像传统意义上的不遵从法律的公民一样，有义务反对恶法规定的法令规则。法官也可以采取积极的措施反对恶法的实行：在维护法律的同时，提议改革，或是发表批评意见；在自己的法律权力之内公正地制定新的法律规范；要求撤换法官或者辞职；加入反对阵营，或是要求变更法官。反对的方式应该在根据具体情形进行谨慎考量之后再作定夺。在一个相对公正的法律体系中，司法不服从的情况是很少见的。法官维护法律的道德义务对于维护法律系统（包括法律系统的社会调节功能、引导功能、公平性、平等对待原则以及其他的法治特点）起着举足轻重的作用。然而，在一个相对不公正的法律体系中，人们就希望法官不依法律，强行作出判决。法律的道德性缺乏比效率低下更加糟糕。

当道德与法律中只有一方的理由处于优势时，就会产生巨大的混乱，从而削弱司法审议的质量。[34] 确实有时候法官极难作出判决，因为法官既需要根据法律下达判决，也深知不考虑法律因素，这样的判决在道德上是错误的。尽管我不同意雷切尔法官的等价交换的道德理由，但我认为她正处于上述的处境中。[35] 全盘考虑，在以下两个环节中雷切尔法官最难以抉择：第一次是确定自己维护法律的义务是什么，第二次是在最终下判决时，符合法律的行为过程并不一定能顺利产生圆满的结果。比如在一个政治狂热时期，法官根据美国宪法第四修正案释放了一个人人憎恨的罪犯。或者，一个可以得到良好结果的合法的行为过程可能在本质上是错误的，就好比通常为了起到威慑作用，给一个人超过他罪行的刑罚。通过民主的政治过程制定出来的法律将走向公正，而不受约束的法官则很正常地走上另一条路。值得注意的是，即使法律是错误的，法官维护法律的道德义务仍然可以扭转法律在平衡中占据优势的矛盾局面。一般的法治理念也可以产生同样的效果。

在这样的体制中，对道德义务和法律义务怀有坚定信念的法官，会发现他们的行为极易受到尖锐的批评者的攻击，将诉讼当事人受到的伤害公之于众。谨慎的思考过后，法官可能会顺从法律而不提出批评意见和作出抗议。繁多的待判决的诉讼事件可能使法官没有时间进行道德考虑，或者递交批评意见，法

---

[34] 一个关于政治性道德的理由可能得到法律的许可而进入到法律的衡量过程中，产生内容的衡量性力量，因而其与其他道德性说明也相关。

[35] Marilyn Hall Patel 法官判决案件的说明性依据，See California State Employees' Assoc. v. California, 724 F. Supp. 717 (N. D. Cal. 1989).

官在一场小案件中注重道德正确性可能不会影响在处理大事时的信誉和威望。即使是批评和反对的意见也无法否认这个事实：由于法官的不受约束的道德评价，维护恶法的法官作出的判决也是错误。　*227*

回应尖锐的批评，可以有两种方式：一种，可能也是比较常见的一种，就是否认指责，并出于想要自我辩护的心理需求进行辩解。这样做也许具有先见之明，也可能是事后诸葛。它包含了政治道德的理由；不属于司法决策的范畴；将不是法律的事物当作法律，或是对法律的解释；避开了是非道德之间的悲剧选择。对于法官来说，这不仅是对她维护法律的道德义务的不诚信，而且是对她个人的不诚信。无论律师有多聪明，也无论欺骗术有多难以被发现，这样做的结果都是对法律的违背。不仅如此，在进行不合理的否认和辩解之后，法官可能会以她过度的、持久的权力使人们信服，这就扭曲了人们的认知和理解，歪曲了今后案例中的法律理由。对否认和辩解在心理层面的解释，会对法官个人造成巨大的负面影响。除了法官个人会有损失外，法官的专业能力也会引起公共损失。

另一种就是向批评者坦然相告，然后把这种道德失落当作日常生活中各种情感失落一样。法官有时候需要在道德上悔过并原谅自己，即使下一次遇到同样的情况她仍需作出同样的决定。有时候，为了处理复杂棘手的案件，并且立竿见影地解决问题，这样的个人公正的程序似乎是很有必要的。生活中，没有人能保证一切都会顺利进行，如果这样，道德的损失不会发生（除非值得），法律中也没有这样的保证。纳思邦对这一观点作了详细的阐述：

> 我是一个代理人，也是一个植物；很多事并非我所为，却为我招致褒　*228* 扬和职责；我永远需要在相互竞争和矛盾的事物中抉择，有时我身不由己，只能作出错误决定或任由错误发生；我遇到的一些事情可能会未经我同意就改变我的生活；把自己善良的品行奉献给朋友、我爱的人和我的国家，与在没有他们陪伴时仍然幸福生活一样困难。我并不把这些看作悲剧的素材，而只是每天实际案例的事实。㊱

面对和承担道德的损失，似乎是追求正义的另一种更好的方式。迷失在机会主义和保守的法律人理性中是放弃正义的最简单的方式。

㊱　Martha Craven Nussbaum, *The Fragility of Goodness*（Cambridge：Cambridge University Press，1986），p. 5.

第八章 诚信的政治治理

8.1 政治动因

对案件判决的任何一种实用性的理解一定有其政治动因。然而，为了避免理解失误，我们应该以谨慎的态度区分二者。政治动因可能是为个人的欲望和利益服务的，就比如某人支持的政治组织提出的或基于个人的政治主张提出的提议，既有有利的一面，又有有害的一面。如若不然，政治动因可能是对符合政治道德标准的提案的维护支持，即服务于全体人民的福祉。法理学认为，第二种政治动因才应该是通过一项提案的原因。一个涉及众多政治组织的议案产生的影响，在完全公正的判决的条件下，不只取决于在该议案的指导下判决应该遵循的道德标准，更取决于法律条文的真实内容。更重要的是，作为一种独立的法律制度，判决的公正性是尤其重要的。民主政治斗争中的赢家（本能地）也在法律方面有着主导权。法官的职能就是执行法律。他们长期的工作实质上就是将判决结果转化到政治竞争的舞台上，这实在让人苦恼：我们需要谨慎决定是否应该剥夺一个政治胜利者的胜利果实，从而在一开始就打击政治参与的积极性。人们只能预测当政治道路走向死胡同时，社会该怎样解决这些重要的分歧。

诚信理论的魅力在于其在民主社会（如美国）中对维持司法公正的承诺。公正的判例的形成需要规范的政治视角，即着眼于在长期的宪政民主制度下司法判决的质量。规范的政治视角对这方面的关注甚至可以远远胜于对当前时政中各个政治团体的竞争的关注，毕竟这些政治竞争事件极少涉及判决的质量。当前的政治不应该影响到司法判断的理论，因为随着时间发展，政治可能发生不可以预料的变化。比如说，比起现在，19世纪60年代膨胀的联邦司法权力显然更讨自由主义者的欢心。而判决实践，一旦被制度规范化，就会相对稳定下来。由此，我们的基本制度中的长期利益就更得以彰显。

对于一个判决提案的评估，依赖于对法官行使职权所处的政治环境的设想。人们可以将现有的政治体制视作理所当然的存在，也可以通过提出一个完整的政治哲学体系来构建一个政治环境。接下来的讨论将以美国的现行政治制度和惯例为背景。诚信理论的目的是实际的，而非乌托邦式的。这就说明，该理论应该作用于法官和在现在和可预见的情况下理解法官的人。然而，仅仅存在美国政治体制并不能担保司法的公正。也有可能评估的环境是不公正的，人们可能在商讨反对诚信理论的同时，采取激进的政治变革。我认为这虽然不是关键，但在该案件中并不能够解决更深、更广的政治问题。在我们否决一个惯例之前，我们要首先了解它。当我们质疑一切事物的时候，我们就无法有效地质疑任何事物。每个事物都应该按照顺序接受质疑，然后在充分的思考和论证之后再得出结论。

8.2　法律与政治

231

批判法律研究运动的成员以及另外的一些人，向诚信理论中对法律与政治的区分隐晦不明发起了攻击。诸如法律与政治是否应有所区分等更多的问题，掩盖了很多具体的特性，给人们带来了不必要的困惑。这些具体的特性可能并没有成为虚张声势的政治标语，比如著名的批判性断言："法律就是政治。"但是司法裁决、国会表决和街头的示威抗议是有很大区别的。这些特性可以在一个适中复杂的情况下帮助我们理解我们遵循的是什么。

比如说，人们可能会认同一个要求法官维护法律而非支持强权政治的理论。这种认同当然不会被人怀疑有特定的政治动因；或是被怀疑法律为达到其效力而要求提供特定的政治环境；或者被怀疑法律是在民主宪政历程中由强权政治制定的；或是被怀疑制定法律时曾被诉讼当事人的权势所影响；还有，被怀疑法律在制定时就对案件中众多群体的相关权益有着深刻的影响。这种认同也不否认，法官有时在一些非正常的政治条件下可以决定重大事务，或是法官可以依赖一定的政治环境（尤其是当他们具有正当的立法权时）。只要法律中的政治价值与法律以外的政治价值是相互区别的，人们就可以理解和允许法律的核心包含有一些政治内容。在诚信理论的范围内，维护法律的司法职责要求司法判决的环境必须是合法的，以便于法官无须求助于一些与法律有悖的道德和政治理由就可以作出决断。因此，我们要讨论的具体问题就是：我们在法律中阐明的政治的特殊地位是否符合政治标准。

232　　美国的法律传统主要说明了其政治自由主义占主导的代议制民主政治。我的理解是，传统民主理论的三大基本特征对法官的职责产生了直接影响。第一，多元化假说。在全体人民中，对于普遍意义上的好的社会的理解与某项法律的实质内容的理解存在着一些相互矛盾的观点，这些观点被称为政治道德的基本原则。第二，民主原则主张个人有在政府的公正且有广泛代表性的政治活动中，陈述自己对于美好生活、美好社会的观点的自由。为了防止陷入相持不下的僵局，政治进程中这些观点的碰撞带来的结果是，制定的法律往往是观点之间相互妥协的产物，而非一方完全压倒另一方。第三，法治社会要求：无论在法官的道德原则中法律解决争端的方式是否完全地合乎道德，法庭都要通过诠释或运用政治过程中制定的法律来调解争端。

　　在这个理论架构内，履行原则的司法判决可能在以下情形中是有所根据的。在政治进程中，个人和人民代表们根据自己对美好社会的观点的评价产生了自己的政治立场。从更广意义上讲，他们的立场可能是基于利益而产生的"公共选择"政治，或者是基于政治道德产生的"公共利益"政治。[①] 价值观念的多元化和群体生活的需要就意味着：如果政治上得失利益的基本原则没有得到有效树立的话，政治观点上的矛盾就很难打破。公正的法律准则人人都应该遵守，它不仅应该包含几乎所有人的基本政治原则，也应该包括政治组织的
233 第二级或第三级的政治原则。然而，并不需要所有人都认同政治进程的结果。在一个多元化的社会中，在任何一个可行的体制中，每个人都会有所让步。法律体制和政治体制有必要尊重个人和团体的基本权利的利益，并且容许法律的变更和调整。[②] 同样重要的是，即使是持异议者，也应该尊重能够论证法律合法性的理由。在某种程度上，即使政客们并不怀有崇高的政治目标，他们对于公共政治的论述和辩解也是很重要的。

---

① See generally James M. Buchanan & Gordon Tullock, *The Calculus of Consent* (Ann Arbor, Mich.：University of Michigan Press, 1962); *The Theory of Public Choice*, ed. James M. Buchanan & Robert D. Tollison (Ann Arbor, Mich.：University of Michigan Press, 1984).

② See Steven J. Burton, *An Introduction to Law and Legal Reasoning* (Boston：Little, Brown & Co., 1985), pp. 199-214.

法官判决时不应该仅仅依靠自己的基本准则，因为在包含有各种索取和付出的政治进程中，法官应该维护在基本原则的冲突中产生出来的法律标准。③对于法官来说，再次提出支持某个人的利益、集体的利益或是提出自己关于美好社会的观点，都是违反诚信的表现，也违反了法官维护法律的法律责任。因此，原则上，法官应该以在政治进程中产生的妥协性原则为依据进行法律决断。这些妥协性原则的形成过程要求它应该满足全体民众的长远利益，尽管有时可能会在一定程度上削弱一方或另一方的利益。

可能有人会反对称传统的方式忽视了法律和政治运行的社会架构，这样的社会架构必然蕴含着教育、财富和权力的严重分配不均的问题。因此，尽管有所争议，维护弱势群体利益的基本标准在实际的政治进程中往往会受到怠慢和冷遇；政治进程的结果对法官的限制就会导致司法权力有时会成为维护社会不公正的工具。反对的理由在说服力和吸引力方面很肤浅，但也确实能够反映一定的问题。我想没有人会怀疑只有当社会资源能够达到公平分配的时候，法官才可以完全做法律的执行者。但这样会将法律的概念缩至无穷小，就好比只要社会等级存在差别，真正的法律就无法出现。然而，如果没有这些争论的话，我们又很难认识到反对意见的论点和理由。这些反对意见呼吁建立公平的分配体制，但是反对观点的要求太苛刻：它认为只要在分配上有一丝的不平等，就无法在社会上形成真正的法律。当然，相比于法律进行善良诚信的裁决，我们应该将更多的精力集中于使得法律内容能保障社会资源的平等分配。现有社会架构下分配体制存在显著的缺陷，然而，考虑到政府权力急剧扩张的历史教训，可以替代诚信裁判的可用方法看起来似乎更加糟糕。由于法律都力图抑制和平衡政府的行政权力，因而这些方法倾向于完全抛开法治理念。

正常判决的传统概念产生了两个主要的结果：其一是法律被构想成为传统的惯例；其二是法律在结果上偏于部分的不确定性。惯例法取决于人们的立法行为，比如宪法的颁布和法律的制定。它也依赖高度趋同的实践和在一个合法群体中就一个事物在群体人员中的处置分配，以此来维持诠释法律在实践中的高度协调性。惯例法的理念不需要被限制于明确、具体的一致认同中，即在争端出现之前就和平地达成了目的。这将会给判决带来极大的不确定性，因为我

③　当然，普通法是由法官塑造的，并且服从于立法机关的纠偏行为。说普通法得到了所有法官的认可，是一句谎言。普通法是以非常渐进的方式形成的，目前由无数的小立法组成，并不可能代表人们关于良好社会的普遍看法。

们的预见是有限的，而且言语相对于实际行动又是无力的。惯例法也可能包含高度趋同的实践和在一个合法群体中对群体人员的处置分配，这些惯例会在某些场合中以某种行动或者批评表现出来。④ 律师和法官们在太多具体的法律问题上存在共识，而且如果被问及与明确的法律有关的问题，或者关于社会上各种基本政治观点的看法，他们的共识会更多。⑤ 对这种共识的最好的解释就是，在社会群体中的高度趋同的分工，可以为具体的法律问题提供解答，即使他们之前并没有机会清楚地考虑过。然而，这种习惯法不能够消除所有的不确定性。

在政治框架内，惯例法以及有时不确定的法律，提出了法治理念中的中心问题。简单地说，通常人们难以理解这些妥协性的、被删剪的、部分不确定的法律文献，是如何在没有依赖基本政治原则的情况下被法官解释和应用的。然而，允许这样的基本原则进入法律审议作为司法决策的依据，将会与法治理念发生冲突，这些是拜多元主义的政治进程对法官的压制和诉讼当事人的基本原则所赐。与其说是为政治进程服务，不如说法官们在基本原则上采取的行为就像在政治拉锯战中，只不过他们处在一个享有特权的位置，他们的抉择具有法律强制力，而且不会有过多的政治审核。最多，这似乎是不公正、合理的；最少，招致某人对法官或者司法共同体专断的反抗。

对于这个经典问题，有四个熟知的处理方法。一种保守的方法是将所有的合法裁决都限制于能够给出确定结果的惯例法中。这样做保护了法治理念，但是这是以限制法官们进行决断的范围为代价的，也会限制法庭对政府权力和其他权力分支的滥用权力行为的控制和监察。德沃金式的方法是将所有的合法裁决都限制于能在原则上给出确定结果的法律中，但是会在抛弃所有惯例法的性质的情况下重新定义该法律。然而，取代了能够对历史性的法律实践作出最好阐释的基本道德原则，就意味着丢掉了在多元民主社会中对非政治性的司法制

---

④ 一个检讨，See Burton, *Law and Legal Reasoning*, pp. 94-144, 204-14. 在我看来，哈特的社会规则理论有一些错误，这一理论坚持认为，只有在群体中存在普遍的接受性行为，并且不断重复时，规范才能够存在。H. L. A. Hart, *The Concept of Law* (Oxford: Clarendon Press, 1961), pp. 54-60. 哈特可能低估了人类群体中操纵和规避规则的程度，由此产生了更少的普遍性接受。当操纵规则或者规避规则的行为存在，而且经常成功时，社会规范可能也是存在的。比起中立的普遍接受行为来，哈特批评的规避规则的行为也许是更重要的。

⑤ See also chap. 2, note1. 例如，某人可能远离肯尼迪所说的主流情况："对我而言，整个规则体系都具有制度合法性。法官参与案件的方式常常能激起我的思想火花，法官解释的规则，在我看来，也是一个恰到好处的理由。"引自 Duncan Kennedy, Association of American Law Schools Annual Meeting (January 7, 1986).

度起约束作用的传统的法治理念。这会使得政治力量可以将司法制度作为服务于一两个政治派别的工具，因为每个法官都将在不考虑与其他法官协调的基础上，作出他们最好的阐释。⑥哈特式的方法是用传统的态度对待法律，并且尊重审判结果。但要抛弃就某些法律问题对适当裁决的限制，允许法庭在政治道德基本原则的基础上行使自由裁决权，不将其完全束缚于法律之内，而且只要法律没有确定的要求，就抛弃传统的法治理念。最后，一种辩证的方法是抛弃惯例法和法律的明确的特性，将司法裁决从美国的民主传统的束缚下解放出来。抛弃传统在一个被构想和描述的乌托邦社会中可能是可以接受的。然而它在现存体制下是过激而又危险的一步，因为其不可能维护社会中弱势阶层的利益。

　　诚信理论没有采用上述任何一种方式。正如在第二章中主要讨论的那样，它鲜明地主张法律是惯例法，法官必须在司法职责范围内完全地解释和运用法律。与第一个传统方式不同，它采用适当的法律理由而非法律结果，抛弃了不确定情形。因此，它拓宽了法律裁决的范围，使得法院可以更好地行使检察职能。与第二种德沃金式的方式不同，它要求法官协力合作，并且在惯例法要求的范围内行使职责。它衡量案例中的各个理由的分量，而且不依赖于通常的政治道德。它相比于德沃金式的方式，缩小了法律裁决的范围。诚信理论在法律裁决的范围方面与哈特式的方法相似，但又不尽相同，因为它否认了法官可以逾越法律的界限去寻求支持司法裁决的理由。它将司法自由裁决权纳入法治社会的轨道。当然，诚信理论对于废弃传统的最后一种辩证方法也不予同情，至少在一个更好的方法出来之前。

　　诚信理论的政治吸引力根源于宪政民主制下恰当裁定的想象：它保护了法治原则，允许有意义范围内的裁定，并且强制裁定立足于以在开庭前掌握的与该案有关的证据为基础的合法原因。善良诚信的法官因此可以检查他人的权力滥用，即使他们自己也被法律所强制，这依照惯例被理解为拥有对民主政治的适当尊重。民主是一种法官们应该首先服从的伟大的政治价值概念，无论其结果是否令他们满意。当现存政治环境严重不公正时，法官破坏原有成果是适当的。然而，只要违反司法的行为在道德上也是不公正的，法官就应该以善良诚信为原则履行自己作为宪政体制下民主政治进程中的人民公仆的职责，这本身也是独特而宝贵的自我管理的训练的结果。

237

238

⑥　See Frank I. Michelman, "Foreword: Traces of Self-Government," *Harvard Law Review*, 100 (1986): 4-77, at 76.

8.3 不当偏见

法治原则为美国政治体制的构建者们广泛接受。对主流人群而言，传统的对法治原则的防卫态度似乎是没有必要的。然而，在知识分子群体中，尤其是在美国大学的法学院中，法治原则受到了广泛而尖锐的批判。特别是，政治自由理论被认为是充满了自相矛盾的、没有任何逻辑的理论，并没有得到人们的尊重。[7] 对于建国紧要关头的一切事务，法治原则不适合作出全面的处理，更何况其中的诸多事物还包含着对自由主义理论的曲解。然而，在一些方面，某些论点遭到了严峻的挑战。因此，我已详尽阐述过：法治原则并不要求所有的法律问题都得到确定的结果，这种说法也得到法治原则的批评者和很多支持者的认同。在这里，我将考虑两种认为法律判决在实践过程中不能被非政治化（正如法治原则要求的那样）的主张。第一种说法认为，法治原则要求的法官的中立原则在实际操作中是不可能达到的，法官的基本判决原则必须进入司法审议当中。第二种说法认为，法官的个人背景和个人立场必然会影响到司法判决，理性的力量不可避免地会被削弱。

8.3.1 中立性

近来，声称"法律不是中立的"这一批评观点在挑战法律中立性传统的人群中迅速扩散。[8] 而近期的这场思想潮流的领导者就是罗伯特·昂格尔。在他早期的著作中[9]，"很多反对的法律学者对于法律不能得到中立性解释的观点发表了一系列复杂完备的论证，因此法律与政治的区别以及捍卫各州自由所依

---

[7] 开始的观点是 Roberto M. Unger, *Knowledge and Politics* (New York: Free Press，1975)。人们应该警惕由批评自由主义者所归纳的自由主义的特点，这有可能形成误导。William Ewald，"Unger's Philosophy：A Critical Study," *Yale Law Journal*，97 (1988)：665-756. See also Ronald M. Dworkin, *Law's Empire* (Cambridge：Harvard University Press，Belknap Press，1986)，pp. 274-5 (批判法律运动对自由主义的说明都带有一种捍卫的姿态，由他们对自由的理解所构成)，440-1 n. 19 [criticizing Mark V. Tushnet，"Following the Rules Laid Down：A Critique of Intepretivism and Neutral Principles," *Harvard Law Review*，96 (1983)：781-827]；Owen M. Fiss，"Objectivity and Interpretation," *Stanford Law Review*，34 (1982)：739-73 (呼吁一种关于理性和客观性的自由的概念).

[8] 例如，Joseph W. Singer，"The Player and the Cards：Nihilism and Legal Theory," *Yale Law Journal*，94 (1984)：1-70，at 40-1 ("传统的理论家主张法律是或者应该是中立的").

[9] Unger，*Knowledge and Politics*.

赖的法治原则不可避免地会面临崩溃"⑩。最近，法理学中主张男女平等的一个分支将这种批评观点作了进一步发展：他们认为法律的非中立性强调，法律表面上是中立的，在实际操作中也可以是理性的、中立的、无偏见的，但是在这个有性别偏向的社会现状中，操作起来仍会有歧视和偏见。⑪ 种族理论的研究者以相似的方法攻击了传统的中立性理论，并声称现实中的歧视和偏见会造成种族歧视的延续。⑫

一些传统观念的支持者将中立性原则作为他们政治法律理论的核心。赫伯 *240*特·韦克斯勒曾经呼吁宪法应该秉持中立原则，他意指法律应遵循无偏见的审判原则，不因为法官自身的因素而倾向于任何一个党派。⑬ 罗伯特·伯克倡导宪法原则的来源、定义以及使用方面都要保持司法中立，他意图剔除法律审判中的各种主观因素：法官的新的价值评判标准、宪法明文规定和先例所不容许的判决选择，以及法官在案件判决中出于个人爱憎作出的决策。⑭ 约翰·哈特·伊利通过摒弃任何允许法庭作出独立裁决的宪法理论，来支持法律的独立性的观点。⑮ 布鲁斯·阿克曼整理了他的关于自由州的社会公正的理论，这些理论的核心是法律的中立性原则，即防止任何人因为品行优于常人，或是能力强于他人而获得权威的力量。⑯

很显然，中立性是一个过于抽象的概念，以至于它难以在具体的已出现的案例中被定义。传统理论的支持者当然不会主张法律体系和政治体系都应该按照中立性原则的所有定义做到普遍中立。比如说，罗伯特·诺齐克就指出，法

---

⑩　James Boyle, "The Politics of Reason: Critical Legal Theory and Local Social Thought," *University of Pennsylvania Law Review*, 133 (1985): 685–780, at 697.

⑪　例如，Martha L. Fineman, "Dominant Discourse, Professional Language, and Legal Change in Child Custody Decisionmaking," *Harvard Law Review*, 101 (1988): 727–74; Robin L. West, "Jurisprudence and Gender," *University of Chicago Law Review*, 55 (1988): 1–72, at 5–6。

⑫　例如，Richard Delgado, "Storytelling for Oppositionists and Others: A Plea for Narrative," *Michigan Law Review*, 87 (1989): 2411–41。

⑬　Herbert Wechsler, "Toward Neutral Principles of Constitutional Law," *Harvard Law Review*, 73 (1959): 1–35; R. Kent Greenawalt, "The Enduring Significance of Neutral Principles," *Columbia Law Review*, 78 (1978): 982–1021.

⑭　See Robert H. Bork, *The Tempting of America* (New York: Free Press, 1990), pp. 146–53.

⑮　John Hart Ely, *Democracy and Distrust* (Cambridge: Harvard University Press, 1980), pp. 43–73.

⑯　Bruce A. Ackerman, *Social Justice and the Liberal State* (New Haven: Yale University Press, 1980), pp. 10–11. See also Ronald Dworkin, *A Matter of Principle* (Cambridge: Harvard University Press, 1985), pp. 181–204; John Rawls, "The Priority of Right and Ideas of the Good," *Philosophy and Public Affairs*, 17 (1988): 251–76, at 260–4.

律在强奸问题上就不能做到中立。⑰ 我希望，没有人会主张法律应该以一种可
241 怕的方式保持中立，也不会有人主张法律用一种不可能的方式保持中立。约
翰·罗尔斯的关于公正的理论认为，善良的人作出的裁决会维护中立性。这个
理论由于提倡好人的个人主义而被人批评有歧视之嫌（与那些对人们生活的社
会架构比较敏感的人相抵触）。⑱ 然而，罗尔斯承认，公正的社会体制的基本
架构总有一天会对善良和其附带的增益的概念产生影响。他认为中立性是行不
通的，不符合他的政治理论。⑲ 为了避免对中立性的无休止的争吵，我们应该
从两个层面区分这些关于中立性的观点。

从一个层面上讲，无论是宪法、法律，还是司法决断，都应该要求中立性
原则。在基本宪法的制定过程中，中立性应该被当作对于美好品行的适当的易
于理解的概念。⑳ 要实现这样的一种中立，正如人们所看到的，就应该以宪法
来保障人们自由地追求合理幸福的权利，用程序监管来防止任何利益集团长期
执掌政府。㉑ 社会公民以及人民代表应该并被允许在法律范围内，在宪法规定
的权力内，追求自己的幸福。这种政治的索取和奉献会使得法官在解释法律时
无须参考自身对善良的主观定义，从而抛去了很多不确定性。就现实目标来
说，我们只需考虑法官在审判阶段需要的某种中立性。

242 从另一个层面上讲，我们的讨论中至少要包含四种中立性的定义。㉒ 第一
种定义是一种科学中立性。19 世纪的科学典范使得科学研究者脱离了数据，
这样一来数据就不会被偏见和其他主观因素曲解。科学家们的工作就是仅仅记
录和报告客观的数据——19 世纪的这种对于科学研究的观点是站不住脚的。
据我所知，没有任何一位主流思想家认为法官也应该这样中立地记录和报告。
正如玛莉·米诺近来所说，"完全中立性是不可能的，正好像避免选择是不可
能的一样"㉓。司法作为和不作为总会对一些人有利，对一些人不利。这个观

⑰ Robert Nozick, *Anarchy, State, and Utopia* (New York: Basic Books, 1974), pp. 272-3.

⑱ See Joseph Raz, *The Morality of Freedom* (Oxford: Clarendon Press, 1986), pp. 308-13,
348-57; Michael J. Sandel, *Liberalism and the Limits of Justice* (Cambridge: Cambridge University
Press, 1982), pp 154-74.

⑲ Rawls, "The Priority of Right," at 262-3.

⑳ See Ibid., at 260-4.

㉑ C. Rossiter, ed., *The Federalist* (New York: New American Library, 1961), No s. 10, 51
(James Madison).

㉒ 其他努力澄清中立性的文章，see Andrew Altman, *Critical Legal Studies: A Liberal Critique*
(Princeton, N. J.: Princeton University Press, 1990), pp. 72-7; Rawls, "The Priority of Right," at
260-4; Raz, *The Morality of Freedom*. pp. 110-17。

㉓ Martha Minow, "Foreword: Justice Engendered," *Harvard Law Review*, 101 (1987): 10-
95, at 70.

点是毋庸置疑的。

第二种定义是价值中立性。这个定义同样源于科学领域。价值中立性主张司法决策不应该依赖于价值，因为价值本身就必然是主观的、相互矛盾的。伯克、伊利以及其他的宪法理论家在批评其他观点时，其原因仅仅是其他观点认可相互矛盾的价值评判，而这意味着为司法诡辩打开了大门。这时，他们似乎运用的是这种价值中立性的观点。然而，构建一种价值中立的宪法裁决理论的尝试失败了。㉔ 重要的法学家和政治学家都不认可这种观点，并认为它对于民主传统意义不大。这种观点只是在经验主义鼎盛时期过后泛起的余波而已，将各种价值陈述糅合在一起组成毫无意义的感性表达。㉕

我们只有在丢弃笨重的历史包袱之后，才可以对不同价值进行区分。法治原则将法律视作为法官在权威终端的行为提供的基于各种价值的理由。法官只有在法律理由和法律理由解释的价值被非法理由及相关价值挤占时，才会履行维护法律的责任。一些法学批评家支持价值中立性，因此不会参与到由于诚信理论的政治基础所引发的争论中。

第三种定义是政治中立性。在基本的宪法理论中，这种中立性是在"政府架构应该在善良的定义中保持中立"的观点兴起的时候产生的。尽管这种观点被评论家们广泛误解㉖，但是这种观点与价值中立性是不一样的。自由主义者是批评的主要目标对象，他们对"好的"和"对的"进行区分，要求政府首先保障人们的权利，其次再对美好生活的定义保持中立。㉗ 这样的话，政府就可能不承认一些包含对他人不利的（对美好生活的）定义，比如在考量基于价值的权力的基础上宣布鸡奸的非法性。然而，它可能不会赞同妨害他人权利的对美好生活的定义，比如要求所有人都遵守或不遵守犹太教的法律。当这些定义不为政府行为提供基础时，政府对这些定义持中立态度。那么，在审判理论中，政治中立会阻止法官对司法决策进行辩解，因为他们自己对美好生活的定义是支持或反对某一方的。很显然，信天主教的法官不应该对一个犹太罪犯加

㉔　例如，See Paul A. Brest, "The Misconceived Quest for the Original Understanding," *Boston University Law Review*, 60 (1980): 204-38; Paul A. Brest, "The Fundamental Rights Controversy: The Essential Contradictions of Normative Constitutional Scholarship," *Yale Law Journal*, 90 (1981): 1063-112; Laurence H. Tribe, "The Puzzling Persistence of Process-Based Constitutional Theories," *Yale Law Journal*, 89 (1980): 1063-80.

㉕　See § 4.2.

㉖　例如，See Singer, "The Player and the Cards," at 40-1; West. "Jurisprudence and Gender," at 6.

㉗　例如，Rawls, "The Priority of Right".

244 重量刑，因为犹太人并不过天主教教徒的生活。这样对审判的限制在当下的司法实践中被广为接受，很难去质疑它的实用性。

第四种定义是法律中立性。很多传统观点的支持者声称，出于对民主法治进程中的基本原则的尊重，审判裁决应该是中立的。比起重新考虑危险当中的价值冲突，法官更应该处理基本原则冲突中产生的法律标准。㉘同样，这既不同于审判裁决中的价值中立性，也不同于政治中立性。法律中立性允许法官以为法律提供合理性论证的价值为基础履行职责；当一些对美好善良的定义在政治进程中胜出时，这可能会包括定义中的瑕疵，法律中立性不允许法官们以在政治进程中输掉的价值为基础履行职责，或是重复地以在政治妥协中被缩减的价值为基础履行职责。法律中立性不包含价值和其他事物的分歧，却包括法律价值和其他价值的分歧。法官应该以法律价值，而非法律许可之外的价值为基础行使职能。

当我们理清关于中立性的各种观点后，很显然，各种旗帜鲜明的批评太宽泛了。比如说，诚信理论仅在审判裁决的层面支持中立性原则，而且仅在两个方面支持：法官不应该以他们自己对美好生活的定义为基础来证明自己判决的合法性；法官不应该以政治道德的基本原则为基础行使职权，好像民主法治进程中没有筛选出一种基本原则似的。诚信理论并不主张审判裁决是价值中立的或是一个科学的计划。它在立法和宪法层面不依赖任何一种中立性。对中立性理论的批评者为"根据所有的中立性定义，法律是广泛中立的"主张的申辩可
245 能是正确的。但是会有人否定这个观点吗？会有人希望法律在所有的中立性的定义中都是中立的吗？诚信理论要求的这种中立性原则可以在法官的司法实践中得到实现。事实上，在这个时代可能正在被实现着。

8.3.2 透视论

与诚信政治相关的反对观点，来自于一种对于法官只能以法律允许的理由为基础履行职责的原则的排他性影响的焦虑。这种反对观点蕴含的哲理认为，我们所有人都通过根据我们各自的背景和利益制定的概念性计划来构建我们自己的现实生活。㉙在这个理论的基础上，特别的，法律要构建一个既成的代表

㉘ See Altman, *Critical Legal Studies*, pp. 76–7.

㉙ 这种在一开始就存在的质疑，由米诺教授提出：我们的兴趣点，我们既有的观念，我们的立足点，影响我们理解力的因素……中立视角的可能性被残酷地挤压了。然而，我们依然相信这是中立的。Minow, "Justice Engendered," at 46. 对于尼采对裁判心理的强调，以及对于法律现实主义者来说，我的这种提示是有意义的。

统治阶级（成年白人男性公民）立场的概念性计划。㉚ 统治阶级的立场发挥效力（就好像他们的范围是正确且固定的），而其他的构建世界的方法会被人否定和遭到诽谤。㉛ 因此，法律就无法公正地代表一些不具有实力的群体的利益。在外人看来，诚信理论要求法官只能以法律允许的理由为基础履行职责，这似乎要求法官只考虑统治阶级的利益。这种局限性，在政治上难以为人所称道，因为它会无视妇女和少数族裔的不同立场。　　246

　　这种观点的最新的发展逐渐在法理学中研究男女平等的分支部分中占据了主导地位，我们首先要用米诺教授提供的建设性观点来讨论。㉜ 就我的理解，研究法理学的这种方法其核心在于把性别当作分析的基本分类方法。人们通常认为性别是男女对于构建世界的立场的基本区分。卡罗尔·杰利根著名的心理学研究提出来的㉝，一种有关法学的学术研究领域的很流行的观点认为，男性和女性在承担道德和法律责任方面站在不同的立场上。男性倾向于独立地改造世界而不考虑他人的影响，由此产生了个人自主性的倾向、用抽象思维进行理性分析的倾向，以及公正评判的倾向。与此同时，女性倾向于依靠事物的各种联系来改造世界，由此产生了互相关怀的倾向、分析理解事物间的联系并带有感情地理解的倾向和在争端中妥协调停的倾向。这表明，男性和女性会根据他们的性别立场来进行法理分析、立法和司法审判。当白人男性公民执掌政府部门和学术职位时，正如历史上一直发生的那样，法律传统就会始终反映男性意志，而将女性意志排除在外。㉞

　　研究男女平等的法理学分支的观点并不直接将诚信理论引入法律审判的实践。这些观点相对更本质一些。如果要求将女性意志引入法理学研究和司法审判，这将会带来很多问题。首先，法官是否有维护法律的责任；其次，法官们维护的法律是否与传统惯例法（包括绝对服从原则）一致。维护法律的责任的观点——包含规则的研究以及符合法律的行为准则——符合理性主义的"男性　　247

㉚　Ibid., at 65−70, 90. See also Ann C. Scales, "The Emergence of Feminist Jurisprudence," *Yale Law Journal*, 95 (1986): 1373−403; West, "Jurisprudence and Gender."

㉛　Minow, "Justice Engendered," at 73 ("我们的能力越强，我们越不可能看到世界与我们视角的冲突，因为我们根据自己的视角来塑造世界"), at 85 ("法院的各种实践说明不断交织的层级能够假定一种不可改变的现实").

㉜　主要的著作见上引。See also Martha Minow & Elizabeth V. Spelman, "In Context," *Southern California Law Review*, 63 (1990): 1597−652.

㉝　Carol Gilligan, *In a Different Voice* (Cambridge: Harvard University Press, 1982).

㉞　例如，See Judith Resnik, "On the Bias: Feminist Reconsiderations of the Aspirations for Our Judges," *Southern California Law Review*, 61 (1988): 1877−944; Suzanna Sherry, "The Gender of Judges," *Law and Inequality*, 4 (1986): 159−69; West, "Jurisprudence and Gender".

的公正伦理"。与之相反的是，"女性的关护伦理"着眼于维护主要人物之间的关系，因为她们主要的道德主张并非压迫或歧视，而是孤立、遗弃或是冷漠。㉟ 此外，两性对其他道德问题的解释都各不相同，以至于我们不能按照一方的道德定位而忽视另一方的道德特征来讨论问题。㊱ 因此，男女平等的伦理关怀意味着反对将法律的特殊架构视为根据现实情况对行为起约束作用的权利和义务。诚信理论极易受到男女平等理论的攻击，因为传统的对法律裁决的理解往往容易受到攻击。

在我看来，男女平等理论对于法律中的大规模性别歧视的指控（比如批评家们认为法律是政治而非中立的）通常都过于彻底，以至于并没有对它的独特性加以足够关注。比如说，女性主义的观点主张：应该否定，或者女性应该否定传统观点和传统思维方式，因为它们是由男性首创和建立的。男性支持传统而女性甚少参与，是说明传统理论含有不当的歧视的理由。然而，这并不是寻
248 找不当歧视的理由。这样做的话会陷入从个人偏好出发的争论，和"作者的个人状况决定作品的水平"的思想谬误。它也将引发一种失败的政治争论，这种争论是由来已久的有关种族差异的争论。比如，在北爱尔兰，无论天主教教徒做什么，新教教徒都会反对；反之亦然。这样的政治实在是难以使人产生兴趣。

尽管我并不完全欣赏男女平等理论家的其他的主张，我也不对此提出异议。我想讨论男女平等理论家对于社会构想的原则所反映的哲学㊲，以及男女平等理论家关于两性对法律和道德的经典解释，是完全的心理研究还是比喻的说法。㊳ 即使如此，我们也应该对法律的内容、法律适用时对案件特性的描述和法律判决的形式作出区分。

对审判、法律以及案例的区分是基础性的。法律审判包括认定、解释和具体案件具体分析的法律适用。它的构成框架是独立于法律内容的，因为人们很容易想象将法律不加分辨地应用于审判活动中。比如，南非的法庭认定、解释和应用法律的方式可以与美国法庭依照"平等保护条款"审判的方式完全相同，即使投入和产出是完全不同的。因此，关于法律内容的法律审判可以是中

㉟ Minow & Spelman, "In Context," at 1607.

㊱ Ibid.

㊲ 一个简短的评论，see Steven J. Burton, "Foreword: Rhetoric and Skepticism," *Iowa Law Review*, 74 (1989): 755–9。

㊳ 对于批评者而言，see Margaret J. Radin, "The Pragmatist and the Feminist," *Southern California Law Review*, 63 (1990): 1699–726, at 1712–19。

立的。实际上当然又有所不同。这个经验主义的社会中各种行动、事件以及案件状况都会使得实际案件有所不同，而不会完全按法律规定规规矩矩地执行。市区的高尔夫课程的经理可能会拒绝一名黑人，仅仅因为他的种族。这实在与这名经理是否违背了法律无关（毫无疑问，人们都可以想出一些边缘化的难以进行法律审判的案例）。 249

不当歧视的问题可以影响法律的内容，正如种族隔离法案那样。此外，不当歧视也会影响法律理性所依托的事实前提。例如，一名立法者会出于非歧视性的教育资源的一般考虑，要求大学为男女生提供平等的体育器械。一名男性立法者可能会反对这样的提案，因为他相信女生并不会喜欢这些体育活动；一旦这种观点被大多数人接受的话，法律就会免除学校的这些责任，这样就产生了偏见和歧视。然而，关于"女生喜欢或不喜欢体育活动"的观点就涉及将女性看作一个整体的立法现象；这种观点不是法律。当然，法律是法律条文中免除体育器械要求的明文规定。法律可能是一个带有偏见的观点的结果，它可能是不公正的。观点的错误性就成为了修改法律的理由。这一点也不奇怪。就像在种族隔离案件中，问题根源在于法律的内容，而不是它的形式、基础，以及强制力。

与审判裁决更相关的是，不当歧视在法官了解案件的时候也会产生。案件证据不会在法律的分类中事先准备好，而是需要在诉讼中仔细筛选，即对于究竟发生了什么产生相关的了解。对证据的筛选会由于个人对世界运作方式的理解（包括不同阶层的人的不同理解）不同而指向不同的方向。陈旧的刻板印象会对从证据到案件的过程产生妨碍，并将不当偏见引入审判之中。比如，法官可能会不理睬妇女在工作场所受到性侵犯的抱怨，因为"那人只是随便开开玩笑，喜欢给她找麻烦"。对案件的这样的分析很可能有很大的缺陷，因为它忽 250
略了以相关法律对性歧视的主张为基础的真正的现实情况。[39] 然而，这种偏见与法律无关，也与审判等无关。当然，这与现实情况的调查有关。对案件的不当偏见存在的通常问题就是，这种偏见是很政策性的现象，是法官和立法者都了解的现象。近来对种族歧视和性别歧视的重视，引起了人们对此类问题的特殊关注。

很多男女平等理论家的法律理论对这两种偏见投入了适当的关注。那些只在存在偏见的和错误的现实假设中产生的法律确实需要改革。当对不同性别或是种族的人作出评判时，为了更好地理解案件的实际状况，法官更应该额外用

---

[39]　See Meritor Savings Bank v. Vinson，477 U. S. 75（1986）（敌意的工作环境可能构成雇主的性别歧视，被第 7 条所禁止）。

心地以不偏不倚的态度倾听这些群体的陈述。然而，对审判的更加实际的理解与法律的内容无关，与对事实的情况的带有偏见的描述无关。当然，它关注的是法官应该如何尽其所能地对法律作出最佳的解释。一些男女平等理论的追随者会进一步发展该理论，对法律的审判构架中存在性歧视以及与此相关的歧视的情况提出控诉。[40] 这些法理学思想可能也会对控诉诚信理论存在偏见。

251 批评言论的主要策略可能是世界性的对男权理论的挑战和攻击。[41] 很多男女平等主义者并不相信男权概念，因为这被认为是典型的用男性视角看待法律和道德问题，与女性"专注于个别情况"的认识和思维方式形成鲜明对比。然而，在"个别情况"下，男女平等主义者不应该被理解为意指传统的形而上学的含义。比如说，米诺在一篇很有影响的文章中提出，"特殊情况"的极致就是排他的："由于我们的语言是相同的，我们的法律是共同制定的，我用来形容你的独特性的任何语句都会将你归入与你特性相同的群体之中。"[42] 尽管如此，她仍强烈要求：

> 公正……不是抽象的、宽泛的，也不是中立的，而是人类多元观点构成的行动品质，与权力在谁的手里没有太大关系。
>
> 我们不应该矢志不渝地尝试着把人们进行分类，并以此为基础来行使权力或是否定权力，我们可以专注于个别情况而致力于创建一个公平的世界。[43]

正如我和其他的读者所理解的那样，这篇文章反对将法律形式当作标注案件分类的一般标准，反对将审判裁决当作在合理偏见基础上根据最终的法律分类区分案件的一种事物。反对观点也是很鲜明的法理学观点，因为它的目标不只在于法律的内容或是司法中对案件实际情况的调查，而是在于审判和法律推理的基本结构。

对于这种特殊主义有很多的反对声音。第一，如果所有的案件都要求类似

---

[40] Minow, "Justice Engendered," at 65. See also Lucinda M. Finley, "Breaking Women's Silence in Law: The Dilemma of the Gendered Nature of Legal Reasoning," *Notre Dame Law Review*, 64 (1989): 886–910; Scales, "The Emergence of Feminist Jurisprudence."

[41] 例如，See Radin, "The Pragmatist and the Feminist," at 1707 ("现实主义者和女性主义者有一个共同的想法，就是在特定经验中发现知识")；Scales, "The Emergence of Feminist Jurisprudence," at 1374（描述了女性主义者对抽象的抵抗）；Robin L. West, "The Difference in Women's Hedonic Lives: A Phenomenological Critique of Feminist Legal Theory," *Wisconsin Women's Law Journal*, 3 (1987): 81–145, at 90 ("我的方法论假设是，道德决定的关键依赖于我们对他人痛苦的感知能力，而不是对它根源的探究，不是我们进行抽象、一般化和推理的能力")。

[42] Minow, "Justice Engendered," at 90.

[43] Ibid., at 16, 91 (emphasis added).

案件可以得到一致的处理的话，特殊主义与公正是相矛盾的。要在不同的情况下都保持司法的一致性，就要求抽象化的概念。第二，特殊主义会通过耗损法官的实际经验而破坏法律和道德的规范性，只为公正留下了不成熟的、无用的参考。第三，对个人、行为、案件状况的独特性的过分强调，会有损辩证判断，因为我们无法考虑到一个案件所有的特殊性就过早地下结论。然而，对相关特殊性的选择标准必须是抽象的。第四，特殊主义会阻碍政治行动；问题还在那里，但是他们在重要方面是好还是坏似乎就需要证明一些知识比另一些知识更好，这又一次需要抽象。第五，特殊主义表明在法律中语言是无用的，因为它将人和具体情况进行分类，这就对法律的内容是否应该告知所有公民提出了疑问。第六，特殊主义表明不一致意见是一个骗局，因为每个人最终都可以使自己对案件的、仅仅从自己角度作出的反馈被别人理解。第七，如果每个人都坚持自己对真相的解释的话，特殊主义会陷入唯我论。没有人能够以明智的理由判断另一个人的行为。第八，特殊主义会引发强势方的专制，因为它会牺牲对公正审判的理智要求。

　　米诺教授与另一位作家在另一部作品中回应了这些反对声音，将她的焦点从"专注于特殊情况"转为"环境"[44]。她又重新助长了一些反对观点的声势。特别是，她承认女性主义者或者其他人不能否定的一个命题，即她们确实偏爱某一种认知方式，确定把一种判断凌驾于其他判断之上。[45] 另外，她也承认没有分类，我们不可能作出有意义的探讨[46]，并反对环境主义意味着对案件的所有可能特征都加以侧重。[47] 她认为，当关注什么特性使得一个案件与另一个案件相似或是不同的时候[48]，公正的基本标准（对待相似的案件）会更充实，而不是被削弱。因此，米诺教授努力去避免这样的误解，那就是对特殊情况投入更多关注会损害广泛的合理判断。[49] 现在，她相信："在对特殊情况原则的有限性进行环境式的评估时，如平等、公正以及自由等抽象原则会被维护和彰显。"[50] 原则或多或少是一般性的。我们可以就具体情况的普遍性和特殊性进行讨论。[51] 总之，她反对男女平等理论所持的"抽象和环境论的二元化区

252

253

---

[44]　Minow & Spelman，"In Context".

[45]　Ibid.，at 1625.

[46]　Ibid.

[47]　Ibid.，at 1629.

[48]　Ibid.

[49]　Ibid.，at 1631.

[50]　Ibid.，at 1632.

[51]　Ibid.，at 1629-31.

分"⑫ 的观点。

现在米诺教授的观点有三个很有建设性的地方。首先，沿着逻辑线索的理论发展，值得称赞。原先的理论是用"专注于特殊情况"代替常规标准，发展后的观点是在特定的背景下接受常规标准的适用。最基本的，完全专注于具体情况似乎阻止了理性论证和沟通交流，因为二者都要求一般化。为了避免无视二者，同时，至少有必要鼓励类比论证（对于特殊案件的特殊情况，找出不连续案件的相似点）。然而，依然有人运用类比论证法，那就难以达到一致认同，抽象分类在法律论证和其他论证方面就难以避免了。⑬ 简单地说，两个案件在相关方面是相似的，就是说它们被分为同一种案件的类型，这需要由法律条文、原则或是其他一般性的东西来认定。⑭ 区分两个案件就是要坚持认为它们不是被合理地分在一类里的。类比是分类论证（包括依法规和其他一般的行为标准的法律论证）的不完全表述。

第二个建设性的点是米诺教授后来支持诚信理论假设的观点与传统的审判裁决的理论之间的关系。正如她现在表明的那样，不一致意见应该以我们的法律标准的一般性程度，以及这些标准的关注点和用途为中心：

> 关键问题成为了哪一个环境更重要，具体情况的哪一个特性应该值得讨论，在搜寻细节时应该铺多广，以及应该用怎样的评价体系来衡量它们。无论你是愿意被称为环境主义者，还是原则化理由的信徒，你都要对环境的特征进行选择。⑮

我同意问题的关键之一是特定的行为背景下事实的法律相关性。关键之二是计量的权重问题。在承认例如规则、原则这些抽象概念的基础上，诚信理论与米诺教授以及其他男女平等学派的主张者提出的法律形式是相互矛盾的。正如米诺教授委婉道明的那样，最重要的问题是在司法推理中对上述内容的分析。也就是说，最重要的问题关乎法律的内容和事实的特点，而这两者都包含着不当偏见。诚信理论在这些方面对于现存的法律和司法习惯都没有任何阐

---

⑫ Ibid., at 1628.

⑬ 这并不是意味着，抽象的层面必须是客观的、纯逻辑性的、不变的，并不意味着有一种视角可以超越人类经验，忽略参与者的共识，或者杜绝一切批评。它们是封闭的，不必向任何范围开放。

⑭ Burton, *Law and Legal Reasoning*, p. 82.

⑮ Minow & Spelman, "In Context," at 1629.

述。任何时候都需要有对法律和司法实践提出改良意见的批评。如果批评理论
被限制于与法律评价相关的事实中，那么它就难以取得实质进展。法律批评家　255
们通常关注不被现行法律的相关性约束的行为和情形。他们是以批判性角度为
立足点的，而不是从法律角度出发。

　　当法官进行裁决时，他们不是法律的批评者。他们有着维护法律的道德责
任，这就限制了能够作为法律理由的事实，无论这对于案件来说是好是坏。我
们可以对法官以维护什么样的法律作为其道德责任这个问题存在分歧，可以对
法律的恰当解释持有异议，也可以对案件中的事实特征描述不予认同，但我们
不应该由此指责法官作出了错误的决定，毕竟他们有着维护法律的道德责任，
而且违背法律是不公正的行为。同样，批评者们也承担着道德责任。其中责任
之一就是仅对法官的抉择不当进行批评。

　　我们无须以带有性别色彩的看法对法律结构和适用问题进行指责。透视论
可能看起来很吸引人，因为它表达的是我们提出见解时必须包含的人性视角。
这些见解会因为我们的背景经历和利益不同而带有不当的偏见。对于这个潜在
危险的认识不断加深，对于这些抽象概念的运用更证实了一个信条：一切被认
为是正确的和永恒的事物和概念，总会导致它对它的对立概念缺乏包容性。然
而，抽象的信念不能与复杂的人性完全对立。那些想要避开一切规则、原则、
政策以及法律适用和论证结构的人，其实是武断地主张了一种所谓中立的事
实。进而，这种有关人性的主张将每一种信念都判断为不可靠的。它急切地需
要对为什么要相信一个事物的正确性和为什么它值得相信这样的命题进行讨
论。它接受对于"任何抽象信条都是错的或是无根据的"主张的批评意见，也
会在实践过程中对抽象信条进行修正。⑤ 然而，以不可靠性为基础的信条，
否认作者的性别和其他持久的特征是判断言论正确性的依据之一。它只与言
论的内容有关，与言论出自何人之口无关，也与言论动机、修辞方式和言论　256
带来的后果无关。而且，以不可靠性为基础的信条也否认根据新的理由修正
信条本身就是否认"所有信条都是正确的"理由。修正信条的理论可行性并
不能对在实际理解中区分正确理由和不当理由有任何帮助。行为的正确理由
是客观的，不带偏见的，没有兰代尔式的来自天堂的永恒法律观念。⑤

　　总之，透视论的问题尽管可能会影响法律的内容和事实特点的描述，但不
会腐化法律的善良的诚信适用原则。诚信理论并不把法律当作一系列的在任何

---

⑤　See § 1.4.2.
⑤　关于中立性的讨论，See § 2.2.2.

情况下都可以被永久适用的抽象概念。它通过抛弃结果的确定性和提供对衡量法律论证的一种实际理解，而使得裁决结果摒弃了刚性。诚信理论支持法治理念下的司法自由裁量权。然而，它并不是通过抛弃法律的相关要求，为法官的主观想象和优先的政治要求开辟通道。诚信理论为法的适用提供了一个尽管勉强但很有意义的空间。要摆脱不当偏见，就应该把终点放在具体的法律和司法习惯上，而不是放在对晦涩难懂的法律形式、客观性、中立性、确定性和概括性的争论上。

8.4　诚信理论的前景

　　诚信理论陈述了一个关于道德标准的观点：法官应该尽力满足道德标准，并且应该接受道德层面的批评。它希望能够影响法律文化，法律文化是在不断的支持与反对的实践中形成的，尤其是由一个个法律单元形成的。说得更明白一点，善良诚信理论不可能保证现在对法律适用的实践在政治上是正当、合理的。我提出的第一个概念性、名义性的主张是，当司法自由裁量权在诚信理论下运用时，在法治社会的联邦民主制中是符合法律适用的正当性的。司法实践对善良诚信的维护程度视具体情况而定——具体情况下的善良诚信维护程度是一个完全根据经验来判断的问题，只有当善良诚信的相关性、范围以及确定性得到更明确的标识之后，这个问题才能够得到较好的研究。

　　在一定程度上，诚信政治似乎与法律实践和我们能够看见的 20 世纪后期的政治关系不大。诚信政治预测：考虑到我们彼此不同的甚至是对立的利益和价值观，法律为我们能够更好生活寻求解决途径。这个问题的成功解决，要求为"将每个人的社会生活看作是一个实际事物"的假设提供依据。这种要求对法官来说，非常重要，对法律共同体中的其他成员来说，也很重要。这要求他们首要地服务于一个公共的根基，抵制不正当的倾向，即将某人或者其他的政治原则或利益作为首要的衡量标准。对法官来说，"诚信"是一种衡量公共根基首要性的标准，排除了个人和政治忠诚的重要性。然而，在我们身边，我们可能观察到有很多行为试图滥用我们社会的公共根基。我们可以看到，很多行为制造意识形态化的纯粹理想来控制司法的公共根基，进而实现其个人的幻想。我们可以看到，很多行为试图将法律变成某一个亚群体的法理学魔术，变成某种政治正确的结果。诚信的政治统治在当前光怪陆离的政治社会中，显得那么不切实际。

　　这一切不应让人感到惊讶，但这正是值得关注的原因。政治的公共根基就 *258*
像经济的共同根基一样，只要每个人都保持自我克制，就可以增进共同体的福
利。⑧ 但是在群体的行为没有改变、合作的框架保持稳定的情况下，个人的机
会主义行为可以使自己从中获利。因此，有人会试图从公共福利中偷一块蛋
糕，同时享受公共秩序的稳定和公正。当有太多的人这样行为时，公共根基就
被侵蚀掉了，社会变成了堕落的社会。

　　如果很多人都将他们的小团体利益放在我们的共同体之上，我们可能不可
避免地生活在一个公共根基被侵蚀的社会。对于诚信这样一个核心区域而言，
历史上也存在离心或者向心的不同时期。我们当下可能处于一个离心的时期。
比起二十年前的情况，种族、性别、道德、国别以及宗教信仰在全球范围内都
有了更强的影响力。如果确实如此，诚信在某种程度上就成为一个理想的幻
梦，一个我们试图去构建的世界，但是小团体的政治影响力扭曲了这一理想。

　　然而，以我的乐观观点来看，事情并没有像已经过去的那么糟糕。或许我
希望美国最坏的离心政治已经过去，或者将会很快过去；未来属于向心时期，
能够使我们团结在一起，构建一个理性、正义的法律体系，关注我们的差异
性。如果没有一个对诚信政治的承诺或者其他类似的东西，我不知道，这样的
未来何时才会到来。

　　诚信的政治统治强调以同情的视角理解他人，关注他们在行动中的理由；̀ *259*
在特定环境下站在别人的立场上才能理解这种视角。一个对别人立场的实践性
理解并不意味着道德性裁判。我们都有自己的行动理由，都为自己的行为负
责。诚信政治强调用一种独特的视角来处理政治分歧。在这种视角下，我们同
意和尊重其他人的理由，即使我们不同意他们理由引发的结果。

　　我试图发展一种诚信裁判的理念来达成当前时代背景下，基于我国传统的
最有价值的立场。我将其作为一种评判法官和其他公务人员行为的标准。我将
其作为一种我们所有人的准则，用于评价我们参与司法的方式，使我们能够保
持一种法治之下的善良裁判。

　　⑧　例如，See Garrett Hardin, "The Tragedy of the Commons," *Science*, 162 (1968): 1243-8。

案例表 *

AFSCME v. Washington, 770F. 2d 1401 (9th Cir. 1985), 205

Arizona v. Rumsey, 467U. S. 203 (1984), 101

Brown v. Board of Education, 347 U. S. 483 (1954), 12, 86

California State Employees'Assoc. v. California, 724F. Supp. 717 (N. D. Cal. 1989), 205, 226

City of Richmond v. J. A. Croson Co. , 488U. S. 469 (1989), 71

Employment Division, Department of Human Resources of Oregon v. Smith, 110S. Ct. 1595 (1990), xvi, 123

Furman v. Georgia, 408U. S. 238 (1972), 134

Greenman v. Yuba Power Prod. , 59Cal. 2d 57 (1963), 97

Greer Properties, Inc. v. LaSalle National Bank, 874F. 2d 457 (7th Cir. 1989), 91

Hammontree v. Jenner, 20Cal. App. 3d 528 (1971), 56

Jett v. Dallas Ind. School Dist. , 491 U. S. 701 (1989), 71

Jones v. Alfred H. Mayer Co. , 392 U. S. 409 (1968), 74, 86

Lochner v. New York, 198U. S. 45 (1905), 181

Martin v. Wilks, 490U. S. 755 (1989), 71

McClesky v. Kemp, 481 U. S. 279 (1987), 134

Meritor Savings Bank v. Vinson, 477 U. S. 57 (1986), 250

---

* 表内所标注的页码为本书边码。——译者注

Miranda v. Arizona, 384U. S. 436
　　(1966), 97
Patterson v. McLean Credit Union,
　　491U. S. 164 (1989), xvi, 70-81,
　　81-9
Reynolds v. Sims 337 U. S. 533
　　(1964), 12
Riggs v. Palmer, 106 N. Y. 506
　　(1889), 51, 174-5, 190
Roe v. Wade, 410 U. S. 438 (1973),
　　12
Runyon v. McCrary, 427 U. S. 160
　　(1976), 71, 74, 77, 85-7

Seaman's Direct Buying Service,
　　Inc. v. Standard Oil Co. of Calif. ,

36 Cal. 3d 752 (1984), 90
Southern Pac. Co. v. Jensen, 244
　　U. S. 205 (1917), 40, 172
Taggart v. Jefferson County Child
　　Support Enforcement Unit, 935F.
　　2d 947(8th Cir. 1991), 85
Tinker v. Des Moines Indep. Com-
　　munity School Dist. , 393
　　U. S. 503(1969), 65, 96
United Statesv. Butler, 297U. S. 1
　　(1936), 149
Wards Cove Packing Co. v. Atonio,
　　490 U. S. 642 (1989), 71
Wilson v. World Omni Leasing, Inc. ,
　　540 So. 2d 713 (Ala. 1989), 14

人名表[*]

Ackerman, Bruce, 137, 240

Altman, Andrew, 8, 11, 141, 242, 244

Andersen, Eric G. , xvii, 84

Anscombe, G. E. M. , 18, 117

Aquinas, St. Thornas, 6

Aristotle, 6, 26, 124

Austin, J. L. , 38, 120, 209

Baldus, David C. , 133

Balkin, J. M. , 19

Barak, Aharon, 7

Bartlett, Katharine T. , 6

Bator, Paul M. , 117

Bell, John, xvii

Bernstein, Richard J. , 109

Bobbitt, Philip, 19

Bork, Robert H. , 14, 15, 75, 142, 240, 242

Boyle, James, 9, 239

Brennan, Justice William J. , xvi, 14, 75, 76, 78−81, 85

Brest, Paul A. , 139, 140, 242

Brewer, Scott, 31

Brink, David O. , 193

Buchanan, James M. , 232

Burton, Steven J. , xviii, 6, 9, 11, 17, 27, 30, 36, 39, 52, 57, 68, 70, 84, 91, 114, 121, 140, 150, 151, 167, 168, 170, 195, 204, 233, 234, 248, 254

Calabresi, Guido, 97, 112, 129−31

Cardozo, Benjamin N. , 8, 15, 172

Clark, Charles E. , 40

---

[*] 表内所标注的页码为本书边码。——译者注

Coleman, Jules, ii, 49, 131, 180, 183, 209

Cook, Walter W. , 5, 115, 126, 129

Dalton, Clare, 5

D'Amato, Anthony, 10, 27

Danzig, Richard, 98

Davis, Kenneth C. , 7, 99

Delgado, Richard, 239

Dworkin, Ronald, xiii, xvii, 7, 9, 16, 27, 33, 36, 44, 47, 49, 54, 55, 59, 61, 62, 119, 137, 150, 155, 171 − 6, 181, 183, 185 − 8, 204, 205, 238, 240

Eisenberg, Melvin A. , 9, 54

Ely, John Hart, 142, 240, 242

Ewald, William, 27, 238

Farber, Daniel A. , 6

Feigl, Herbert, 118

Fineman, Martha L. , 239

Finley, Lucinda M. , 250

Finnis, John, 6, 119, 196, 197, 205

Fish, Stanley E. , 27, 67, 267

Fiss, Owen M. , 9, 36, 53, 238

Frank, Jerome, 112, 236

Frickey, Philip P. , 6

Friedman, Lawrence M. , 127

Fuller, Lori L. , 8, 27, 62, 119, 141, 172, 182, 183, 224

Gabel, Peter, 9, 139

Gilligan, D. , 7

Gilligan, Carol, 246

Gordon, Robert W. , 5, 11, 125, 140, 146, 232

Green, Leslie, 39, 119, 196

Greenawalt, R. Kent, 7, 11, 15, 140, 151, 177, 215, 240

Greene, Douglas, xvii

Grey, Thomas C. , 4, 125, 137

Guruswamy, Lakshman, xvii

Hantzis, Catherine Wells, 125

Hardin, Garrett, 258

Hart, Henry, 7, 8, 172, 173

Hart, H. L. A. , xiii, xv, 6, 7, 15, 16, 42, 47, 49, 55, 62, 90, 118 − 21, 123, 127, 142, 162, 178 − 84, 197, 204, 209, 212, 213, 234, 240

Hegland, Kenney, 11

Hines, N. William, xvii

Hirschoff, Jon T. , 131

Holmes, Oliver Wendell, Jr. , xv, 3 − 6, 16, 27, 34, 40, 110 − t4, 120, 121, 125, 129, 145, 158, 172, 181

Howe, Mark D. , 3, 4, 110, 111

Hurd, Heidi M. , 193, 194, 205

Hurley, S. L. , 59, 189

Hutcheson, Joseph C. , 161

Hutchinson, Allan C. , 6, 9, 10, 24, 27, 42, 117, 120, 141,

213

Hyde, Alan, 141

Kant, Immanuel, 6, 124
Kelman, Mark G., 9, 11, 14, 27, 136, 146, 232
Kennedy, Ouncan, 4, 9, 12, 14, 27, 29, 59, 100, 136, 137, 143, 144, 146, 149, 158-65, 171, 173-6, 208, 210, 211, 235
Kennedy, Justice Anthony, 72-4, 76, 78-82, 86, 205
Korsgaard, Christine M., 158
Kress, Ken, xvii, 10, 11, 27, 140, 150-2
Kripke, Saul A., 192, 193
Kronman, Anthony T., 6, 164
Kuhn, Thomas, 109

Landes, William M., 112
Langdell, Christopher Columbus, 3-6, 16, 34, 137, 138, 256
Laskis, Harold, 111
Lasswell, Harold D., 112
Lehrer, Keith, 118
Levi, Edward H., xvii
Levine, Howard A., xvii
Levinson, Sanford, 5
Llewellyn, Karl N., 5, 8, 95, 112, 126
Locke, John, 144
Luban, David, 23, 207

Lyons, David, 49, 80, 183

Macaulay, Stewart, 126-8
MacCormick, Mark, xvii
MacCormick, Neil, 6, 7, 61, 179
MacDougal, Myres S., 112
MacKinnon, Catharine, 31
MacNeil, Ian R., 126
Matsuda, Man J., 31
McKeon, Richard, 124
Meese, Edwin, 15, 142
Michelman, Frank I., 236
Minow, Martha, 28, 30, 242, 245-7, 250-4
Monahan, Patrick, 141
Moore, Michael S., 9, 37, 46, 59, 141, 170, 191-3, 195-7
Munzer, Stephen R., 193

Neurath, Otto, 58
Nietzsche, Friedrich, 245
Nonet, Philippe, 119
Nozick, Robert, 240
Nussbaum, Martha, 227, 228

Patel, Judge Marilyn Hall, 205, 226
Patterson, Dennis, 193
Peller, Gary, 9, 67
Perry, Stephen R., 46, 214
Posner, Richard A., xvii, 6, 9, 16, 43, 55, 112-17, 121-3, 148, 158

Postema, Gerald, 36, 137, 196

Pound, Roscoe, 126, 149, 172

Pulaski, Charles A. , 133

Purcell, Edward A. , 8, 112

Putnam, Hilary, 21, 192–4

Radin, Margaret Jane, 141, 248, 250

Rawls, John, 26, 137, 141, 217, 240–3

Raz, Joseph, xvii, 6, 7, 28, 42, 46, 47, 49, 55, 63, 90, 100, 119, 120, 127, 138, 141, 151, 154, 173, 179–81, 204, 205, 209, 213, 215, 216, 221, 241, 242

Regan, Donald H. , 63, 205

Resnik, Judith, 246

Richards, Richard F. , 82

Roberts, Justice, 149

Rossiter, C. , 241

Rubin, Alvin B. , 11, 161

Ryle, Gilbert, 117

Sacks, Albert M. , 7, 8, 172, 173

Sartorius, Rolf E. , 9, 54

Sbisà, Marina, 38

Scales, AnnC. , 27, 59, 245, 250

Scalia, Justice Antonin, xvi, 15, 44, 75, 123, 142, 154, 167

Schauer, Frederick, 4, 11, 63, 158, 167, 170, 173

ScHag, Pierre, 176

Schlegel, John Henry, 112

Searle, John R. , 38

Sellars, Wilfrid, 118

Sherry, Suzanna, 246

Simmons, A. John, 151, 215

Simon, William H. , 207, 208

Singer, Joseph W. , 9 – 11, 136, 137, 149, 167, 239, 243

Sitz, Herbert, xvii

Smith, M. B. E. , 40, 123, 151, 187, 215

Soper, Philip, 46. 49, 54, 90, 183

Spelman, Elizabeth V. , 28, 246, 247, 252, 254

Steinbock, Bonnie, xvii

Stick, John, xvii, 27, 36, 167

Stier, Serena, xvii, 208

Sullivan, Charles A. , 82, 132

Summers, Robert S. , 8, 112

Tollison, Robert D. , 232

Tribe, Laurence H. , 19, 85, 242

Tmbeck, David M. , 5, 40, 128, 137, 146

Tullock, Gordon, 232

Tushnet, Mark V. , 10, 19, 122, 140, 149, 238

Ullman-Margalit, Edna, 196

Unger, Roberto M. , 4, 9, 27, 136, 139, 146, 156, 238, 239

Urmson, J. O. , 38

von Hayek, Friedrich, 142, 148

Waldron, Jeremy, 37

Warren, Elizabeth, 132, 198

Wasserstrom, Richard A. , 44, 120, 145, 149, 168

Watson, Alan, 137

Wechsler, Herbert, 8, 240

Weinrib, Ernest J. , 4, 119

Wellman, Vincent A. , 172

West, Robin L. , 99, 239, 243, 245, 246, 250

Westen, Peter, 167

White, Justice Byron, 74, 81, 87-8

Winter, Steven L. , 20, 27, 167

Wiseman, Zipporah Batshaw, 98

Wittgenstein, Ludwig, 18, 117

Woodworth, George, 133

Zane, John M. , 149

Zimmer, Michael J. , 82

术语表 *

Abstraction（抽象），27，39n，51-4，55，250-4. See also Particularism（参与主义）

Action threshold（行动阀门）. See Deliberations，action threshold in Actor's standpoint（行动者视角的衡量行动阀门），119-23. See also Judicial standpoint（司法的视角）

Adjudication（裁判）. See also Deliberations（衡量）；Good faith thesis（诚信命题）；Judicial duty

distinguished from philosophy（被哲学掩盖的司法义务），95，198-9

and normative powers of law makers（法律制定者的规范性权

威），152-7，213-17

practical understanding of（实践性理解），xv-vi，35，53，99-100，109-10，116-17，117-24，129，147，181，229，230，250

role morality in（角色伦理），207-10，213，217

structure of（构成），34，250-1，255

theory of（关于……的理论），xv-vi，181-3，231，243

Analogy（类比），40，116，253-4

Arbitrariness（恣意），58，137n，144-57

Authority，hierarchies of（层次性权威），8，52，78-81，86-7

Authority，legal（法律权威），46n，

---

* 表内所标注的页码为本书边码。——译者注

213-17

Authorization chains（权威链条），144 - 5，152 - 7，165，200，203，243

Background justifications（背景正当性）. See Good faith thesis, background justifications in（诚信命题提供背景正当性）

Character, judicial（司法性格）. 46-7，64，93，157-65

Client writ large（更大规模的客户），129-32

Common ground（共同的基础），33，78，79，81，256-8

Consent（同意），143-4，150-2，215，217-19，222，228

Constitutional theory（宪法理论），77-81，89，95-6，98

Constraint（约束）. See also Authorization chains（权威性链条）；Character, judicial（司法性格）；Discretion（自由裁量权），constraints on（约束）；Desires（欲求）；Judicial duty（司法义务）

　causal（因果性），44-5，144-8，157-63

　contrasted with determinacy（确定性矛盾），124，141-65

　generally（普遍地），61-2，107，124，145-65

on judges（关于法官），xii - iii，7，8 - 12，19 - 20，37，38，43-50，56 - 62，90 - 3，94，114，124，135，144-65，185，203，235-6，245，255

　logical（逻辑的），27，144，149-52

　practical（实践性），49，64，124，152-7，162，165

Conventionalism（保守主义），9，36n，57n，68n，80n，86，122-3，178，195-9，234-5n，247

Conventions, defined（传统的界定），57n，234-5n

Critical legal theory（批判的法律理论），9，14 - 34，24n，121，135-65，231-9，243

Critical race theory（批判的种族理论），18，239

Deliberations（仔细考量）. See also Discretion, judicial（自由裁量）；Good faith thesis（诚信命题）；Reasons for action（行动理由）

　action threshold in（行动体系），56-9，62，87-9

　facts in（结合事实），55-62，132-3，189-91

　in general（普遍地），38-43

　judicial（司法的），42-3，54，56-62，79，82，125，130-1，221-8

　law in（涉及法律），38-43

　legal（法律的），39，177，219，

221-5，235

moral（道德的），221-5

reasons in（涉及理由），29，37-50，50-62，62-8，82，100，133-4，152-4，156，162-3，203-4，206

theory in，124-5

Desires（欲求），39，42，113，128-32，157-63，229. See also Character，judicial（特性）（司法的）

Determinacy（确定性）. See also Determinacy condition（确定性情况）；Legal indeterminacy（法律的不确定）

causal（因果性），124，144-8

contrasted with constraint（与约束性相违背），124

deductive（演绎性的），148-52

desirability of（可欲性），17，108

determinate content and determining force distinguished（被隐藏的确定性语言与确定性力量），173-7

and the nature of law（法律的性质），166

of results（结果），5，6-12，16-17，34，41-2，79-80，93，108，135，139-40，142-5，152，156-7，174-5，177-8，234，238，256

of rules（规则），6-8，13，27-9，66，171-8

Determinacy condition（确定性情

况）. See also Determinacy（确定性）；Permissible discretion thesis（可允许的自由裁量权命题）

and critical legal theory（批判性法律理论），133-5，154，232-3

in general（一般性的），xi-ii，16-17，34，79，90，102，142n，203，224，257

grounds for, in epistemology（作为语义学的基础），108-17

grounds for, in liberalism（作为自由主义的基础），140-57

grounds for, in nature of rules（作为规则性质的基础），138-40，140-54，166-78

grounds for, in nature of theory（作为理论性质的基础），117-24

grounds for, in pragmatism（作为实用主义的基础），108-9，128-9

grounds for, in right answer thesis（作为正确答案理论的基础），185-91

grounds for, in semantic natural law（作为语义学自然法的基础），191-8

grounds for, in theory of legal systems（作为法律体系理论的基础），178-88

and legal skepticism（法律怀疑主义），34，125-8

and Rule of Law（法治），141-5

stated（被陈述），xii，16，79，

102, 199, 224

Determinate-formalism defined（被定义的确定形式主义），3-4, 27, 29

  determinacy of results in（结果的确定性），5-6, 7, 17, 79-80, 94, 166-7

  in general（一般性的），3-6, 4n, 16, 27-9, 34, 96, 139, 149, 171, 182

  reasons in（理性的），27-9, 79, 171-3

  rules in（规则的），6-8, 27-9, 63-4, 166-7, 167n

  and skepticism（怀疑主义的），5, 27, 34, 125-8

Disagreement（分歧意见），10, 13, 16, 22-7, 32-4, 171

Discourses, practical and theoretical（实践中的互动与理论中的互动），117-24

Discretion, judicial（司法的自由裁量权）. See also Permissible discretion thesis（可允许的自由裁量权命题）

  "anything goes"（怎么都行），43-7, 60

  constraints on（约束），43-50, 57-62, 107-8, 152-7

  defined（定义），7n, 37-8, 42-3

  and duty（义务），16n, 43-50, 107-8, 166, 185-6, 192

  and extra-legal standards（外在的法律标准），43, 47-9, 59-60

  in general（普遍的），xii-iii, 7-8, 12, 15-17, 37-50, 59-62, 81, 87, 89, 90-2, 107, 136, 139, 142, 155, 177, 178-84, 179n, 189, 200, 211, 236, 257

  in good faith thesis（诚信命题），43, 49-50, 50-62, 81-9, 90-2, 107, 156, 287

  and indeterminacy（不确定性），6-12, 17, 37, 42

Domination（适用范围），15, 19n, 22, 154-6

Economic analysis of the law（法律的经济分析），8-9, 17-20, 112-17, 121, 129-31

Empiricism, logical（经验主义，逻辑的），108-9, 118, 125-8, 242-3

Epistemic determinacy（认知的确定性），108-17. See also Law, epistemology of

Facts, characterization of（法律，认知性事实，相关特质），249-50, 254-6

Facts, legislative（法律性事实），99, 249

Fallibility（易错性），11, 199, 206, 227, 255

Feminist jurisprudence（女性主义法理学），17-33, 99, 239, 245-56

Force（强制力）. See Normative force（规范性强制力）

Formalism（形式主义），4n，272. See also Determinate-formalism（确定形式主义）；Rules（规则）

Good faith, meanings of（诚信的含义），90-3

Good faith thesis（诚信命题）. see also Deliberations（衡量）；Judicial duty（司法义务）；Reasons for action（行动理由）；Weighing reasons background justifications in（衡量正当性背后的理由），48，52，57，60，62-8，88-9，100-2，132，153，211

categorization and balancing in（分层与衡量），95-6

consideration of legal reasons in（衡量法律理由），43，55-62，87-9，95，133，150-4，189-91

and determinacy（确定性），xi-ii，42-3，89-90，140，157，173-8

exclusion of ad hominem reasons in（排除感情用事的理由），43-7，60，156，163

exclusion of extra-legal reasons in（排除法律之外的理由），47-8，54，59-60，152-4

in general（普遍性的），xi-xiii，6，35-68，69-107，143，152，157，177，211，219，230，245，254

generalization in（普遍化），33，94-5，250-4

goals of（目标），xii-iii，35-7，230-8，256-9

grounds of judicial decisions in（司法决定的基础），35-56，179-84，187，191，203，223，235

grounds of weight in（重量的基础），54-62，62-8，190-1

identification of legal reasons in（识别法律理由），43，55-62，83-7，95，99-100，150，189-91

morality and（道德性），47-50，185-91，191-8，217-21

motivation of judges in（裁判的动机），157-65

political motivation for（政治性动机），229-30，254-6

practically applied（实践性地适用），70-89

principles in（原则的），51-3，62-8，68n，81-8，166-78

reasons, not results（理由而非结果），xii，29，33-4，78-81，173-7，194

rules in（结果），166-71，177-8

separation of law and politics in（法律与政治的分离），231-4

stated（陈述在），xii，36-7

Ideology（意识形态），13－14，18，21，52-4，140，144，257

Impartiality（中立性），11，44－7，60，247，256

Interpretation of law（法律性的解释），xv，7-8，11-12，65-8，77－8，90，94，98－9，101－2，176-8，185-200

Judging, psychology of（心理学上的裁判），44-5，120-1n，145，157-65

Judicial duty（裁判义务），See also Adjudication content of（裁判内容），xi－iii，35，43－50，109 111，148，163

grounds of（作为基础），xi，35，145，148-50，191，217-21

and justification（正当性），19－21，35－6，45，148－9，156，157-63

legal and moral duty distinguished（潜在的法律与道德义务），36，203-4，204n，206，217-21

legal duty（法律义务），35－7，37n，43－50，92，159，191，196-7，203-6，214

moral duty（道德义务），36，197，203，206-7，216，218，255

to uphold the law（捍卫法律），xi，7，12，16，34－7，37n，43－50，57－8n，89，90，94，102，122，143，147－8，162－

3，165，179，183，191，196，206，208，212，217－21，231，247，255

Judicial standpoint（裁判者的立场），53，69－70，115－17，147，158，191. See also Actor's standpoint（行动者立场）

Jurisprudence（法理学），xiv－vi，17－34，76－8，102－3，119－22，125-9，132，175-7

Justice（正义），xiii，xvi，14，20－1，26，31－2，36，52，72，76－81，86－8，134，143－4，197－9，203，207 210－11，215，223，228，230，233-4，257，251，258

Justification（正当性），14－15，17－25，21n，32，35－6，44－50，62－8，94－5，101－2，124－5，140，147，148-9，154，156-63，175-7，185，187-8

Law（法律）. See also Adjudication（裁判）；Legal indeterminacy（法律的不确定性）   causal theories of（因果理论），3－5，34，44－5，145-8

claims of（宣称），135-40

content of（内容），34，41，48－9，80n，108，173-4，212－13，229，248-50，254，256

as convention（保守的），xii－iii，9，18，36n，57n，68n，80n，86，123，195-9，234-5，247

epistemology of（认知性的），108－

34，194-5，198-9

grounds of（作为基础），36n，
49n，54-5，178-84，187-8，
190-1

marginality of（边缘性），126-7

normativity of（规范性），28，38-
43，44，319-24，127-33，252

objectivity of（客观性），3-4，6，
13，138-9，256

policies as standards of（作为标准的
政治），8-9，13，168-9，191

predictability of（可预测性），4-
5，11，17，34，36，45，110-
12，116，120，124，142，145，
147，178，196，210，225

principles as standards of（作为标
准的原则），xii，8-9，13，51-
3，65，68n，81-8，167-78，
183n，184，185-91，198

propositions of（命题），39，41，
49n，111，122，125，172-4，
178-84，181n，187-8，204，
220，248

as provider of reasons for action
（作为理由提供者），28-9，34，
38-43

as rules（作为规则），27-9，166-
78，182，210-13

standards of (legal standards)（法律
标准中的标准），28-9，36-7，
39-42，48-9，50-6，62-8，
78-81，86-9，92，95，108，
122，131，134，144，146，149，

152，166-78，178-84，194，
206，233，244，247

theoretical understanding of（道德
性理解），xv-vi，4-6，50，
54，130-1

Law and morals（法律与道德），36，
185-91，191-9，203-28

Lawmaking（法律制定），37n，97-
102，100n，143-4，152-3，
207，213-17，231-4

Lawyers（法律人），6，10，26，93-8，
125-6，128-30，164，207n，228

Legal culture（法律文化），164，
256-9

Legal indeterminacy（法律的不确定
性）．See also Constraint（约束
性）；Determinacy condition de-
fined（确定性情况），4-6，7

in general（普遍的），33-4，37，
107，135，139，147

jurisprudential disagreement（法
理学的分歧），resulting from
（来源于），13-15，17，
89，171

and legitimacy（合法性），13-15，
140-57

pervasiveness of（说服），11-
12，136

political disagreement（政治性分
歧），resulting from（来源于），
13-16，17，89，171

and rules（规则），6-7，13，140-
52，171-78

stubbornness of (顽固性), 8-17, 33, 42, 79, 89, 136, 155, 171, 179, 211

Legal positivism (法律实证主义), 118 - 21, 197n, 204, 208 - 11, 224

Legal realism (法律现实主义), 4- 5, 8, 27, 43 - 5, 112, 114 - 15, 120-1, 145, 147n

Legal reasoning (法律推理), 13, 43, 54 - 62, 64, 83 - 9, 95, 99 - 102, 150

Legal reasons (法律理由). See Reasons for action, legal reasons

Legal skepticism (法律怀疑主义), 5, 16, 21, 27, 34, 64, 110, 112, 114, 121, 125-7, 129

Legal systems (法律体系)

in general (普遍的), xiv-v, 127n, 140, 143, 168, 170, 178, 179n, 180, 182, 184, 197, 219, 225

theory of (理论的), xiv-v, 128, 135-52, 181-4

Legislative supremacy (法律的层级), 53, 79, 87

Legitimacy (正当性), xi - ii, 13- 17, 44, 107, 140 - 1, 141n, 148, 150 - 7, 200, 216, 235n, 257

Liberalism (自由主义), 137, 140- 57, 140n, 238n, 241, 243

"Liberal legalism" (自由的法律现实主义), 137, 199

Liberty (自由), 141, 143, 231, 241

Logic (逻辑), 3, 6, 27 - 8, 73, 109-11, 112-19, 148-52, 155

Logical empiricism (逻辑经验主义), 108 - 17, 118 - 20, 125 - 8, 199, 242-3

Moral realism (道德现实主义), 191-9

Motives (of judges) ((法官的) 动机). See Character (特性), Judicial (司法的); Desires (欲求); Reasons for action (行动的理由), motivating (动机)

Natural law (自然法), 191 - 9, 197n, 205n, 224

Normative force (规范性力量)

in general (普遍地), 28, 40-1, 50-1, 189, 222, 224

judicial duty, force of (与司法义务有关的强制力), xi, 35, 45, 203-28

law, force of (与法律有关的强制力), 27 - 9, 41 - 2, 52, 133, 174, 213-28, 236

legal reasons, force of (与法律理由有关的强制力), 28, 38-43

reasons for action, force of (与行动理由有关的强制力), 38 - 43, 52

rules, force of（与规则有关的强制力），27－9，171－8，204－7，210n

Normative powers（规范性强制力），207，213－17

Normativity, defined（规范性的定义），39－42

Obligation to obey the law（服从法律的义务），34－5，150－2，209，215，217－21. see also Judicial duty（司法义务）

Opportunism（机会主义），36－7，90－4，154－6，218，228，233

Original intent, jurisprudence of（与法理学有关的原初目的），67－8，74，80

Overruling（推翻原判），37n，74，88，100－2

Particularism（参与主义），94－5，250－5. See also Abstraction（抽象）；Feminist jurisprudence（女性主义法理学）

Permissible discretion thesis（可允许的自由裁量权命题），xii－iii，61，107－200. See also Determinacy condition（确定性情况）

Perspectivism（透视论）. See Feminist jurisprudence（女性主义法理学）

Political morality（政治性道德），135，185，186－90，203，215，216，220，229，244

Politics（政治学）, See also Ideology in adjudication（裁判中的意识形态），9－10，13－26，47－8，100，130，147，154－7，157－63

in jurisprudence（在法理学中），26－7，142，175－7

law as（作为法律），14－34，145－6，154－7，176－7，210－13，229，231－8，239－45

political motivations（政治的动机），24－5，229－30

political theory（政治学理论），26，135，145，151，165，231－8

priority of political（政治的优先性），18－27，142

Practical reason（实践性理由），6，29n，109－10，116，118，124. See also Deliberations（考量）；Discourses（商谈）, practical and theoretical（实践性与理论性）；Reasons for action（行动理由）

Practical understanding（实践性理解）. See Adjudication, practical under standing of（见裁判中有关实践性理解的部分）

Pragmatism（实用主义），17，43，61，95，108－10，125－9，176，199

Precedent（先例），37n，74，81，85，88，100－2，116，161，184，196－7，205－17，220，222

Primacy of reasons（理由的优先性），27-34，29n

Principle, jurisprudence of（法理学有关的原则），65，75-8，80n，177，185-91，236，247. See also Law（法律），principles as standards of（作为标准的原则）

principles（原则）. See Rules（规则）

Reasons for action（行动理由）. See also Deliberations（考量）；Good faith thesis（诚信命题）；Practical reasons（实践性理由）；Weighing reason（衡量理由）

  ad hominem reasons（偏执的理由），37，45-7，46n，50，60，92，155-9，248

  and causal reasons（因果性理由），44-5，44n，157-63

  congeries of（理由簇），55-9，89，95，189

  defined（理由的界定），28，29n，39

  and "disempowered voices"（剥夺声音的理由），29-33

  excluded from judicial deliberations（从司法裁量中排除的理由），37，42-8，59-60，152-4，156，162-3

  generalization of（普遍化的理由），33，94-5，250-4

  incommensurate（不相称的理由），211，214

  kinds of（理由的种类），28，64，153

  legal reasons, defined（法律理由及其界定），28-9，39，48

  legal reasons, as justificatory reasons（作为正当性理由的法律理由），44-5，64-5，119-21，156

  legal reasons, weight of（衡量的法律理由），29-30，32，37n，39，50，54-62，67，79-81，86-9，95，154；174-5，187-90，200，239，254

  moral reasons（道德理由），39，47-8，60，130，206-7，214，216

  moral reasons warranted by law（法律授权的道德理由），47-50，221-7

  motivating（动机），23-5，158-63

  policy reasons（政治理由），40，47-8，60，65，216

  and results distinguished（被掩盖的结果），34，38-43，78-81

Rhetoric（修辞），17-34，79，96，167，178，256

"Right Answer" thesis（正确答案命题），16n，59n，185-91

"Role morality"（角色性道德），207-10，213，217

Rule of Law（法治），xi-vi，12，13-15，36，94，135，141-57，219，

224-5, 234-9, 241-3

Rule of recognition（承认规则），xv, 49n, 278-84, 204

Rules（规则），28-9, 149, 166-78, 204. See also Law（法律）；Normative force（规范性强制力）

analysis of（分析），162-5, 166-74

background justifications of（背景正当性），62-8, 211

defined（界定），29, 166-78

determinacy of（有关的确定性），173-5, 211

framework function of（有关功能的框架），167-71, 177, 184

inaccurate（不精确的），210-13, 217

and principles and policies（有关原则和政治），distinguished from（掩盖），168, 170

social（社会的），162n, 234n

Social context（社会背景），231, 233, 235

Social science（社会规则），124-34

Stare decisis（遵循先例），205,

210-12, 220

Text（语境），jurisprudence of（法理学的），67-8, 74, 77, 80, 80n

Verification（确信），108-17, 124, 125, 128

Weighing reasons（衡量理由）. See also Good faith thesis（诚信理论）；Reasons for action（行动理由），legal reasons（法律理由），weight of

as gauging of relative normative force（衡量相关的规范性力量），50-1

grounds of weight（衡量的基础），54-62, 62-8, 187-90

in judicial deliberations（在司法衡量中），29, 35-7, 49-50, 50-62, 67, 68, 79-89, 95-6, 184, 185-91, 206-7, 211, 254

and "Right Answer" thesis（与正确答案命题），59n, 185-90

what gets weighed（那些因素得到衡量），51-4

图书在版编目（CIP）数据

诚信裁判／（美）伯顿（Burton，S. J.）著；宋晨翔译. —北京：中国人民大学出版社，2015.10

（法学译丛. 法治诚信系列）

ISBN 978-7-300-21963-9

Ⅰ.①诚… Ⅱ.①伯… ②宋… Ⅲ.①审判-研究 Ⅳ.①D915.182.04

中国版本图书馆 CIP 数据核字（2015）第 229936 号

"十二五"国家重点图书出版规划

法学译丛·法治诚信系列

主编　曹义孙

副主编　李士林　缪建民

诚信裁判

［美］史蒂文·J·伯顿（Steven J. Burton）　著

宋晨翔　译

Chengxin Caipan

出版发行	中国人民大学出版社			
社　　址	北京中关村大街 31 号		**邮政编码**	100080
电　　话	010 - 62511242（总编室）		010 - 62511770（质管部）	
	010 - 82501766（邮购部）		010 - 62514148（门市部）	
	010 - 62515195（发行公司）		010 - 62515275（盗版举报）	
网　　址	http://www.crup.com.cn			
	http://www.ttrnet.com（人大教研网）			
经　　销	新华书店			
印　　刷	北京鑫丰华彩印有限公司			
规　　格	170 mm×250 mm　16 开本		**版　　次**	2015 年 10 月第 1 版
印　　张	13.75 插页 2		**印　　次**	2015 年 10 月第 1 次印刷
字　　数	219 000		**定　　价**	39.00 元